**eu quero a árvore
que existe**

larinha
eu quero a árvore que existe
seis reflexões para o mundo real

SEXTANTE

Copyright © 2024 por larinha

Todos os direitos reservados. Nenhuma parte deste livro pode ser utilizada ou reproduzida sob quaisquer meios existentes sem autorização por escrito dos editores.

edição: Nana Vaz de Castro
coordenação editorial: Taís Monteiro
produção editorial: Ana Sarah Maciel
preparo de originais: Rafaella Lemos
revisão: André Marinho e Taís Monteiro
capa, projeto gráfico e diagramação: Natali Nabekura
imagem de capa: O pessegueiro rosa, de Vincent Van Gogh (1888)
impressão e acabamento: Cromosete Gráfica e Editora Ltda.

CIP-BRASIL. CATALOGAÇÃO NA PUBLICAÇÃO
SINDICATO NACIONAL DOS EDITORES DE LIVROS, RJ

L335e

    Larinha, 1996-
        Eu quero a árvore que existe / Larinha. - 1. ed. - Rio de Janeiro : Sextante, 2024.
        288 p. ; 21 cm.

        ISBN 978-65-5564-941-3

        1. Ensaios brasileiros. I. Título.

24-93015   CDD: 869.4
                               CDU: 82-4(81)

Gabriela Faray Ferreira Lopes - Bibliotecária - CRB-7/6643

Todos os direitos reservados, no Brasil, por
GMT Editores Ltda.
Rua Voluntários da Pátria, 45 – 14º andar – Botafogo
22270-000 – Rio de Janeiro – RJ
Tel.: (21) 2538-4100
E-mail: atendimento@sextante.com.br
www.sextante.com.br

*para m., que me abraçou forte na casinha da floresta
e em tantas outras ocasiões*

sumário

mas antes, uma palavrinha...
(ou "prefácio", se você preferir) — 9

eu quero a árvore que existe — 19

é por isto que escrevo: — 55

tecendo o arco-íris só um pouquinho — 95

assim germina o fascínio — 135

a terra sangra nosso nome — 165

em busca do orvalho das estrelas — 227

agradecimentos — 285

obras citadas — 287

mas añtes, uma palavrinha...
(ou "prefácio", se você preferir)

uma vez, durante uma longa ligação telefônica, contei pra uma amiga que estava escrevendo um livro. ela me felicitou com muito entusiasmo e emendou a pergunta: um livro sobre o quê? o silêncio meio constrangido que se seguiu levou-a a adotar uma abordagem um pouco mais específica. quer dizer, se passa onde, a história?, quis saber, ainda com ar encorajador. hum, é que não tem exatamente uma história, respondi, sentindo o sangue que corria em direção às minhas bochechas. ela quis saber como é possível um romance não ter uma história, e eu repliquei dizendo que não era um romance. o que é, então? o encorajamento na sua voz cedia lugar pouco a pouco a uma confusão cada vez mais perceptível. é... eu não sei te explicar exatamente. sou só eu, sabe? assim, falando sobre coisas. dessa vez o silêncio constrangido veio do outro lado da linha. sei, ela disse enfim. e você fala sobre que tipo de coisas? um ligeiro pânico me invadiu. ah, você sabe, retruquei, quase gaguejando. coisas de todos os tipos.

foi nesse momento que me dei conta de que não saberia de jeito nenhum explicar a alguém o que estava escrevendo. no processo de escrita tudo me parecia tão natural, correto e em ordem que eu nunca tinha parado pra pensar em como traduzir essa forte convicção mental em uma sinopse, em uma explicação que fizesse sentido do outro lado das paredes de carne da minha própria cabeça. àquela altura, eu já havia finalizado quatro dos seis escritos que compõem este livro, mas acabei reparando, depois dessa ligação, que não fazia ideia de como eles se conectavam em relação à temática. e pior: não sabia nem o que eles *eram*. afinal, antes da questão do conteúdo, havia ainda a questão do gênero. que diabos eu estou escrevendo? e por que diabos eu não me preocupei com isso até alguém literalmente me perguntar?

acho que todos nós estamos a par do fato de que a nossa sociedade cultiva um desejo ferrenho e muito urgente de definir e categorizar as coisas. assim sendo, era imprescindível que eu fosse capaz de encontrar de pronto a caixinha pré-fabricada ideal pra enfiar meu manuscrito. o primeiro passo da minha busca foi eliminar completamente todos os gêneros acadêmicos da lista de possibilidades, porque o simples ato de imaginar a necessidade de ter que produzir um texto acadêmico me dá náusea. escrevi dezenas durante a minha graduação em letras, e posso afirmar com muita convicção que cada um deles foi responsável por massacrar um pouquinho mais a minha alegria de viver. me formei na faculdade com muitos conhecimentos interessantes e uma excelente média final, mas, apesar de nutrir uma profunda admiração pelos bravos guerreiros que se dispõem a ser pesquisadores, preciso admitir que a academia nunca foi lugar pra mim.

certo, eu já sabia muito bem o que meu manuscrito *não era*. agora só faltava descobrir o que ele *era*. cheguei a ponderar se ele se encaixaria nos requisitos da crônica, mas descartei logo a hipótese porque, a meu ver, o texto não era nem de longe narrativo o suficiente. em seguida, desprezei também a ideia da autoficção, posto que nada do que eu narrava era minimamente fictício. prosa poética, talvez? não, melhor parar de delirar e aceitar de uma vez por todas que meus escritos se enquadravam no escopo da não ficção. assim, me perguntei se este seria um livro de memórias ou uma autobiografia, mas achei o teor do texto opinativo demais pra isso. desconsiderei logo em seguida todos os outros gêneros sérios ou científicos para os quais eu não tenho a menor qualificação. nunca estudei formalmente filosofia, psicologia, sociologia, antropologia ou teologia, e o que escrevo não tem, nem de longe, a criticidade, a precisão – e, principalmente, a *seriedade* – necessárias pra chegar perto de verdadeiras análises nesses campos.

no final, nessas de risca isso, risca aquilo, a única coisa que acabou sobrando na lista foi a famigerada autoajuda. sorri amarelo. veja bem, não é que eu me oponha estritamente à premissa da autoajuda; é só que, convenhamos, você tem que estar extremamente seguro de si pra se colocar na posição de detentor de um conhecimento digno de *ajudar* as pessoas. eu não sei ajudar nem a mim mesma direito, como é que vou dizer uma coisa dessas? além do mais, este não é um livro de diretivas nem de conselhos, muito pelo contrário: é a materialização das divagações (e pequenas descobertas) de uma pessoa que está tão perdida quanto todo mundo. por isso tive que riscar a última das possibilidades na qual havia conseguido pensar naquele momento. já tinha escrito quase cinquenta mil palavras e ainda era incapaz de classificá-las.

algumas semanas depois, meu companheiro passou pela sala do nosso apartamento e me viu sentada diante do computador, com meu arquivo de texto aberto, assistindo vídeos bobos no celular em vez de trabalhar no manuscrito. eu já havia dito a ele que, caso flagrasse esse tipo de situação, estava autorizado a me dar uma bronca. larga esse celular e vai escrever!, ele ralhou atrás de mim. respondi, na língua de molière (que é também a língua nativa dele e a língua que usamos pra nos comunicar): *j'essaie!* estou tentando! foi nesse momento aparentemente banal, escutando minha própria voz, que fui iluminada por uma ideia que havia me escapado até ali: *essai*. essa palavra em francês, cuja tradução literal é *tentativa*, originou também o gênero literário que acabou ficando conhecido em português como *ensaio*. e sim, meus pensamentos percorrem uns caminhos meio estranhos às vezes, eu sei.

eu nunca havia chegado a incluir "ensaio" na minha lista original de possibilidades. na verdade, antes mesmo de começar a lista em questão, acabei descartando essa alternativa junto com todo o resto que coloquei debaixo do guarda-chuva dos "gêneros acadêmicos". se você conhece o conceito de ensaio, pode estar se perguntando por que é que eu fiz isso. bom, é que esse nunca foi um gênero que eu tive o costume de ler no cotidiano. como grande parte das pessoas, minhas leituras se limitavam, na maioria das vezes, a romances. assim, os únicos ensaios que havia lido na vida eram os ensaios acadêmicos exigidos pelos meus professores da faculdade. a repetição gerou a associação – passei a acreditar que o único tipo de ensaio que existia era aquele preconizado pela academia.

os textos ensaísticos em questão eram sempre escritos por grandes pensadores, tinham uma vasta base teórica, uma eloquência inigualável e apresentavam dezenas de referências. já tive até que redigir três ou quatro ensaios como atividade avaliativa de algumas matérias da faculdade, e escrevê-los foi penoso e torturante, como todo o resto dos trabalhos naqueles quatro anos. sempre sofri enormemente pra me adequar aos limites e normas da escrita acadêmica. a experiência na universidade acabou me ensinando a relacionar o termo "ensaio" a um escrito que é necessariamente muito sério, reservado aos grandes nomes das ciências humanas, e que, portanto, jamais seria pro bico de alguém como eu.

    foi só a partir da bronca que levei do meu companheiro por estar mexendo no celular em vez de trabalhar que me ocorreu a ideia de que era bastante curioso o fato de esse gênero tão austero e prestigioso se chamar literalmente "tentativa" em francês. e o nome em português, então? eu nunca havia pensado a respeito, mas "ensaio" não quer justamente dizer teste, preparação, experimento?

    acabei descobrindo, depois de muitos anos de ilusão (e poucos minutos de pesquisa no google), que ele tem esse nome porque é exatamente essa a sua ideia: o ensaio é um esboço, uma simples opinião que não é pra ser levada muito a sério, uma *tentativa*. é um texto subjetivo, impressionista, que pode ser informal e até poético. um ensaio, do outro lado das portas da academia, não tem uma forma ou um estilo bem definidos, ao contrário do que meus professores me fizeram crer, nem precisa conter ideias novas ou revolucionárias. ele pode ser uma simples reflexão, meditação ou defesa de um ponto de vista pessoal acerca de um determinado tema, não necessariamente pautada por pesquisas ou dados. já que ele pode adotar tantas formas e tons livremente, existem também, é claro, os ensaios sérios, formais, metódicos. talvez tudo isso seja óbvio pra você, mas não era pra mim, e não é pra muita gente.

    depois desse dia, finalmente entendi: o que eu escrevia eram ensaios. eu me sentia meio estranha ao dizer isso, porque ainda levaria alguns meses pra internalizar que nem todo ensaio precisa ser acadêmico, e que eu não precisava ser uma grande pensadora das ciências humanas pra escrever um. demorou um pouco, mas quando essa ideia finalmente se cristalizou eu nunca mais olhei pra trás, e hoje sei que não poderia haver uma classificação mais exata. afinal, tudo que você vai ler nesse livro sou eu *tentando*.

    se é assim, você pode estar se perguntando ainda por que é

que o subtítulo que escolhi é "seis *reflexões* para o mundo real", e não "seis *ensaios* para o mundo real". a razão é muito simples: é porque estou completamente ciente de que o uso desse termo poderia inibir muita gente de se arriscar a folhear o livro.

fiz uma rápida pesquisa informal nas redes sociais e confirmei minhas suspeitas. pedi às pessoas que me explicassem, com suas próprias palavras, o que é um "ensaio" enquanto gênero literário. recebi centenas de respostas; a porcentagem delas que simplesmente nem sabia que existia um gênero literário com esse nome era elevadíssima. também li várias vezes a suspeita de que haveria uma relação com o teatro, e que o ensaio seria uma espécie de roteiro, um texto feito pra ser lido em grupo, como durante o ensaio de uma peça. achei essa ideia bastante interessante e original, diga-se de passagem, porque nunca tinha pensado nessa associação.

entre aqueles que conheciam ou já tinham ouvido o termo, cada um me descreveu o tipo de "ensaio" que lhe era familiar. houve, é claro, muitas menções a ensaios clínicos ou acadêmicos, mas também havia quem não o enxergasse exclusivamente dentro do escopo da academia. uns diziam que o ensaio era um texto informal e subjetivo, outros que era formal e objetivo. uns afirmavam com veemência que era um escrito filosófico, outros tinham certeza de que ele possuía caráter científico. alguns defendiam que seu formato era livre, outros que ele deveria seguir uma série de regras. para alguns deveria ser bem curto, para outros tinha a dimensão de um livro inteiro. inúmeras foram as discordâncias.

descobri que muita gente até conhecia o gênero, mas achava que ele tinha outro nome. explico: dezenas de pessoas me escreveram, depois de ter pesquisado a definição de "ensaio" na internet, pra dizer que sempre tinham acreditado que esse tipo de texto se chamava "monólogo". esse é, na minha opinião, um equívoco adorável. sorri radiante face a ele porque, pessoalmente, jamais poderia discordar da sua lógica; eu também sempre tive a sensação de que o que estava fazendo quando escrevia esses ensaios era falar sozinha, mas por escrito.

quando perguntei se as pessoas já tinham lido algum ensaio, os "sim" diretos foram muito raros e os "eu não sei", muito frequentes. pedi aos que responderam de forma afirmativa que me contassem o que motivou a leitura: uma vontade própria ou uma obrigação? se dez pessoas responderam "vontade própria", foi muito. a esmagadora maioria diz ter sido obrigada a ler um exemplar do gênero na escola ou na universidade. também recebi muitos comentários que diziam que o ensaio não lhes despertava interesse, porque o associavam a um texto chato, sério, complexo.

foi por isso que decidi que não ia gritar "ensaio" na capa: porque esses ensaios que escrevo não são só para aquelas pessoas que conhecem perfeitamente esse termo; são pra todo mundo. estou contando agora só porque você já abriu o livro mesmo, então sinto que posso confiar em você.

de qualquer forma, eu estava orgulhosa de mim porque já tinha a metade de uma resposta pra dar à minha amiga; sabia enfim qual era o gênero do que estava escrevendo. ainda restava uma questão a resolver, porém: *sobre o que* eu estava escrevendo?

o certo é que jamais havia determinado uma temática universal pra esses textos. eu poderia dizer aqui que "escrevia sobre o que quisesse", mas essa seria uma meia verdade. a sério, eu nunca *quero* escrever sobre nada; é o texto que *quer* ser escrito. sinto, francamente, que possuo um controle muito pequeno sobre as palavras que enfileiro. na prática, é a própria escrita que me fala para onde quer ir. estaria mentindo, por exemplo, se dissesse que algum dos ensaios deste livro seguiu um planejamento, por mínimo que fosse. eu tinha apenas ideias e vontades, claro, mas elas são muito diferentes de planos.

às vezes me sentava diante do computador e as palavras decidiam saracotear por caminhos muito curiosos. eu permitia que elas enveredassem por ruelas inusitadas na cidade do meu pensamento só pra ver aonde é que aquilo tudo ia levar, e me surpreendi muitas vezes. "então é isso que eu penso?", repetia extasiada diante da tela. quando o destino da viagem era atingido, a cada vez que eu colocava o último ponto final de um escrito, me deleitava com o fato de sempre gostar muito da paisagem do lugar novo que havia descoberto dentro da minha própria mente.

o que quero dizer com tudo isso é que me parecia muito difícil agrupar esses ensaios sob uma mesma intenção, porque eles não haviam sido produzidos com um assunto geral específico em mente. até que um dia, sem muita inspiração pra escrever o que quer que fosse, mas determinada a trabalhar assim mesmo, decidi reler tudo que já havia redigido até ali de uma só vez, sob o pretexto de fazer uma revisão geral. sabe, quando estou escrevendo um texto em particular, é normal que o leia inteirinho dezenas de vezes. no entanto, raramente volto a ele a partir do momento em que o dou por concluído. quando tomei a decisão de revisitar a integralidade do manuscrito, por exemplo, fazia mais de um ano que não punha os olhos no ensaio mais antigo.

eu me lembrava, é claro, da essência e da intenção principal de cada texto, mas havia me esquecido de muitas das suas sutilezas; até porque algumas sutilezas eram tão sutis que eu nem havia reparado nelas durante o processo de escrita em si. ao fim da leitura, me senti muitíssimo surpresa ao notar que, entremeada àquelas palavras redigidas em momentos tão diferentes, havia uma ideia comum; uma ideia que eu nunca premeditei, mas que ainda assim ensopava todas as páginas com seu murmúrio impaciente. todas aquelas frases agrupadas, de algum jeito curioso, se uniam pra exprimir o mesmo retrato, a mesma ânsia: a sede do mundo real.

neste livro falo de tempo, de trabalho, de aprendizagem, de saudade, de ciência, de interesse, de escrita, de memória, de paixão. falo de estrelas e de árvores, de riachos gelados que correm no passado, de muros brancos cobertos de tinta, de adolescência e de araras-azuis, de trens sonolentos às cinco da manhã, de deuses e truques de mágica, e de muito, muito mais. nas entrelinhas, acho que o que une todas essas coisas é um lancinante anseio de descobrir, compreender e valorizar a realidade; uma vontade aflitiva de ver e aprender a existir no mundo. cada texto aqui é um fragmento desse desejo.

a escrita às vezes é assim: primeiro escrevemos, depois entendemos o que escrevemos. já cansei de me esforçar pra inverter essa lógica sem nenhum sucesso. hoje, tento simplesmente confiar na escrita como confio na realidade, e, quando consigo, não me decepciono nunca com o resultado. eis aqui, então, o fruto mais recente da minha confiança: este livro que você lê agora, chamado *eu quero a árvore que existe*. ele tem esse nome porque, como você vai descobrir nas páginas que virão, a tal "árvore que existe" é o meu desejo mais essencial e doloroso, e acho que, no fundo, é também o desejo mais essencial e doloroso de todo mundo.

aqui começa a estrada. eu só espero que a paisagem te agrade.

larinha
19/01/2024

*A espantosa realidade das coisas
É a minha descoberta de todos os dias.
Cada coisa é o que é,
E é difícil explicar a alguém quanto isso me alegra,
E quanto isso me basta.*

Basta existir para se ser completo.

Alberto Caeiro

eu quero a árvore que existe

poucas coisas nesse mundo denunciam tão simples e explicitamente a passagem do tempo quanto uma árvore. e isso importa muitíssimo, especialmente pra mim.

a vida inteira eu convivi com uma espécie de cegueira temporal generalizada. meu cérebro tem muita dificuldade de processar de maneira adequada o tempo que transcorre. em pequena escala, isso significa, por exemplo, que frequentemente estimo muito mal o intervalo necessário pra realizar uma tarefa cotidiana – é inútil me dizer que tenho "quinze minutos" pra fazer alguma coisa. ou você me dá um cronômetro, ou nada feito. eu não sei o que são quinze minutos. sou completamente incapaz de sentir ou avaliar o que quinze minutos representam.

em grande escala, isso significa, por exemplo, que não sei distinguir muito bem o que aconteceu semana passada do que aconteceu há três meses ou cinco anos. não tenho a habilidade de enxergar a minha vida como uma fileira clara de eventos que se sucedem. é como se tudo que já me aconteceu existisse simultaneamente no mesmo lugar, sem hierarquia alguma. pra usar uma metáfora emprestada do herman hesse, sinto minhas memórias como a água de um rio, que está no rio inteiro ao mesmo tempo.

    dentro da minha cabeça, eu simplesmente não identifico a linearidade do tempo. digo isso de maneira bem literal, nada poética. essa é uma dificuldade terrível pra se ter numa sociedade que é baseada de modo tão profundo na necessidade de mensurá-lo. quando eu era mais nova e alguém me fazia uma pergunta simples, do tipo "quanto tempo faz que sua mãe saiu pra ir ao supermercado?", eu entrava em pânico. tinha muita vergonha de dizer que não sabia, que não fazia a menor ideia. em vez disso, inventava um número qualquer que não parecesse esdrúxulo ou improvável. "faz mais ou menos meia hora", eu respondia, sabendo muito bem que poderia fazer cinco minutos ou três horas e meia. sem um referencial, eu jamais seria capaz de notar a diferença.

    ao longo da vida, tive que elaborar estratégias práticas pra me localizar temporalmente, porque é impossível ser um cidadão funcional de outra maneira. como consequência, acabei desenvolvendo também uma enorme obsessão por datas e horários. criei o hábito de olhar as horas a cada atividade que começava e concluía, ou a cada evento relevante de um dia. "minha mãe acabou de sair pra ir ao supermercado? ok, vou checar que horas são agora. assim, quando alguém me perguntar, eu vou poder olhar no relógio de novo e fazer as contas de quanto tempo se passou." esse era, sobretudo, um exercício de memória. memorizava, todos os dias, várias vezes por dia, horários associados a eventos específicos – terminei meu dever de casa às 13:43, minha mãe saiu pra ir ao supermercado às 14:17, comecei a assistir televisão às 15:08.

    não tenho nenhuma dificuldade para criar memórias. me lembro de pessoas, acontecimentos, lugares, canções, filmes. o problema é que, se eu tenho uma lembrança de algo, jamais saberia *naturalmente* dizer se aquele episódio específico ocorreu quando eu tinha cinco anos ou vinte e cinco. aqui, é preciso frisar, falo puramente da *sensação* da lembrança. é que a memória dos meus cinco anos não me parece de nenhuma forma mais antiga ou longínqua que a memória dos meus vinte e cinco. na verdade, os acontecimentos que se desenrolaram aos meus cinco parecem possuir o mesmo peso e distância dos acontecimentos que se desenrolaram em qualquer outro ano, como se eles estivessem todos sobrepostos num mesmo ponto, não dispostos numa linha. dentro da minha cabeça, a impressão que tenho é que a minha vida inteira aconteceu em simultâneo.

isso não significa, no entanto, que eu me confunda com frequência e conte a alguém uma história da minha infância como se ela tivesse ocorrido na minha vida adulta; muito pelo contrário. embora ambas me *pareçam* verdadeiramente ser concomitantes, eu sou perfeitamente capaz de analisar elementos concretos de uma memória pra conseguir datá-la, porque é isso que todo mundo faz, no final das contas. se a lembrança em questão é de uma viagem específica, por exemplo, basta recorrer ao ano da viagem. saber quando algo aconteceu, na maioria das vezes, depende somente de uma rápida análise do ambiente, das circunstâncias e das pessoas envolvidas na memória.

além do mais, eu convivo com essa desorganização temporal há décadas – e já aprendi a gerenciá-la com maestria. desenvolvi um excelente sistema pra compensar e esconder minha inaptidão, evitando todo tipo de embaraço. na verdade, minhas histórias são sempre muito, muito precisas no que diz respeito ao tempo dos acontecimentos; bem mais precisas que as histórias da grande maioria das pessoas, diga-se de passagem. faça uma pergunta sobre a minha trajetória e eu responderei com uma certeza, não com uma conjectura. estou muito segura ao fazer essa afirmação, porque sei que passei anos a fio memorizando obsessivamente o catálogo de acontecimentos da minha vida.

aprendi a associar anos, idades, séries da escola e eventos específicos com muita rapidez. para minha sorte, eu nasci em dezembro, então sei que passo um ano inteiro sempre com a mesma idade, o que facilita bastante a tarefa. assim, do mesmo modo que nem temos mais que pensar pra saber que 18:00 são seis da tarde ou que 21:30 são nove e meia da noite, quando me falam do ano 2006, por exemplo, eu sei de imediato que tinha nove anos de idade e estava na quarta série do fundamental numa escola específica, e que foi o ano em que adotamos uma cadela extremamente traquina. sei disso e de muito, muito mais. todas essas informações me vêm de uma só vez à simples menção do ano, qualquer que seja o ano, porque decorei todos eles.

hoje é muito claro pra mim que essa necessidade quase compulsiva de falar da minha vida e do tempo com muita exatidão e confiança vem de um medo profundo de que percebam que eu sou intrinsecamente incapaz de fazê-lo. é uma habilidade que desenvolvi – à exaustão – como forma de compensar uma incompetência que me era muito constrangedora por algum motivo; uma habilidade na qual eu me tornei artificialmente excelente só por reconhecer que era naturalmente péssima.

é claro que uma hora ou outra acabei percebendo que, na verdade, ninguém realmente *sente* no interior de si o tempo que passa nem a diferença de distância entre as memórias. todas as pessoas têm que pensar um pouco e tentar se agarrar a elementos concretos pra determinar quando um evento aconteceu, e seus palpites são imprecisos grande parte das vezes. todo mundo cita datas equivocadas e faz estimativas temporais absurdas o tempo todo, e ninguém liga muito pra isso. na verdade, frequentemente me pego corrigindo meus amigos ou minha família quando eles dizem que uma coisa tal ocorreu num momento tal, mas eu sei perfeitamente bem que foi dois anos antes, ou quando afirmam que já estamos fazendo algo há três horas, mas eu olhei no relógio e sei com certeza que faz só uma hora e quinze.

    hoje eu sei que minha inaptidão para hierarquizar o tempo não tem nada de diferente nem constrangedor: todos nós somos assim em algum grau. o problema é que, quando enfim despertei pra esse fato, já era tarde demais. me dei conta da desimportância que a sociedade confere à assertividade temporal quando eu já tinha passado décadas treinando incansavelmente pra desenvolvê-la.

    ninguém escapa ileso de uma vida inteira baseada nessa lógica ansiosa e obsessiva de pensamento. no meu caso, a consequência é que criei o hábito quase inconsciente de procurar ao meu redor e memorizar, o tempo todo, elementos espaciais concretos que pudessem servir de base pra uma localização temporal. me refiro a coisas que podem mudar ao correr do tempo, como a cor de uma parede, a posição de um móvel, a floração de um arbusto, a construção de uma casa ou algo do gênero. eu sei que, se prestar bastante atenção no mundo, serei capaz de associar esses elementos a datas e eventos: "isso aconteceu quando a parede ainda estava pintada de azul, quando o sofá ficava do outro lado da sala, quando esse arbusto não estava florido, quando essa casa ainda não tinha sido construída". criei uma necessidade violenta de me lembrar da vida e, pra isso, preciso prestar muita, muita atenção nela.

♦ ♦ ♦

um dia, plantei uma árvore. fui até um viveiro de plantas com a minha mãe e escolhi com muito cuidado uma muda de amoreira que devia ter uns setenta centímetros de altura. plantei-a contra um dos muros do quintal. quando a muda chegou na nossa casa ela já tinha duas amoras verdes grudadas num de seus

criei uma necessidade
violenta de me lembrar
da vida e, pra isso,
preciso prestar muita,
muita atenção nela.

larinha

galhinhos frágeis e franzinos. poucos dias depois elas amadureceram, e eu celebrei como quem celebra o primeiro passo desajeitado de um filho. eu não sabia disso antes de plantar uma, mas amoreiras crescem muito, muito rápido. dois meses após o plantio a muda já estava visivelmente mais alta e tinha mais de uma dezena de frutas em curso de amadurecimento.

    eu assistia aquela árvore espichar com um pasmo indescritível. tinha a impressão de que a cada dia ela estava um pouquinho mais alta, que tinha um pouquinho mais de folhas, que produzia um pouquinho mais de frutas. eu via a amoreira todas as manhãs da janela do meu quarto quando abria as cortinas e, de uma forma meio engraçada, ela era o meu maior lembrete de que aquele era um outro dia, um novo dia. a árvore crescia e me evocava a convicção de que o tempo de fato passava. minhas semanas e meses começaram a ter a medida da minha amoreira. ela tornou-se rapidamente a minha maior referência visual pra eventos recentes: "quando tal coisa aconteceu, o pé de amora ainda media um metro e meio". mais ou menos uns dois anos depois de plantada, a árvore atingiu seu tamanho final. ainda tínhamos que podar seus galhos, é claro, mas ela já não crescia mais em altura. mesmo assim, eu ainda lembrava perfeitamente de todos os eventos que ela me ajudou a organizar temporalmente, e lhe agradecia em silêncio toda vez que ia ao quintal catar umas amoras.

    minha necessidade constante de encontrar marcos espaciais concretos e utilizá-los pra mensurar um período sempre foi a mesma, mas, depois dessa experiência com a minha amoreira, desenvolvi um gosto particular pela utilização das árvores em geral como fita métrica do tempo. em todo lugar que ia, prestava muita atenção nelas. quando voltava ao local, tentava me lembrar se as árvores tinham crescido, se tinham sido podadas, se tinham ganhado ou perdido folhas, se tinham florido, se as folhas tinham mudado de cor. é claro que essa contemplação não era muito efetiva de maneira prática, porque na maioria das vezes eu não conseguia me lembrar de nada disso, mas gostava de reparar nas árvores assim mesmo. pra de fato coletar informações que me ajudassem a fazer associações úteis, no entanto, precisava continuar a me atentar para a realidade ao meu redor como um todo.

    essa tendência de observação contínua que desenvolvi acaba paradoxalmente me sendo útil e contraproducente ao mesmo tempo. ela é útil, porque me motiva a realmente reparar no mundo à minha volta: faço um esforço pra andar pelas ruas olhando de propósito pra todo lado e frequentemente reparo em coisas que as outras pessoas me dizem que não viram. por algum tempo tentei dizer a mim mesma que esse hábito me ajudava a me conectar ao momento presente, mas é aí que entra o paradoxo. é verdade que eu me atento muito à realidade, mas não é necessariamente só pra apreciá-la e "viver no hoje". quando reparo no presente, faço isso pensando no futuro. na verdade, esse ato é uma tentativa de fornecer à minha versão futura informações sobre o seu passado. é por isso que digo que essa é uma tendência contraproducente: por causa dela, reduzo o meu presente ao simples "passado da minha versão futura". assim, perco de vista o momento, que deveria ser, de fato, o mais importante de todos.

    eu me lembro de ter assistido a um vídeo na internet uma vez em que um cientista explicava que, quando olhamos pro céu noturno, o que vemos não é o céu de agora, mas uma imagem do céu do passado; e que muitas das estrelas que vemos na verdade nem estão mais lá. não vou tentar fornecer a explicação científica detalhada desse fenômeno porque não possuo nenhuma qualificação pra isso, mas tinha algo a ver com a distância dos corpos celestes em relação à terra e com o tempo que a luz que eles emitem leva pra percorrer essa distância e chegar até os nossos olhos.

reduzo o meu presente ao simples "passado da minha versão futura". assim, perco de vista o momento, que deveria ser, de fato, o mais importante de todos.

larinha

essa ideia fez cócegas num cantinho bem escondido da minha alma. quer dizer então que, no nosso presente, enxergamos estampada no céu uma imagem que era o presente do céu há milhares de anos? no *céu*? numa coisa tão absurdamente concreta e *real* como o céu, que literalmente podemos ver de qualquer lugar do mundo? achei esse fato divertidíssimo, porque parece algo que um escritor muito imaginativo inventaria pra compor a trama do seu livro de fantasia, mas não é. quem diz é a ciência, a detentora mais concreta dos saberes sobre a concretude das coisas.

de certa forma, foi muito alentador ver validada a ideia de que os tempos às vezes se sobrepõem, que o que chamamos de passado e o que chamamos de presente desenrolam-se simultaneamente, coexistem até num ato tão simples como olhar pro céu durante a noite. o céu que vemos era o céu há milhares de anos, mas é *agora* que o vemos. assim, o passado *é* o presente, porque o enxergamos agora, porque pra nós ele é visível, passível de ser sentido e experimentado, e, portanto, *real*.

, , ,

é difícil falar de tempo e de realidade, porque existem muitas formas diferentes de fazê-lo. existe a perspectiva dos físicos, dos filósofos, das crianças, dos idosos, dos poetas, dos bêbados na mesa de bar. muito honestamente, eu não acho que algum deles esteja mais certo do que os outros, embora tenha uma tendência a apreciar as opiniões criativas dos bêbados na mesa de bar. há, no entanto, uma perspectiva particular sobre a realidade da qual aprendi a gostar muitíssimo, e, paradoxalmente, é a perspectiva de uma pessoa que nunca de fato existiu nela: um homem chamado alberto caeiro.

fernando pessoa, o célebre escritor português que todos nós

conhecemos (mesmo que às vezes só de nome) era um homem meio esquisito. digo isso com todo o carinho do mundo, porque nutro um apreço especial por gente esquisita. pessoa se divertia muito a inventar pessoas. criava personagens intrincados, imaginava suas personalidades nos mínimos detalhes, construía com minúcia suas biografias inteiras. bem, nada de esquisito até aí, pelo contrário: você pode certamente argumentar que esse é um comportamento muito natural pra um escritor. a parte menos habitual, porém, é que ele não fazia isso só pra escrever uma história *sobre* essas pessoas, como um autor que constrói personagens pra um livro, mas também pra escrever histórias *por* elas. pessoa escrevia livros inteiros a partir da perspectiva das pessoas que inventava; pessoas que nunca haviam de fato existido, mas a quem era atribuída uma obra extensa. ele era um escritor que criava escritores e escrevia por eles. se isso não é ser uma pessoa maravilhosamente esquisita, eu não sei o que é.

quando eu tinha dezenove anos e cursava letras, meu professor da disciplina de literatura portuguesa pediu que escrevêssemos um ensaio sobre fernando pessoa. até aquele momento eu não sabia praticamente nada sobre o autor. assim, achei prudente ir até a biblioteca da faculdade pegar um livro dele emprestado. o problema é que todos os meus colegas tiveram a mesma ideia, porque, quando cheguei, não havia mais nenhuma obra icônica do escritor disponível. a bibliotecária me ofereceu o último exemplar que tinha sobrado: *o guardador de rebanhos*, um pequeno livrinho de poesia do qual eu nunca tinha ouvido falar, assinado por um tal "alberto caeiro". entendi que era um livro do pessoa, mesmo que seu nome não constasse na capa, porque nosso professor já havia nos explicado a esquisitice do autor e seus autores inventados – que conhecemos dentro do mundo das letras como "heterônimos".

sem muita opção, levei o livro pra casa e demorei ao menos uns três dias pra folheá-lo pela primeira vez, tamanho o desinteresse que ele me inspirava. quando finalmente abri a primeira página, no entanto, só o fechei quando cheguei à última. reli o pequenino livrinho pelo menos umas cinco vezes antes de devolvê-lo, não sem grande pesar, à bibliotecária.

alberto caeiro, o autor da obra, nunca existiu; foi criado pela fértil imaginação de fernando pessoa. era descrito por seu criador como um camponês simples, órfão de pai e mãe. ele morava com a tia-avó idosa numa quinta no ribatejo, uma antiga província portuguesa. caeiro era pobre, só estudou até a quarta série e morreu muito cedo, acometido por uma grave tuberculose aos vinte e seis anos. em vida, mesmo sem instrução formal, escreveu três livros de poesia, sendo *o guardador de rebanhos* o primeiro.

apesar de não ser real, caeiro é frequentemente descrito como "o poeta do real". isso porque sua poesia não fala de sonhos, nem de fantasias, nem de memórias: fala do mundo que pode ser experimentado através dos sentidos, o mundo *real*. caeiro era um homem completamente antimetafísico, um homem que rechaçava de maneira profunda o misticismo, a filosofia e todo tipo de ponderação de ordem espiritual ou intelectual. sua única crença era na natureza e na realidade, fontes inesgotáveis de pasmo e maravilhamento. para ele, os sentidos são bons e o pensamento é mau; por isso, não se deve pensar a respeito das coisas, mas experimentá-las. caeiro crê que tudo que existe está exatamente no lugar onde deveria estar e funciona exatamente da forma que deveria funcionar, sem a menor necessidade de qualquer tipo de questionamento. é dele a célebre frase "pensar é estar doente dos olhos", que resume muito bem sua opinião acerca do mundo que o circunda: só quem pensa sobre o que vê é aquele que não vê bem. para os olhos saudáveis, o simples ato de ver é mais do que suficiente.

eu adoro caeiro, mas preciso salientar que a sua filosofia (ou melhor: sua não filosofia) pode muito rapidamente tornar-se extrema e radical se levada a cabo. por isso, é preciso lê-lo com muita cautela e espírito crítico. ele é um poeta tão hábil que, se não tomarmos cuidado, nos seduz facilmente através da sua simplicidade enternecedora. quando nos damos conta, ao meio da leitura, já estamos querendo abolir e aniquilar a filosofia, a religião (e até a ciência!), nos mudar pra uma cabana isolada no campo e passar os dias só contemplando o mundo ao nosso redor sem reflexão de qualquer ordem que seja. ou talvez essa tenha sido só a minha reação. vai saber. não posso descartar a possibilidade, porque a poesia de caeiro fala diretamente a uma das minhas grandes dificuldades nessa vida: o excesso de elucubração.

sempre fui uma pessoa com uma notável tendência a pensar em demasia, sobretudo diante da visão da natureza. não posso ver um céu estrelado bonito na minha frente que já me ponho quase inconscientemente a fazer perguntas de ordem filosófica, mística, científica ou metafísica em geral. como é que todas essas estrelas foram parar lá? por que elas estão lá? do que elas são feitas? qual o tamanho do universo? qual o nosso tamanho? como viemos parar aqui? por que estamos aqui? do que somos feitos? apreciar o mundo com os olhos ao invés da mente, só pelo fato de ele existir, era uma ideia que nunca havia me ocorrido de maneira tão clara e direta. quando li caeiro pela primeira vez, senti que havia algo de visceralmente genial nessa proposta. você já deve ter notado que tenho uma tendência a me identificar muito com tudo que diz respeito a uma habilidade que me falta.

alguns meses depois de descobrir *o guardador de rebanhos*, fiz uma viagem a pirenópolis, uma cidadezinha histórica no coração do cerrado goiano, cercada por uma natureza exuberante. toda vez que vou a pirenópolis subo o pico dos pireneus, ponto mais alto do estado de goiás, pra assistir ao pôr do sol de lá. a luz dourada que engole os montes por volta das seis da tarde é sempre uma visão que me desconcerta de tão bela, pouco importa em quantas oportunidades diferentes eu a tenha observado. daquela vez, no entanto, decidi que ia experimentar a abordagem de caeiro: aguçar os sentidos e calar a mente. é claro que essa é uma coisa muito mais fácil de falar do que de fazer, mas eu de fato me esforcei de maneira consciente pra tentar.

    comecei fechando os olhos. tudo que via era a cor escura e ligeiramente avermelhada do interior das minhas próprias pálpebras, iluminadas pelo clarão do céu limpo. apurei os ouvidos. ao meu redor, o barulho da conversa das pessoas se destacava. uma mulher falava sobre um possível ensaio fotográfico no pico e detalhava todas as poses que ela faria na ocasião. escutei – tentando não escutar – até as palavras deixarem de fazer sentido e se tornarem indistinguíveis. por trás delas, o som de uns pássaros ao longe e do vento. mais nada. ouvi por um momento e respirei fundo, tentando de maneira ativa me atentar ao aroma do fim da tarde. o perfume forte de alguém atrás de mim se misturava de forma inesperada ao cheiro daquela paisagem, que era algo como cheiro de sol que beija rocha, cheiro de mato insuflado de sopro úmido, cheiro de colina que saúda docemente a colina logo ao lado. toquei a pedra larga sobre a qual estava sentada e ela tinha uma textura engraçada: grosseira, mas não áspera nem porosa, apenas cheia de longos veios irregulares em relevo. abri os olhos.

    o que vi foi uma paisagem velha conhecida, mas era como se eu nunca antes a tivesse visto. lembrei de pronto das palavras de caeiro: "quem está ao sol e fecha os olhos, / começa a não saber o que é o sol / e a pensar muitas coisas cheias de calor. / mas abre os olhos e vê o sol, / e já não pode pensar em nada, / porque a luz do sol vale mais que os pensamentos / de todos os filósofos e de todos os poetas." assim, vou me eximir da tarefa de refletir acerca de todas as metáforas filosóficas ou poéticas que poderia empregar pra descrever o que se encontrava diante dos meus olhos naquele fim de tarde. direi apenas que tudo o que existia estava cumprindo de maneira perfeita o seu papel de existir, e que a paisagem não me suscitava nenhum tipo de inquietude científica ou dúvida existencial. ela apenas *era*. rocei os veios da pedra com a ponta do dedão sem motivo. acho que aquela mulher continuava a tagarelar logo ao meu lado, mas dentro de mim só havia um intenso silêncio. só havia a realidade e, de maneira curiosa, ela me parecia mais do que suficiente.

essa tarde dourada no pico dos pireneus foi a primeira vez desde o fim da minha infância que registrei uma memória muito precisa sem objetivo nenhum. eu não estava tentando olhar pro mundo e recordá-lo pra fornecer essa informação a uma versão futura de mim mesma; aliás, eu não estava *tentando* fazer absolutamente nada. acho que é por isso que ela é uma das lembranças mais límpidas e menos ansiosas que eu já consegui guardar da minha existência nesse planeta até aqui. penso na pedra e sinto ainda a sua textura sob o meu dedão, bem como o cheiro quente da paisagem e o som do vento descendo os montes.

,,,

os seres humanos são criaturas curiosas. devem ser próprias da nossa essência a obstinação pelas perguntas e a busca interminável por esclarecimentos, objetivos, funções, causas, fontes. somos entes naturalmente atraídos pelo mistério e por todas as suas prováveis explicações, entes que possuem uma necessidade quase vital de encontrar respostas, pouco importa de qual ordem. aqui, vou tentar com todas as forças me impedir de entrar numa longa divagação filosófica, porque a ideia que quero exprimir é, na verdade, muito simples: nossa realidade existe; nós existimos nela; ninguém sabe por que a nossa realidade existe; ninguém sabe por que nós existimos nela; isso desassossega todo mundo. e é só isso.

acho que o que quero dizer é que vivemos num constante estado de intranquilidade em relação ao próprio fato de estarmos vivendo. afinal de contas, pra que é que *serve* tudo isso aqui que experimentamos? enquanto humanos, somos um pouco obcecados pela serventia das coisas, pela sua utilidade, seu emprego, sua aplicação, seu *sentido*. sem encontrar uma razão plausível, seguimos atormentados pela sombra de uma aflição atroz. por isso, nosso objetivo último, mesmo que não tenhamos conscientemente decidido assim, acaba se tornando a busca incansável por uma *resposta*, pouco importa o tipo de resposta.

levando em consideração o fato de que somos criaturas vastamente diferentes, encontramos também respostas vastamente diferentes, mas que no fundo servem ao mesmo propósito. alguns de nós obtêm a paz e a motivação necessárias pra levar adiante sua vida através do campo místico, outros, por meio do campo experimental, filosófico, político, religioso, científico, social, familiar, ou inúmeros outros. somos seres bastante criativos no que diz respeito a encontrar *respostas*. para alguns, por exemplo, a resposta é que existe certamente uma resposta, mas que não precisamos compreendê-la, porque existe um ser imaterial e todo-poderoso que a compreende, e o mero fato de dedicarmos nosso tempo na terra a servi-lo é suficiente. para outros, a resposta não foi encontrada ainda, mas pode muito bem sê-lo se nos esforçarmos bastante, e o mero fato de dedicarmos nosso tempo na terra à sua busca em si é suficiente. para outros ainda, a resposta é a absoluta ausência de resposta, e o mero fato de termos chegado a essa brilhante conclusão é suficiente, por mais paradoxal que isso pareça.

o que quero dizer é que pouco importa o caráter da resposta; o que interessa é que ela nos permita dormir à noite. se você pensar bem, os seres humanos são igualmente responsáveis tanto pela criação de todas as teorias científicas que foram ultrapassadas e aprimoradas ao longo dos milênios, quanto pela criação de todas as religiões, doutrinas e correntes filosóficas, sociológicas e antropológicas conflitantes que já existiram. inventamos dogmas, descobrimos teoremas, escrevemos livros, analisamos sociedades, pintamos quadros, desenterramos artefatos, criamos filhos, aprendemos habilidades, navegamos oceanos, nos apaixonamos, construímos máquinas, tocamos instrumentos, pedimos perdão diante do altar, fazemos cálculos, tecemos histórias, desenvolvemos saberes – tudo isso só porque precisamos desesperadamente de um motivo pra acordar amanhã. o fato é que todos nós afirmamos, ao mesmo tempo e com uma profunda certeza, ter encontrado a *grande resposta*, a *resposta certa*, a *resposta que faz sentido*, enquanto contradizemos horrivelmente uns aos outros. é esse, no final das contas, o mais fiel retrato da natureza humana.

às vezes imagino como será a vida de alguém que possui convicções perfeitamente definidas. qual deve ser a sensação de enxergar o mundo através de certezas tão fervorosas que você tem certeza de que elas são muito mais certas do que as certezas dos seus semelhantes? fico admirada e assustada na mesma medida diante de pessoas que sustentam uma crença tão específica e potente que são capazes de se propor a fazer dela uma verdadeira filosofia, ou uma doutrina, ou uma escola de pensamento, ou qualquer tipo de sistema perfeitamente organizado que pode ser defendido de maneira categórica.

é claro que tenho minhas convicções, como você e todo mundo. não acho que seja possível atravessar uma existência humana nesse planeta na nossa era e não ter alguma coisa na qual acreditamos. além do mais, não existe nada de novo no fenômeno: os indivíduos da nossa espécie demonstram uma acentuada aptidão para criar coisas e acreditar nelas há muitos milhares de anos. o curioso mesmo pra mim não é essa nossa intrínseca necessidade de procurar crenças, respostas ou filosofias de vida, nem o fato de que alguns seres humanos são capazes de adotar de forma tão plena e irrestrita uma ideia que foi proposta ou alterada por outro ser humano. o que me intriga *de verdade* é outra coisa: é o funcionamento do cérebro das pessoas que se propõem a *criar* a dita crença ou filosofia de vida, e depois ser a *voz* dela, escrever livros sobre ela, dar entrevistas sobre ela, pregá-la, divulgá-la, defendê-la enquanto orgulhoso *pai* (ou *mãe*, de maneira mais rara, infelizmente).

o que me desconcerta de verdade é o nível de autoconfiança necessário pra fazer uma coisa dessa. você tem que estar muito absurdamente certo de si mesmo pra ter a coragem necessária pra se lançar enquanto detentor de um saber ou conhecimento subjetivo digno de ser organizado e adotado por outros seres humanos. particularmente, enquanto pessoa com convicções contraditórias e ações que contradizem mais ainda as referidas convicções, acho difícil até mesmo imaginar uma tal segurança e firmeza de pensamento.

de uma forma ou de outra, eu sou um ser humano, caso você ainda não tenha notado; portanto, eu também vivo a minha vida em busca de respostas (mesmo que não tenha decidido fazer isso intencionalmente), e as respostas que encontro também me confortam muito, ao mesmo tempo que contradizem horrivelmente as respostas que confortam muito o meu próximo. assim é. todos nós descemos a ladeira da vida esperando encontrar uma crença (ou uma anticrença, ou até mesmo a certeza da ausência de uma crença) que possa nos sussurrar ao pé do ouvido um propósito, uma razão pra arrastar nosso corpo pra fora da cama amanhã cedo. tudo bem se não acharmos nada até o último dia da nossa existência; nesse caso, o próprio objetivo dela terá sido a busca, e é um objetivo tão válido como qualquer outro.

no dia em que abri o livro do caeiro pela primeira vez, meu coração foi tomado de assalto por uma calmaria tão violenta que ela só poderia ser experienciada por um ser humano que acreditasse de verdade ter encontrado um pequeno fragmento da sua resposta primordial. desde então, acho que a minha crença, apesar de ainda ter contornos muito difusos e imprecisos até pra mim mesma, tornou-se a crença na realidade. é nela que eu tento crer, e é ela que me salva da inação e da letargia.

é claro que o simples fato de decidir acreditar em algo não torna alguém um seguidor perfeito de qualquer tese que seja. os católicos, por exemplo, partem do princípio de que são pecadores por natureza, e aceitam esse fato – justamente por isso dedicam suas vidas ao esforço de não pecar, mas às vezes pecam assim mesmo. eu, por outro lado, parto do princípio de que sou uma péssima apreciadora de realidade, e aceito esse fato – justamente por isso dedico minha vida a, de maneira consciente e ativa, tentar apreciá-la, viver nela e confiar nela, mas falho assim mesmo, e com muita frequência. cada um tem seus pecados e sua maneira de redimi-los. os católicos os confessam ao padre, recebem sua penitência e são perdoados. já o meu perdão só me pode ser conferido por mim mesma, e tenho critérios de agraciamento bem diferentes.

de qualquer forma, não vou mentir: acho engraçado, irônico e apropriado de um jeito quase caricato o fato de, diante de tantas possibilidades de "grande resposta", eu ter encontrado um pequeno fragmento da minha nos escritos de um poeta que nunca existiu.

pensando bem, acho que não deveria colocar as coisas dessa forma. meu discurso pode dar a entender que a figura de caeiro seria, pra mim, quase a de um mestre soberano, e que seus livros seriam, pra mim, quase escrituras sagradas. não é o caso, nem de longe. primeiro porque não tenho simpatia pela ideia de mestres soberanos ou de escrituras sagradas. depois, eu já disse e repito: é preciso ler caeiro com muita cautela, porque ele é um extremista bastante sedutor e hábil com as palavras. de qualquer forma, acredito de verdade que ele só era capaz de seguir à risca sua própria visão de mundo porque era uma pessoa inexistente. no mundo real, esse do qual ele tanto fala, eu não acho que seja possível ser como caeiro; e mesmo que fosse possível, não sei se a gente deveria. aliás, acho mesmo que a gente não deveria de jeito nenhum.

a (não) filosofia do autor imaginário criado por fernando pessoa, por mais inspiradora e revigorante que seja, possui uma faceta sombria se levada a cabo. em uma passagem d'*o guardador de rebanhos*, por exemplo, ele afirma de maneira categórica que não se importa nem um pouco com toda a desigualdade e as injustiças sofridas pelos homens, porque tem "o egoísmo natural das flores", que só se preocupam com florir. depois diz, com todas as letras, que "todo o mal do mundo vem de nos importarmos uns com os outros". eu entendo que esse é um desdobramento coerente com a sua linha de pensamento, mas não poderia jamais estar de acordo com ele. outrossim, pra discordar ainda mais do poeta que adoro, penso que um mundo em que não exista espaço para a reflexão, para os questionamentos e para as descobertas é um mundo triste e doente na sua própria medula, e que a vida nele é irrevogavelmente capenga, limitada e incompleta.

se cito caeiro não é porque o idolatre; é só porque foi através da sua poesia que me pus a pensar sobre o conceito de realidade – a despeito dos seus conselhos sobre evitar o pensamento a todo custo. o tiro do autor saiu pela culatra.

, , ,

acabo de passar os últimos trinta minutos escrevendo e apagando dezenas de frases na tentativa de detalhar um conceito, mas preciso me conformar com o fato de que ele é tão abissalmente simples que não pode ser esmiuçado. ei-lo: a realidade existe e podemos experimentá-la. só isso. esse singelo fato é (ou deveria ser) maravilhoso e fascinante o suficiente pra servir como combustível e nos fornecer a energia vital necessária pra atravessar uma existência terrestre inteira. essa é minha crença, e é a premissa para a qual dirijo toda a minha reverência e gratidão. quando chega o momento inevitável em que acabo me perguntando "qual diabos é o *sentido* de tudo isso que experienciamos?", tento lembrar que o sentido é exatamente esse: experienciarmos. (eu disse, o conceito é tão simplório e evidente que soa quase estúpido quando colocado em palavras.)

como é admirável e intrinsecamente instigante ter a humilde chance de existir na realidade que nos envolve. como é fantástico e intimamente raro ter a excitante oportunidade de sentir tudo que somos capazes de sentir enquanto seres humanos. temos uma língua que distingue perfeitamente os sabores das coisas e, para nossa sorte, existem coisas sem fim com sabores perfeitamente diferentes; nossos olhos são capazes de reconhecer e discernir uma vastíssima gama de cores que, para nossa sorte, estão por todo lado; uma abundância de sons pode ser identificada pelos nossos ouvidos, uma profusão de odores pelo nosso nariz e uma multitude de texturas pela superfície inteira da nossa pele.

um sistema cerebral intrincadíssimo nos permite pensar, e depois pensar mais ainda sobre os nossos próprios pensamentos. somos capazes de fazer perguntas, e de encontrar muitas respostas sobre muitas coisas, e de descobrir, e de aprender, e de ensinar. temos um corpo que sente fome, sono, cócegas, cólica, dor de cabeça. estamos aptos a vivenciar uma amplitude tão vasta de emoções e sentimentos que às vezes nos deparamos com alguns que ainda nem ganharam uma palavra específica para nomeá-los. conhecemos, é claro, o orgulho, a surpresa, o cansaço, a culpa, o remorso, o amor, a curiosidade, a gratidão, o desprezo, o medo, a compaixão. mas conhecemos também essa música particular e sem nome que toca no fundo da nossa alma quando nos damos conta de que todas as pessoas que vemos nos livros de história tiveram vidas tão complexas e densas quanto a nossa, ou quando subitamente ganhamos consciência do sangue que corre sem parar dentro das nossas veias, ou quando o sol do fim da tarde se reflete sobre a superfície da água e temos a vívida impressão de mergulhar sem aviso dentro de um sonho.

estamos aptos a *tantas coisas* que nossa breve existência humana é risivelmente curta para experimentar mesmo uma fração infinitesimal delas. caminhamos sobre a areia, ninamos nossos filhos, ralamos os joelhos, choramos o luto dos nossos cachorros, tomamos sorvete de caramelo salgado, escrevemos cartas de amor, brigamos com nossos pais, vemos formas engraçadas nas nuvens, abraçamos os nossos amigos, dançamos de meia no piso da cozinha, fazemos tanto, tanto, tanto, e estamos sempre tão dolorosamente longe de esgotar todas as possibilidades que a realidade nos concede.

quando digo que sou uma péssima apreciadora da realidade é porque tenho plena consciência de que, infelizmente, falho em notar e absorver uma enorme porcentagem das sensações e experiências que ela me dá de presente o tempo todo. como todo mundo, reclamo sempre da insipidez dos dias, da mesmice das tarefas cotidianas, da monotonia da rotina... sem levar em consideração que nessa mesma dança repetida mora uma miríade de coisas fantásticas só esperando que eu as reconheça. há a sensação que cada tecido de roupa diferente traz quando se esfrega contra a minha pele, a variação da temperatura dos meus lençóis quando me deito, o som

estamos aptos a *tantas coisas* que nossa breve existência humana é curta para experimentar mesmo uma fração infinitesimal delas.

larinha

curioso que ouço dentro do meu crânio quando me espreguiço pra valer, a pressão na ponta dos meus dedos quando aperto um botão.

eu sei bem que muita gente revira os olhos pra esse tipo de reflexão, mas sabe o que é engraçado? é que revirar os olhos em nada altera o fato de que a vida é feita de tecidos que roçam o tempo todo contra nosso corpo, e de lençóis em que nos deitamos toda noite, e de espreguiços quase involuntários diante da fadiga cotidiana, e de botões diversos que apertamos sem parar com a ponta dos nossos dedos. a nós, cabe a simples decisão de reparar neles ou não.

hoje, o que tento fazer pra atravessar os dias (quando me lembro) é justamente honrar todos esses pequeninos presentes. é esse meu maior desafio, porque estar presente no presente é uma das coisas mais difíceis que podemos nos propor a fazer enquanto seres humanos. deve ser por isso que estamos debatendo essa mesma questão há tantos milênios, vide a origem da famosa expressão *carpe diem*.

sabe, antes de virar uma frase que tanta gente tatua em uma fonte cursiva cheia de arabescos e com um pássaro ou um símbolo do infinito ao lado, ela foi um trecho de um poema de horácio, tão velho que foi escrito há mais de dois mil anos. nos nossos dias, porém, essa frase afastou-se de tal forma do seu sentido original que acabou entrando no mesmo saco de *hakuna matata* ou de *yolo*. a primeira expressão, do suaíli "não há problema", foi popularizada como o lema de timão e pumba, do filme *o rei leão*, que preconizavam uma vida sem estresse; a segunda é um acrônimo de origem anglo-saxá que significa *you only live once* (só se vive uma vez), e é muito utilizada pra justificar qualquer ato pouco útil, irresponsável ou perigoso que queiramos realizar – afinal de contas, só se vive uma vez. *carpe diem*, no entanto, apesar de ser uma frase muito empregada na linguagem cotidiana pra se encaixar nas duas situações, não tem relação nenhuma com falta de preocupações, e muito menos com decisões imprudentes.

essa é uma expressão em latim que é comumente traduzida em português moderno como "aproveite o dia", mas não é bem esse o seu significado. "*diem*" de fato é a forma acusativa de "*dies*", que significa "dia". mas a palavra "*carpe*", do verbo "*carpere*", apesar de ser traduzida no contexto do poema como "aproveite", "desfrute", "aprecie", "goze", "curta", não tem esse sentido em si mesma – nem de longe. "*carpere*" se inscreve no campo semântico de "trabalhar no campo", "arrancar", "trabalho braçal", "cortar", "laborar", "colher". é essa a origem do verbo "carpir" em português, que literalmente significa "capinar", "retirar o mato". aí está, caro leitor, a prova de que minhas aulas de latim na faculdade enfim serviram pra alguma coisa, a despeito de todos os meus colegas que diziam o contrário.

você pode estar se perguntando como é que passamos de "capinar" a "aproveitar". é que essa tradução moderna é uma tentativa de clarificar o sentido do emprego desse verbo no seu poema de origem – ela faz entender um pouco a ideia do verso sem a necessidade de ler o poema. além do mais, você deve concordar que a demanda por essa tatuagem diminuiria de maneira drástica se tivéssemos dito a todo mundo que a frase significa "capine o dia".

brincadeiras à parte, a expressão foi tirada de uma das *odes* do poeta romano horácio, precisamente a ode de número 11 do livro 1. nesse poema o eu-lírico se dirige diretamente a uma garota chamada leucônoe, que se encontra muito compenetrada fazendo cálculos astrológicos pra tentar descobrir se os dois viverão muito tempo. ele a interrompe e diz à menina que não procure saber qual fim os deuses reservam para eles, pois é muito melhor viver o que quer que venha. o eu-lírico então aconselha leucônoe a ser sábia e "limitar a longa esperança", porque o tempo foge enquanto eles falam. e é nesse ponto que figura a nossa famigerada frase: *carpe diem, quam minimum credula postero* – "colhe o dia, minimamente crédula no mais tarde".

é claro que, com o objetivo de facilitar a compreensão, essa frase é adaptada na grande maioria das traduções do poema. as adaptações em questão não têm o objetivo de traduzir fielmente ou literalmente; elas funcionam mais como *explicações*. temos adaptações muito variadas, mas acho que uma das mais famosas na nossa língua é "aproveite o dia de hoje e creia o mínimo possível no amanhã". como você pode notar, não foi precisamente isso que horácio *disse*, mas foi mais ou menos o que ele *quis dizer*. apesar da minha zombaria, essa não é uma adaptação necessariamente ruim ou imprecisa, mas ela me dói um pouco assim mesmo.

sim, o objetivo do eu-lírico quando ele diz a leucônoe pra "colher" o dia é de fato motivá-la a aproveitá-lo, mas há um sentido muito bonito e particular na escolha desse verbo, ligado ao labor no campo, ao trabalho braçal, à conexão física com a natureza, que se perde na versão adaptada.

no contexto do poema, o uso deliberado do verbo "*carpere*" evoca um bucolismo que não existe na frase como a conhecemos. horácio pinta uma metáfora baseada na colheita de frutas, legumes ou flores – um ato físico, uma experiência sensorial que partilhamos com a terra. *colhe o dia* como se ele fosse uma fruta, um legume, uma flor. *colhe o dia*, porque ele está maduro, florido. *colhe o dia*, porque ele está pronto pra ser colhido.

como você pode constatar, não existe de forma nenhuma nessa frase um convite a não se preocupar com nada, e muito menos uma desculpa pra fazer o que quiser sem pensar nas consequências. não posso negar: o fato de que nossa sociedade a leia e interprete assim nos dias atuais me enerva e me entristece sobremaneira.

de qualquer forma, pela idade do poema e pelo fato de tanta gente se interessar pela frase até hoje, fica claro que o assunto "estar atento ao instante presente" está em voga há milênios, e nunca saiu de moda. vira e mexe me deparo com esse anseio fundamental ilustrado de alguma forma na nossa cultura através das mídias mais diversas.

no filme infantil *kung fu panda*, há uma famosa cena em que o mestre oogway aconselha ao panda po que pare de se preocupar com o que foi e o que virá, porque "o ontem é história, o amanhã é um mistério, mas o hoje é uma dádiva, e é por isso que se chama presente". a. a. milne escreve, em *o ursinho pooh*, uma passagem em que pooh pergunta ao leitão que dia é hoje. "hoje é hoje", o leitão responde, ao que pooh replica: "meu dia predileto!" ricardo reis, um outro autor imaginário que nunca existiu e foi inventado por fernando pessoa, tem um poema diretamente inspirado pela famosa ode de horácio, intitulado "colhe o dia, porque és ele". ele escreve: "este é o dia, / esta é a hora, este é o momento, isto / é quem somos, e é tudo." são inúmeras as menções à ideia de "viver no momento" que podemos encontrar na arte através dos séculos. se você começar a reparar, vai encontrar mais dezenas de referências loguinho.

isso tudo me interessa, e me interessa profundamente, porque penso muito em horácio quando me pego tentando medir o tempo com uma árvore. eu já disse antes: reparar muito nas árvores que vejo acabou se tornando um hábito involuntário. às vezes me pergunto se minha ânsia de registrá-las me aproxima ou me afasta do célebre conselho do poeta romano. é isso, colher o dia? quando me inquieto pelo presente, quando reparo nele com força e tento desesperadamente guardá-lo na memória, estou colhendo o dia ou arrancando-o violentamente da terra antes da hora?

, , ,

frequentemente, me ponho a fazer perguntas que nunca serei capaz de responder. nos últimos anos, uma questão específica retorna à minha mente com uma regularidade irritante: o tempo quando reparo nele com força e tento guardá-lo na memória, estou colhendo o dia ou arrancando-o violentamente da terra antes da hora ?

larinha

existe? às vezes eu acho que não, porque não há uma única célula no meu corpo que seja capaz de experimentá-lo de maneira objetiva. tenho sentidos que me permitem ver, ouvir, cheirar, degustar, tocar; sou capaz de sentir fome, sono, cócegas, dor de cabeça, tristeza, orgulho, raiva, alegria, ciúme e tantas outras emoções que ainda nem ganharam nome; sinto o tecido da roupa que roça contra minha pele e a pressão sob os meus dedos quando aperto um botão, mas sou completamente incapaz de sentir o tempo.

é então que me lembro do céu noturno e de todas essas estrelas *reais* que *vejo* diante de mim com os mesmos olhos que uso pra ver o sol que se põe, ou meus amigos que sorriem, ou o sorvete de caramelo salgado que tomo; as estrelas que estão diante de mim, mas que, segundo os cientistas, não estão mais lá há milênios. e me dou conta de que tenho um corpo que é equipado com olhos capazes de *literalmente* enxergar o passado, e não posso mais duvidar do tempo. é claro que ele existe, digo a mim mesma. o tempo existe, porque constato sua existência de forma concreta na pele que enruga, nos cabelos que embranquecem, nos prédios que são construídos, nos bebês que aprendem a falar, no meu pé de amora que cresce, e em todas as árvores que perdem suas folhas durante o outono antes de ganhá-las de novo na primavera. o tempo existe, digo a mim mesma, mas para que ele exista é preciso as estrelas e a pele e os cabelos e os prédios e os bebês e as árvores; é preciso todas as coisas *reais* que se transformam segundo a vontade dessa entidade silenciosa e volátil.

penso de novo nas estrelas. não duvido dos cientistas. quem sou eu pra duvidar? se eles dizem que os corpos celestes brilhantes que enxergamos no negrume do céu noturno na verdade não estão mais lá, é porque não devem estar mesmo; mas não posso negar que isso me desassossega. é claro que esse fato não tem absolutamente nenhuma influência objetiva sobre a minha vida, porque não é como se eu estivesse planejando uma excursão às estrelas. ainda assim, quando vou ao quintal de madrugada tomar um ar e as vejo cintilando calmamente, uma inexplicada sensação de estranheza me corrói o peito. temos o hábito de dizer, de maneira poética e filosófica, que "só o presente existe", porque ele é o único momento *real*, o único momento que temos a capacidade de experienciar, e não somente de rememorar ou de imaginar. mas se tenho olhos capazes de enxergar o passado, digo a mim, então o passado deve existir, porque eu o vejo. eu o vejo *agora*, diante de mim, com os meus próprios olhos. mas se é agora que vejo as estrelas diante de mim, com meus próprios olhos, importa mesmo o fato de os cientistas dizerem que elas já se foram há milhares de anos? importa mesmo quando é que elas existiram na realidade delas se, na minha realidade, é *agora* que elas existem?

    penso, penso, penso e penso até a minha cabeça doer de verdade e eu ter vontade de nunca mais pensar de novo. aí me lembro de caeiro, e é como se a sua voz, essa voz imaginária que inventei pra uma pessoa que nunca existiu, sussurrasse em meu ouvido: "pensar é estar doente dos olhos." me lembro, então, que tenho olhos, e é como se a mera lembrança desse fato os tornasse mais eficazes e mais atentos. eu olho; eu vejo; e os pensamentos, dúvidas e angústias se dissolvem numa poça de desimportância. sinto a textura da pedra do pico dos pireneus sob o meu dedão. as estrelas cintilam calmamente, e eu as vejo, e isso deve bastar pelos próximos dois minutos. caminho pra dentro de casa com o que imagino que deve ser a sensação de um devoto que acabou de confessar todos os seus pecados ao padre e foi perdoado. é esse o meu indulto.

    quisera eu poder viver sempre com olhos diligentes e atentos, que amam tudo o que veem só porque têm o privilégio de ver. na prática, entretanto, tenho olhos ansiosos, olhos que sofrem muitíssimo pela ideia do presente que terá escapado amanhã, olhos que lutam em desespero pra conservar intocado tudo o que passeia diante deles – especialmente quando o que passeia diante deles é alegre e agradável. minha maior infelicidade nessa vida é amargar meus dias mais felizes com a ideia de que em breve eles serão apenas mais uma memória colorida que eu vou ter que catalogar. lastimável notar como é sempre nos momentos em que me sinto mais bem-aventurada que me posto à tentativa vã de agarrar cada segundo com as mãos em desespero, suplicando pra que ele não vá embora, que ele fique só mais um pouquinho. inútil fantasia, porque todo mundo sabe que os segundos não se preocupam nem um pouco com as nossas súplicas patéticas.

, , ,

num fim de outubro ameno, quando eu e o homem que amo estávamos de férias, decidimos alugar uma pequena casinha na floresta pra passar alguns dias. na sala havia uma parede de vidro através da qual podíamos ver um sem-número de árvores muito, muito altas. eram elas os primeiros seres a nos cumprimentar quando abríamos os olhos de manhã no quarto sem cortinas. o "quarto", na verdade, era só um colchão num mezanino de teto tão baixo que mal conseguíamos nos sentar sem encostar a cabeça nele, mas eu achava aquilo maravilhoso. passávamos o tempo conversando, ouvindo música, comendo queijo, tomando sidra, vendo filmes antigos na tevê, cozinhando, andando por entre as árvores, assistindo ao sol se pôr e observando as galinhas e cabras do proprietário da casa a poucos metros. se a descrição lembrar um pouco o cenário de uma comédia romântica clichê, é porque descrevi bem. eu vivia cada segundo quase incrédula face à minha própria felicidade, e não me constranjo em admitir.

minha maior infelicidade nessa vida é amargar meus dias mais felizes com a ideia de que em breve eles serão apenas mais uma memória colorida que eu vou ter que catalogar.

larinha

é exatamente nesses momentos ternos e doces que ela me agarra mais forte pelos cabelos: a profunda aflição de notar que o presente será, muito em breve, passado. quando ela vem, meu primeiro instinto é extenuar meus olhos, obrigando-os a olhar tanto e com tanta sofreguidão pra tudo que eles muito logo se insurgem e não querem mais saber de olhar pra nada que *exista* de verdade. fixam-se, ao contrário, no vazio, no inexistente, num tempo que ainda não veio. arruíno as cores bonitas da paisagem sozinha, sem precisar da ajuda de ninguém, e o que era leve e afável enrijece-se de súbito.

na noite antes de deixar a pequena casinha na floresta, era assim que eu me sentia. em vez de desfrutar da realidade, do fato de que estava ainda cercada pelas altas árvores e pelas galinhas e cabras barulhentas, eu tinha olhos inertes, vidrados num momento imaginário em que as árvores, cabras e galinhas já estariam muito longe. existem poucas sensações mais frustrantes nessa vida do que aquela de estar muito consciente de que você está fazendo uma coisa estúpida, e ainda assim ser incapaz de impedir seu curso. eu sei que não deveria jamais sofrer o luto pelo agora enquanto ele ainda está vivo, sei que é uma grande tolice assisti-lo escorrer lentamente pelo ralo, gota a gota, enquanto imagino a dor da sua ausência. ainda assim, assisto, imóvel. tal é a natureza humana.

meu bem-amado percebe que estou me afogando no sorvedouro de uma angústia e vem perguntar o que é que houve. digo que já estou triste agora porque sei que amanhã vamos deixar a casinha da floresta. ele ri e me responde que sempre podemos voltar, de novo e de novo. é, mas se a gente voltar no futuro – digo baixinho, inconsolável –, o pôr do sol vai ser outro pôr do sol, e o queijo vai ser outro queijo, e as árvores vão ser outras árvores. ele me abraça sorrindo e chacoalhando a cabeça, como quem pensa "essa daí me solta cada uma!". o sol se põe todos os dias, ele diz em tom alentador, e eu prometo que a gente compra exatamente o mesmo queijo, e as árvores vão estar de pé do mesmo jeito. você não entende!, guincho com a voz trêmula. as árvores da próxima vez que a gente vier não existem ainda, só vão existir da próxima vez que a gente vier! a ideia de árvores inexistentes não me conforta em nada! eu não quero a árvore imaginária da próxima vez, eu quero a árvore que existe! meus olhos se inundam de lágrimas amargas. ele assente e me envolve com seus braços, em silêncio.

    é esse o meu pecado e a minha salvação: arder de desejo pela árvore que existe. meu pecado porque quando ardo com os olhos no futuro, esqueço que a árvore existe, independentemente de eu querê-la ou não; e minha salvação porque quando ardo com olhos que enfim são capazes de ver o presente, noto que a árvore existe, independentemente de eu querê-la ou não, e suspiro de alívio. nos dois casos a árvore continua a existir, porque sua existência não é vinculada à minha, porque a realidade não precisa de mim pra *ser*. quem precisa de mim sou eu.

    a realidade é o que é, pouco importa pra ela como eu a veja... mas importa pra *mim* como eu a vejo. sou eu, e somente eu, a única pessoa capaz de vigiar o impacto do mundo real sobre a minha própria existência. posso me postar diante da árvore a admirá-la enquanto ela existe, ou posso me postar diante dela com pesar pela falta que ela me fará amanhã. ninguém pode decidir por mim qual dos dois cenários se concretizará, só eu, e nem sempre tomo a decisão certa. peco, peco e peco novamente. mas não me constranjo, porque aceito minha irremediável natureza de pecadora, e porque os seres humanos riem, tomam sorvete de caramelo salgado e criam filhos, e porque as amoreiras crescem e medem o tempo com seu caule, e porque às vezes eu olho pro céu de madrugada e não vejo nada além de estrelas que existem. e sobretudo porque, no breve instante em que as observo cintilando em silêncio, sem nada me perguntar, todos os meus pecados são perdoados.

sou eu a única pessoa
capaz de vigiar o impacto
do mundo real sobre a
minha própria existência.

larinha

Deus, permita-me pensar clara e brilhantemente; permita-me viver, amar e exprimi-lo bem em boas frases.

Sylvia Plath

é por isto que escrevo:

um dia, fui alfabetizada.
    mais de uma década depois, enquanto perdia meu tempo na internet, cliquei aleatoriamente num link que alguém postou numa rede social. ele levava a um artigo de jornal muito sério sobre um questionário elaborado por psicólogos muito renomados de uma universidade muito importante num país muito desenvolvido. ou talvez não. talvez fosse uma postagem meio perdida num blogue mal redigido por um fulaninho sem reputação e sem fonte fiável. eu não saberia dizer, porque a verdade é que eu não lembro. de qualquer forma, visto que gostei do que li, tomei a decisão arbitrária de adotar a primeira versão pra contar essa história com toda a pompa, e não é hoje que vou mudar de ideia.
    o respeitável artigo mencionava que os célebres psicólogos tinham elaborado uma valorosa lista de trinta e poucas perguntas que permitiriam acelerar a intimidade entre dois indivíduos, o que logo me interessou – por razões puramente científicas, é óbvio.

entre perguntas muito relevantes, do tipo "se pudesse escolher qualquer pessoa no mundo, quem você convidaria pra jantar?" ou "você tem uma intuição secreta sobre como vai morrer?", encontrei uma que acabou ecoando longamente pelas colinas da minha cabecinha: "qual é a sua primeira memória da infância?" eu não soube responder, porque essa reflexão tão elementar nunca antes me havia sido incitada. passei uma semana tentando percorrer todos os becos sinuosos e porões abandonados nos confins da minha mente pra encontrar a tal resposta. não encontrei. até hoje sou completamente incapaz de apontar uma memória primordial distinta. no entanto, esse exercício me permitiu notar uma coisa interessante:

um dia, fui alfabetizada. e eu sei, porque eu me lembro.

claro que a alfabetização é um processo lento e gradual, e que ninguém dorme analfabeto e acorda escritor. ainda assim, tenho a lembrança viva de, um dia, aos cinco anos de idade, ter *percebido* que sabia ler e escrever. àquele ponto eu muito provavelmente já sabia ler e escrever há meses, mas não sabia que sabia.

sou capaz de jurar que, depois desse momento, a minha forma de apreender a existência mudou fundamentalmente.

os neurocientistas tentam, há décadas, responder uma questão importantíssima: quando é, afinal, que nos damos conta de que somos humanos? a esse respeito, pessoalmente, não dependo de nenhum estudo feito numa universidade célebre de país desenvolvido, porque conheço a resposta: foi a súbita lucidez da palavra escrita que me despertou pra minha própria humanidade.

acredito que simplesmente *possuir* a habilidade de pensar não é suficiente para se perceber como ser humano – é preciso estar *consciente* dela. não basta pensar; é necessário *constatar* que se pensa.

eu já era capaz de formar memórias episódicas antes de saber que as letras existiam, é claro. tenho algumas lembranças difusas e vagas de uma infância mais distante, mas existe algo nelas que é substancialmente diferente, como se tivessem uma outra cor ou sensação; são vestígios de um tempo em que a percepção do fato de existir não me havia ainda atravessado a mente, porque eu não sabia que tinha uma mente.

embora não consiga estabelecer uma "primeira" memória pessoal, sei que as mais antigas que tenho são relacionadas a ambientes, situações, pessoas. vejo minha mãe preparando o jantar, a sala de uma das casas em que morei quando criança, um balanço de corda, a piscina da escolinha que frequentava aos dois anos de idade. entretanto, quando me refiro à distinta e vívida lembrança de ter me dado conta da minha habilidade de ler e escrever, não me recordo de nenhum desses fatores. não sei se estava sozinha, acompanhada, em casa, na escola, no shopping ou na padaria quando tive essa súbita compreensão. não sei qual era a situação ou o contexto, porque essa não é a memória de uma situação, é a memória de um *pensamento*. "caramba, eu sei ler e escrever!" foi o primeiro pensamento consciente que me lembro de ter tido. assim, foi a percepção da habilidade de escrita e leitura que marcou o início da minha tomada de consciência geral enquanto ser humano.

o efeito colateral dessa associação, no entanto, é que passei a depender da palavra escrita pra existir. eu gostaria muito de estar exagerando só pelo efeito dramático dessa afirmação, mas é a mais pura e literal verdade. aprendi a ler o mundo e minha própria presença nele junto com as letras, e nunca mais fui capaz de desfundir essa amálgama. só existo conscientemente pra mim mesma quando sou capaz de compreender o universo imenso e caótico que pulsa dentro da minha cabeça, e escrever é a única forma que conheço de desembaralhá-lo. assim, posto que a consciência ativa da minha própria existência só me é clara quando escrevo, acho justo dizer que dependo da escrita pra *ser*.

sempre pensei em excesso, mas o exercício de pensar por si só nunca me foi suficiente – eu não tenho a capacidade intrínseca de compreender meus próprios pensamentos. se quero saber o que penso, preciso me dispor ao trabalho de transformar essas ondas eletromagnéticas (ou o que quer que os cientistas afirmem que o pensamento seja) em letras. não sou capaz de entender minhas próprias elucubrações quando elas habitam o interior da minha cabeça, mas, felizmente, um dia fui alfabetizada. o alfabeto é a única ferramenta que me permite exprimir um pensamento de maneira organizada no mundo real e enxergar sua concretude com meus próprios olhos. a palavra escrita me libertou do confinamento eterno no caos da minha mente.

insisto em acrescentar o termo "escrita" depois de "palavra", porque o simples ato de *falar*, apesar de poderoso, nunca me foi suficiente. se assim fosse, acho que minha vida seria muito mais simples, já que sou capaz de falar ininterruptamente por um tempo muito mais longo do que gostaria de admitir.

a meu ver, o problema da palavra falada como ferramenta de organização mental é que ela é instantânea demais pra surtir o mesmo efeito esclarecedor e libertador das letras. talvez esse sentimento tenha uma relação quase sádica com a dificuldade da tarefa: falar é fácil, é natural. a escrita, por outro lado, para mim sempre foi uma atividade lenta, fatigante, penosa e muitas vezes até mesmo sofrida. até a ideia mais simples me toma um tempo embaraçosamente longo para enfim se transmutar num curto parágrafo ou mesmo numa única frase.

é engraçado como, na maioria das vezes, aquilo que somos capazes de fazer ou conquistar com uma considerável facilidade costuma também parecer menos importante e produzir resultados mais efêmeros ou superficiais no que diz respeito à nossa satisfação pessoal. ou talvez não seja nada engraçado; talvez seja um pouco

a palavra escrita me
libertou do confinamento
eterno no caos
da minha mente.

larinha

triste. talvez seja uma lúgubre marca da condição humana: que o júbilo e o contentamento verdadeiros só possam ser atingidos através de uma alta carga de dificuldade, esforço, energia e labor.

por falar em dificuldade, esforço, energia e labor, dois verões atrás os pais do meu companheiro precisaram fazer uma reforma. eles haviam acabado de comprar uma casa cujo proprietário anterior era um senhor idoso que a havia decorado no início dos anos oitenta. apesar de visivelmente ter um grande potencial, a casa estava presa no passado; em suma, *tudo* precisava ser refeito.

agora, veja bem... eu, como grande parte das pessoas, não nasci num lar de apreciadores do "faça você mesmo" em matéria de reforma. minhas experiências anteriores com o assunto sempre consistiram simplesmente em tentar sobreviver dentro de um ambiente sujo, barulhento e cheio de trabalhadores, numa posição passiva de observadora, enquanto profissionais reformavam a casa. a satisfação do resultado final, apesar de existir, sempre foi rapidamente superada pelo alívio de poder simplesmente viver numa casa limpa e silenciosa outra vez. "ficou ótimo, mas ainda bem que acabou!"

assim sendo, quando meu companheiro me disse que a família dele é que iria literalmente *fazer* a reforma com suas próprias mãos, soltei uma longa risada acompanhada de um irônico "vai sim, é claro". ele me olhou como se eu tivesse acabado de dizer que a nasa havia descoberto a existência de peixes voadores no espaço. levei alguns segundos pra decifrar a confusão no seu rosto face à minha reação: o que ele havia dito não era uma brincadeira nem uma piada. eles iam *mesmo* fazer a reforma. com suas próprias mãozinhas cheias de dedos.

escutei atentamente enquanto ele me contava que ele, seus pais e irmãos haviam concebido o projeto e reformado, praticamente sozinhos, mais de uma casa no passado. e não era uma questão de necessidade financeira, mas uma *escolha*. foi difícil esconder o pasmo traçado no meu rosto – agora era eu quem o olhava como se ele tivesse dito alguma loucura impensável. a única pergunta que me passava pela cabeça era "por quê!?". por que alguém em sã consciência escolheria – de bom grado! – não apenas morar num canteiro de obras por meses, mas ter que *laborar* ativamente pra que ele avance? por que dedicar horas e horas e horas (e mais horas!) dos finais de semana e mesmo das noites depois do trabalho a uma atividade manual dura e cansativa, quando eles poderiam facilmente pagar alguém pra fazê-lo?

    naquele momento eu não conseguia nem imaginar a resposta pra qualquer uma dessas perguntas, mas hoje eu conheço a razão. e vou contar pra você. mais que isso, estou *morrendo* de vontade de contar pra você.

,,,

mas, antes, preciso abrir um pequeno parêntese. quero me dirigir especificamente às pessoas que têm uma cultura pessoal ou familiar de reformas, ou que trabalham em obras e fazem reformas por ofício; sabe, esses indivíduos que cresceram com pais que sempre reformaram a própria casa, ou simplesmente cuja profissão está relacionada à execução de reformas. então, querida pessoa que encara a ideia de reformar uma casa com a mesma naturalidade com que eu encaro a ideia de fazer o meu almoço: você provavelmente vai achar esse escrito meio exagerado. eu gostaria de lembrá-lo, no entanto, que nem todo mundo teve as mesmas experiências que você. eu sei que, pra você, pintar uma parede pode parecer a coisa mais básica e besta do mundo. pra mim, no entanto, sempre pareceu uma atividade quase tão difícil e inatingível quanto, eu sei lá, subir o everest. e sim, estou exagerando.

o que eu quero dizer é que nós temos parâmetros diferentes pra julgar a mesma coisa. achei melhor avisar antes que você tirasse sarro da minha cara por escrever um ensaio inteiro sobre como algo que é tão *banal* pra você meio que (sem exagerar) mudou a minha vida. é só isso. fim do parêntese.

,,,

há dois verões, durante as férias, meu companheiro e eu fomos juntos pela primeira vez visitar a casa nova dos pais dele, que na época não era mais do que um grande canteiro de obras. ficamos lá por dez dias, com o objetivo de ajudar na reforma. havia entulho, materiais de construção e madeira por todo lado; a garagem estava abarrotada de pesadas caixas de papelão a perder de vista, e tínhamos que revirá-las a cada vez que quiséssemos encontrar um utensílio doméstico; alguns cômodos não tinham porta nem piso, apenas cimento queimado no chão e paredes cheias de buracos; não havia cozinha, só um pequeno fogão elétrico de duas bocas sobre o balcão da pequena área de serviço.

tudo que descrevi é nada além do esperado para uma situação de reforma, é claro. exceto que o entulho dependia da família para ser evacuado, os materiais de construção dependiam da família para serem utilizados, as portas e o piso dependiam da família para serem instalados e as paredes dependiam da família para serem rebocadas, lixadas e pintadas. essas condições, para os meus parâmetros, eram um pouco menos esperadas.

eu nunca tinha feito trabalho manual relacionado a construção, manutenção ou reforma da estrutura de uma casa, e aquilo tudo me parecia absurdamente complicado – como é geralmente o caso para a maioria dos assuntos que a gente desconhece. o lado bom disso é que assim podemos testemunhar o assunto se descomplicando pouco a pouco bem na frente dos nossos olhinhos conforme passamos a conhecê-lo melhor. e esse, veja você, já é um bom motivo pra procurar conhecer um assunto desconhecido.

a primeira tarefa das férias foi pintar de branco a grade de madeira das janelas. era preciso respeitar uma certa ordem para as camadas de pintura e tomar muito cuidado com a quantidade de tinta no pincel, no intuito de evitar as gotas que poderiam escorrer e marcar a madeira. no início, insegura, eu trabalhava muito lentamente, com medo de fazer uma besteira. essa era a grade que veríamos nas janelas pelos próximos anos, afinal de contas. uma responsabilidade dessa magnitude não admite besteiras. graças ao apoio e paciência do meu companheiro, porém, pouco a pouco fui me acostumando com os movimentos e acabamos desenvolvendo uma boa estratégia de pintura juntos.

enquanto trabalhávamos, às vezes falávamos sobre a vida, às vezes falávamos sobre o ato de pintar, às vezes fazíamos um longo silêncio; às vezes ele ia ajudar os pais com alguma outra coisa durante meia hora e voltava com um pacote de biscoitos de chocolate pra me oferecer; às vezes minha sogra parava o que estava fazendo e surgia pra elogiar nosso trabalho; às vezes meu sogro vinha tentar nos sugerir um outro método de pintura e meu companheiro escutava atentamente e esperava ele partir pra soltar uma risada, porque estava convencido de que o nosso método era o melhor. as horas passavam ligeiras e sem que eu me desse conta.

dois dias de trabalho depois, estávamos enfim instalando as grades nas janelas. quando vi aquelas barras de madeira brancas reluzindo, exatamente onde elas foram feitas pra estar, uma estranha sensação de triunfo me invadiu o peito. as grades estavam prontas pra cumprir seu propósito graças ao nosso trabalho. ao longo daquele dia, voltei várias vezes à janela só pra olhar pra elas de novo por mais alguns minutos, porque as achava absolutamente incríveis. de maneira objetiva, eram só alguns pedaços de madeira pintados de branco, mas eles estavam brancos porque fui *eu* que pintei; fomos *nós*.

 mesmo sem morar com os pais, todos os filhos dos meus sogros tinham um quarto reservado para si na casa, pra que pudessem visitar e pernoitar sempre que quisessem. a missão seguinte foi, então, restaurar as paredes do quarto designado ao meu companheiro e a mim. era uma tarefa bem maior e mais complexa que pintar as grades de uma janela, mas eu estava em pleno frenesi de motivação graças ao sucesso anterior. sentia uma estranha e agradável vontade de *fazer*, porque queria ver *progredir*.

 nos dias que seguiram, meu cunhado me ensinou como preparar o revestimento e como rebocar; aprendi a usar uma lixadeira elétrica e passei uma tarde inteira me certificando de que a parede estava absolutamente lisa e perfeita antes de chamar meu sogro pra que ele me mostrasse como aplicar o selador; comecei a pintura com meu companheiro e penamos com a tinta verde, que era absorvida muito mais rápido do que o previsto e deixava marcas acidentais por todo lado, mas no final decidimos que dane-se, vamos falar para as pessoas que foi uma textura intencional porque o rústico está na moda, e essa ideia nos fazia rir.

 na hora do jantar, nos sentávamos todos ao redor da mesa pra falar sobre as pequenas vitórias e os fracassos do dia. compartilhávamos notícias dos progressos e as novas técnicas que havíamos aprendido com a prática do trabalho. mesmo os momentos tensos eram tratados com leveza, como quando eu estava terminando de pintar o teto e deixei duas grandes gotas de tinta branca caírem no papel de parede recém-colocado. manchou e foi preciso descolar, comprar mais um pedaço e trocar, o que atrasou a obra do quarto. fiquei desconsolada e com muita vergonha naquela tarde, apesar das inúmeras tentativas do meu companheiro de me dizer que os erros são uma simples parte do processo. tive medo de ser a responsável por fazer todo mundo perder tempo, mas na mesa do jantar ninguém estava zangado ou parecia se lembrar disso. meus sogros simplesmente riram e deram de ombros: "só não faz besteira quem não faz nada."

 partimos e voltamos à casa em muitos outros finais de semana, e a cada um deles avançávamos um pouquinho mais. as coisas começavam a tomar forma e eu não conseguia evitar meu embasbacamento diante de tudo que havíamos feito. olhava pros belos feixes de madeira na parede do quarto e me lembrava que um dia haviam existido buracos profundos ao seu redor. no início consideramos simplesmente preenchê-los e fazer um acabamento em silicone que, apesar de prático e rápido, não era o mais bonito. decidi, então, aceitar o desafio e me propor a restaurar minuciosamente o entorno dos feixes com reboco de verdade, uma tarefa que me custou muitas horas de esforço e uma dor no pescoço que durou dois dias, mas eu fiz; sozinha, e de bom grado. poucas sensações na vida são comparáveis ao profundo contentamento de passar os dedos ao redor da madeira e sentir a parede lisa e perfeita, sem nenhum traço de silicone, porque *eu* rebroquei, lixei e pintei.

, , ,

muitas pessoas que, como eu, cresceram numa família onde o dinheiro não era nem de longe um recurso ilimitado aprenderam a ter essa enorme vontade de chegar num ponto da vida em que pudessem ter fundos suficientes pra não ter mais que *fazer* coisas – ou pelo menos não ter mais que dedicar tempo e esforço para obter coisas pelas quais poderiam simplesmente pagar.

 "se posso comprar pronto ou pagar alguém pra fazer, por que eu faria?" esse foi, pela maior parte da minha vida, meu pensamento prevalente. e é uma ideia absolutamente compreensível: todos nós já trabalhamos tanto em nossos empregos pra gerar renda e poder custear coisas básicas que ninguém quer ter ainda mais tarefas a realizar depois de um longo dia de labuta. para a nossa sorte – ou não –, o dinheiro é, na maioria das vezes, realmente capaz de solucionar o problema do tempo e do esforço. com ele podemos comprar comida pronta pra não ter que prepará-la, ou mesmo pagar uma pessoa que cozinhe e que limpe a nossa casa, ou tome conta dos nossos filhos, ou organize nossas gavetas, ou declare nosso imposto de renda. se você tiver dinheiro suficiente, as possibilidades são quase infinitas.

    não quero que pareça que estou criticando os indivíduos por escolher terceirizar tarefas e fazer menos esforço, pelo contrário: esse é um modo de pensamento muito lógico, e faz todo o sentido. as pessoas estão *exaustas*. existe uma enorme quantidade de gente que é obrigada a trabalhar tanto (e fazendo serviços tão fatigantes) pra ter acesso a condições de vida minimamente dignas que é nada mais que óbvio que elas desejem poder pagar por um pouco menos de esforço. não é culpa do indivíduo. no entanto, não deixa de ser assombroso e bizarro quando você para pra pensar que, no final das contas, o que acontece é que vendemos nosso tempo pra comprar o tempo dos outros.

    pra ganhar dinheiro é preciso trabalhar, e a grande maioria de nós trabalha pra outras pessoas. vendemos uma determinada quantidade de horas dos nossos dias pra alguém. durante essas horas, fazemos um trabalho do qual não nos beneficiamos diretamente, porque não o fazemos para nós. secretários trabalham organizando a vida e os compromissos de outra pessoa, vendedores trabalham vendendo os produtos de outra pessoa, faxineiros trabalham limpando a casa de outra pessoa, gerentes trabalham gerenciando equipes pra empresa de outra pessoa, e assim por diante.

vendemos nossas habilidades, nosso esforço e nosso tempo aos outros – e de maneira desproporcional. renunciamos a muito mais horas do que é possível pra que nos reste a energia necessária pra *viver* de uma maneira equilibrada. dedicar um período diário tão grande ao trabalho pros outros nos esgota tanto que quase sempre estamos exaustos demais pra fazer qualquer tipo de trabalho *para nós mesmos*. assim, passamos os dias tentando desesperadamente encontrar maneiras de comprar de volta o tempo e o esforço que vendemos.

quando você finalmente chega em casa depois de um longo e cansativo dia de trabalho, a última coisa que quer é ter que gastar seu tempo preparando uma refeição pra si – e eu entendo. o dia foi exaustivo! mas tudo bem, porque existe uma solução: pagar uma pessoa pra fazer a sua comida e uma outra pra entregá-la diretamente na sua porta. é fácil, rápido e cômodo. certamente uma refeição pronta custa mais caro do que uma feita em casa, mas poupa o tempo e o esforço de prepará-la e limpar a cozinha depois. e, de qualquer forma, você pode pagar, porque vendeu tempo do seu dia pra alguém e ganhou dinheiro em troca; e esse dinheiro agora serve pra comprar o tempo de outras pessoas, que o gastaram preparando e entregando sua comida. é um pouco isso que atualmente chamamos de comodidade: não precisar gastar seu próprio tempo consigo mesmo.

ao longo de décadas e mais décadas vivendo sob essa lógica de pensamento, nos tornamos cada vez mais obcecados com a ideia de que, pra ter valor, absolutamente *tudo* precisa ser fácil, prático e rápido, ou ainda melhor: *instantâneo*. abominamos as tarefas penosas, porque a vida cotidiana já nos aborrece o suficiente.

já que estamos no assunto, não dá pra fugir da menção à influência que as redes sociais exercem no nosso padrão de pensamento e comportamento. estamos um pouco cansados desse tópico, eu sei. ele foi destrinchado e debatido de cabo a rabo, de cima a baixo e até do avesso em inúmeros livros, revistas, vídeos, documentários, artigos e postagens. todos estamos a par de que as redes sociais foram concebidas pra serem viciantes, que o formato de informação mastigada em posts, textos e vídeos curtos reduz consideravelmente nosso tempo médio de concentração e que fica muito mais difícil encontrar motivação pra fazer coisas difíceis ou complexas quando você se acostuma aos picos de dopamina constantes e à gratificação instantânea da internet.

enxergamos que as redes sociais prejudicam nossa saúde mental de mil e uma maneiras diferentes, constatamos que muitos de nós já perderam a capacidade de focar durante mais de cinco minutos durante uma palestra ou aula, ler um livro inteiro ou simplesmente ir ao banheiro para atender ao sagrado chamado da natureza em silêncio. nada disso é novidade. nós *sabemos*. nós simplesmente estamos emaranhados demais nessa teia pra conseguir escapar.

não me entenda mal: não estou sugerindo que todos nós deveríamos subitamente pedir demissão ou parar de usar redes sociais e passar a só realizar tarefas que sejam custosas e demandem muito tempo, envolvimento e esforço. a questão tem muito mais nuances que isso. este é o mundo em que vivemos. mesmo as pessoas que não concordam com ele ou querem mudá-lo precisam admitir que é nele que elas vivem, porque nem é possível sonhar em mudá-lo de outra forma.

, , ,

o trabalho – e aqui falo daquele que realizamos no nosso emprego – confere um senso de propósito importantíssimo pra muita gente. talvez não pra mim ou pra você, é verdade, mas pra muita gente, ainda assim. por exemplo: talvez não faça sentido pra nós que alguém possa se sentir profundamente realizado enquanto vendedor por ter batido uma meta de vendas na loja de uma grande empresa, porque sabemos que, na realidade, uma fração miserável do valor que essas vendas representam será de fato repassada a essa pessoa. no entanto, dentro da realidade individual desse vendedor, talvez não seja isso que interesse. talvez ele se sinta satisfeito porque só ele sabe o quanto essa conquista foi dura, quantas horas ele passou pesquisando e aprendendo técnicas de venda e se dedicando com toda garra e fervor no dia a dia da loja. só ele sabe quanto *esforço* genuíno foi empregado, só ele sabe o quanto foi *difícil*. ele se olha orgulhoso no espelho agora, porque talvez tenha duvidado de si em muitos momentos, mas *conseguiu*. ele tem todo o direito de estar feliz e realizado. durante um mês, essa meta de vendas foi o *objetivo* da vida dessa pessoa, proporcionado pelo seu emprego. talvez você e eu concordemos que é um objetivo um pouco triste (do nosso ponto de vista enviesado), mas é um objetivo ainda assim; e é muito difícil existir enquanto ser humano sem um.

para além de tudo isso, a partilha mútua de habilidades e conhecimentos sempre foi uma parte fundamental da vida em sociedade. ainda que tivesse todo o tempo livre possível, de maneira realista, eu certamente não seria capaz de dominar *todas* as competências necessárias pra realizar todas as tarefas do mundo, nem você, nem ninguém. sempre vão existir coisas, em todas as esferas, que nós simplesmente não *sabemos* fazer. precisamos de seres humanos que estejam dispostos a executar tarefas pra nós, direta ou indiretamente, e também podemos ser úteis a eles pra realizar atividades que eles não compreendem. não há dúvida alguma: nós dependemos do trabalho uns dos outros; *precisamos* trabalhar uns pros outros. essa é apenas a realidade objetiva. a questão é que, dentro do nosso contexto atual, esse trabalho *para o outro* é organizado de maneira completamente desequilibrada – em todos os sentidos.

vivemos numa lógica que nos obriga a trabalhar tanto pros outros (e às vezes por tão pouco!) que estamos sempre cansados. não temos energia pra suportar o que não é fácil e instantâneo, queremos sempre o vídeo curto e a comida pronta. eu não posso culpar as pessoas por isso, nem quero fazer parecer que essas são coisas intrinsecamente ruins, pelo contrário. se insisto que essa lógica de trabalho é tão brutal e cruel, é também porque o movimento incessante das suas engrenagens arrancou de nós algo que é fundamental para a felicidade de qualquer ser humano: o direito de não fazer absolutamente nada – e *sem culpa*.

todo mundo deveria poder decidir que não quer fazer a própria comida de vez em quando, e então comprar alguma coisa pronta e passar as próximas horas tranquilamente assistindo a um filme besta produzido com o propósito único de gerar entretenimento fácil e palatável, de preferência com um bom pote de sorvete de caramelo salgado nas mãos e nenhuma preocupação na cachola. no entanto, mesmo a existência e o prazer desses pequenos momentos foram subvertidos, porque estamos presos nos extremos de um sistema de raciocínio podre.

ouvimos o tempo todo que o caminho pra ser bem-sucedido envolve trabalhar até enquanto os outros dormem, e é exatamente o que muitos de nós fazem: trabalham à completa exaustão, utilizando até a última gotinha da sua energia vital e até o último segundinho do seu (já escasso) tempo livre a serviço dos seus empregos. a fadiga vira troféu: quanto mais cansado você está, melhor trabalhou. se não está cansado, provavelmente é um preguiçoso e deveria trabalhar mais.

sem surpresa, essas pessoas acabam infelizes, porque desco-

essa lógica de trabalho arrancou de nós algo fundamental para a felicidade: o direito de não fazer nada – *e sem culpa*.

larinha

brem que mentiram pra elas, e na verdade uma enorme quantia de esforço não resulta necessariamente em uma enorme quantia de sucesso ou de dinheiro; mas resulta necessariamente em uma enorme quantia de estresse e frustração com a vida que você deixa de lado em prol do trabalho. na minha geração, muita gente já se tocou que essa ideia é mais furada que achar que vai enriquecer usando esquema de pirâmide. felizmente. e meio infelizmente também, porque, como consequência, partimos pra um outro extremo infrutífero.

enxergamos a pegadinha do sistema e decidimos nos rebelar contra ela, o que é ótimo. o problema é que fizemos isso de um jeito horrivelmente ineficiente. a solução que encontramos para o problema da exaustão foi a tentativa de instaurar um estado de *dolce far niente* permanente durante *todo* o nosso tempo livre. e aqui, quando digo "decidimos", "encontramos" ou "nosso", incluo de verdade minha própria experiência nessa primeira pessoa do plural, porque foi assim que vivi todo o início da minha vida adulta.

eu acreditava que o maior ato de rebeldia contra esse sistema – e a maior fonte de alívio frente a ele – seria justamente me dizer que, até o limite das minhas habilidades físicas e financeiras, *todo* o meu tempo fora do trabalho deveria ser de lazer, relaxamento ou entretenimento. nada de atividades penosas, complexas ou fatigantes; afinal, eu estava cansada e já era explorada o suficiente pelo meu trabalho. ele já era difícil o bastante, então todo o resto deveria ser o mais fácil e prático possível. e eu não estava sozinha: esse pensamento era (e é!) extremamente comum entre os jovens adultos da minha geração.

"não somos como esses malucos obcecados por trabalho vinte e quatro horas por dia!", dizíamos. "sabemos aproveitar nosso tempo livre!" passamos a acreditar que a maneira mais efetiva e sensata de utilizar nosso dinheiro era terceirizar absolutamente tudo que pudesse ser terceirizado. fora do trabalho, não produzíamos nem aprendíamos nada, e evitávamos a todo custo *fazer* o que quer que fosse. tentávamos de todas as maneiras minimizar o tempo gasto com a manutenção básica que a vida moderna requer – cozinhar, lavar a louça, arrumar a casa, lavar a roupa, dobrá-la, passá-la, colocá-la na gaveta. demonstrávamos uma preferência clara por tarefas com um baixíssimo nível de envolvimento físico ou mental e priorizávamos o lazer acima de tudo. um tempo livre recheado quase exclusivamente de atividades prazerosas tem que ser o caminho pra felicidade, não é?

surpreendentemente, não é. cada vez mais frustrados, descobrimos (com grande pesar!) que a felicidade é um pouco mais complicada que isso.

apesar de todas as incontáveis horas fora do trabalho unicamente dedicadas a tarefas fáceis, leves e incomplexas, continuávamos cada vez mais infelizes. não era pra essas atividades serem prazerosas? então *por que diabos* elas falhavam tão miseravelmente em nos dar prazer de maneira duradoura?

é engraçado como, na maioria das vezes, aquilo que somos capazes de fazer ou conquistar com uma considerável facilidade costuma também parecer menos importante e produzir resultados mais efêmeros ou superficiais no que diz respeito à nossa satisfação pessoal. ou talvez não seja nada engraçado; talvez seja um pouco triste. talvez seja uma lúgubre marca da condição humana: que o júbilo e o contentamento verdadeiros só possam ser atingidos através de uma alta carga de dificuldade, esforço, energia e labor.

você já leu esse último parágrafo aqui antes, algumas páginas atrás. acabei de relê-lo também, e ele continua tão doloroso como quando o escrevi, porque é profundamente verdadeiro. às vezes penso que eu também gostaria que a condição humana nos permitisse atingir a satisfação duradoura exclusivamente através do lazer, do entretenimento, do relaxamento, do prazer. essa é, afinal de contas, a imagem lógica que associamos com a ideia de felicidade; mas nossa lógica é falha, e estamos errados.

longe de mim vir aqui afirmar que descobri o grande segredo perdido da felicidade, até porque acho que essa é uma questão complexa e multifatorial, e qualquer pessoa que disser que é só seguir uma dica mágica pra encontrá-la está mentindo. o que eu acho é simplesmente que decifrei um dos seus vários aspectos fundamentais. quando digo que "decifrei", não quero dizer que fui a primeira pessoa a notar; não falo de uma grande descoberta filosófica – tenho certeza de que muita gente já chegou a essa conclusão antes e que muitos livros já foram escritos a esse respeito. quero dizer tão simplesmente que a vida, de uma maneira ou de outra, me colocou em contato com situações que me permitiram enxergar que a minha linha de raciocínio sobre o contentamento sempre esteve incorreta. o que vou propor está muito longe de ser um pensamento original ou revolucionário, mas quero propô-lo assim mesmo, porque já estou cansada dessa história de que toda ideia tem que ser original e revolucionária. enfim, sem mais delongas (e sob o risco de, à primeira vista, replicar um discurso de palestra motivacional de empresa):

não existe felicidade sem esforço, sem dedicação, sem luta, sem suor, sem trabalho.

eu sei, essa frase poderia ter sido usada de maneira condescendente pelo seu chefe canalha pra tentar convencer você a fazer hora extra, mas não desista de mim ainda. não é nada disso que você está pensando, e eu juro que posso explicar.

o fato é que o conceito da "felicidade pelo esforço" foi subvertido de maneira vil pra se moldar à lógica econômica que discuti nas páginas anteriores. infelizmente, nos nossos dias, só quem tenta argumentar que sua dedicação e seu esforço vão trazer alguma felicidade ou realização é a empresa velhaca onde você trabalha, e ela não diz isso porque quer vê-lo feliz ou realizado, mas porque quer empregados que trabalhem mais e reclamem menos – chocante, eu sei. você jamais teria esperado esse comportamento da empresa velhaca onde trabalha, e está certamente muito surpreso e decepcionado agora. vou dar alguns segundos pra você se recuperar.

a empresa velhaca pode até estar se lixando pra sua felicidade e realização, mas, em geral, é só ela que tenta dizer que se esforçar é uma coisa positiva – o que é verdade, mas uma verdade deslocada, nesse contexto. só que, de tanto ouvir essa ladainha vinda das fontes erradas pelas razões erradas, aprendemos a franzir o nariz pra todo e qualquer discurso que tenta nos convencer de que trabalhar tem alguma vantagem a nível pessoal. ignoramos, no entanto, que a palavra *trabalho* não precisa necessariamente fazer referência a uma atividade profissional assalariada. *trabalho* não é só o que você faz no seu emprego. o dicionário nos aponta a definição que quero enfatizar aqui: trabalho é o "conjunto de atividades, produtivas ou criativas, que o ser humano exerce para atingir determinado fim; tarefa a cumprir".

fazer o seu jantar é trabalho. levar o seu cachorro pra passear é trabalho. lavar, dobrar e guardar sua roupa é trabalho. estudar é trabalho. pintar a parede do seu quarto é trabalho. cuidar do seu filho é trabalho. escrever este livro agora é trabalho. fazer o planejamento da sua viagem de férias é trabalho. e – pasme! – o seu hobby é trabalho também.

até esse último item, tudo ia bem. nós estávamos até concordando, mas eu fiz a besteira de falar do seu hobby. *meu hobby!?* é bem possível que você esteja balançando a cabeça de um lado pro outro em desaprovação. como é que ela teve a audácia de dizer isso?, você se pergunta. o meu hobby é *lazer!*, você quer gritar. você se dedica a tricô, origami, bordado, jardinagem, pintura, marcenaria, dança, scrapbooking, mecânica, esporte ou fotografia por *prazer* e, portanto, é necessariamente o completo oposto de um trabalho!, você afirma pra si mesmo em silêncio, já que não adianta muito gritar com um livro.

    mas você está errado. o seu hobby é trabalho, e é justamente por isso que você sente que precisa tão desesperadamente dele pra continuar são: porque, em algum lugar indistinto da sua alma de ser humano, você sabe (sem nem saber que sabe) que o trabalho pra nós é uma *necessidade*. claro que não uma necessidade básica da mesma ordem de comer ou dormir, porque ninguém *morre* se não trabalhar; mas também não mantém sua sanidade mental por muito tempo. o problema é que, nessa sociedade, nossa experiência com atividades assalariadas em geral é tão profundamente miserável que nos fez odiar a ideia de trabalhar como um todo. odiamos tanto que chegamos ao ponto de precisar inventar uma palavra nova pra diferenciar o trabalho compulsório que julgamos aborrecedor do trabalho que escolhemos e fazemos com satisfação; o segundo, decidimos chamar de "hobby".

    um hobby é, por definição, uma atividade à qual você decide *voluntariamente* se dedicar *por puro prazer*. e é um trabalho também. essas coisas não são mutuamente excludentes, apesar de termos aprendido o contrário. você quis gritar comigo quando eu disse isso da primeira vez, mas precisa concordar que, qualquer que seja o seu hobby, ele demanda tempo e esforço pra ser dominado e executado. você não nasceu sabendo tricotar ou fazer origami. você precisou aprender, e aprender não é nada fácil. você já errou vários pontos e dobraduras pelo caminho, ficou perdido sem entender o erro e quis jogar tudo pro alto várias vezes, mas alguma coisa fez você continuar. além disso tudo, uma vez aprendida a habilidade, os suéteres e meias de tricô não se fazem sozinhos, nem os pássaros e demais animais de papel. você é que precisa fazê-los com as suas próprias mãozinhas cheias de dedos.

acabamos aprendendo, de maneira equivocada, a diferenciar o "trabalho" do "lazer". mesmo fora do contexto de um emprego, o "trabalho", no nosso vocabulário, designa uma tarefa (frequentemente considerada desagradável) que realizamos meio a contragosto, por pura obrigação, porque não temos muita escolha. arrumamos a casa, lavamos a louça e a roupa porque precisamos. temos até mesmo o costume de dizer que, quando uma atividade é difícil, ela "dá trabalho". o "lazer", por outro lado, é uma atividade (frequentemente considerada prazerosa) que escolhemos de bom grado e realizamos por nossa própria vontade. tricotamos e fazemos origami porque *queremos*.

está criada a confusão: acreditamos que o "trabalho" é, então, intrinsecamente desagradável e o "lazer" é, então, intrinsecamente prazeroso. mas a nossa visão desse cenário todo muda a partir do momento em que compreendemos que nenhum desses dois aparentes extremos é "intrinsecamente" coisa nenhuma.

no fundo, sabemos disso. já discutimos aqui a frustração de continuar a se perceber infeliz mesmo dedicando incontáveis horas a atividades de lazer que são supostamente prazerosas, mas que falham em sê-lo de maneira duradoura. isso porque, apesar de fáceis, leves e descomplicadas, elas não são *gratificantes*, e é isso que faz a diferença. aqui, quando uso a palavra "gratificante", falo de uma sensação de contentamento e satisfação muito particular que só pode ser obtida de maneira ativa, ou seja, quando você *trabalha* pra obter um resultado. é claro que nem tudo na vida precisa ser gratificante nesse sentido; mas existe um limite de prazer muito curto pra tudo que não é.

todo mundo precisa de momentos de atividades simples e incomplexas. como já disse, acredito profundamente na necessidade e no direito irrevogável de todo ser humano de passar algumas horas assistindo um filme besta agarrado a um grande pote de sorvete, ou qualquer outro passatempo improdutivo de sua preferência. precisamos de momentos em que não aprendemos, executamos nem produzimos nada. no entanto, se todas as horas livres de todos os nossos dias são passadas assim, é no mínimo normal que estejamos infelizes, porque a improdutividade foi feita pra ser usada como uma merecida *pausa*, não como estado permanente.

imagine que você acaba de ganhar uma estadia num maravilhoso resort na beira do mar, com várias espreguiçadeiras confortáveis na areia, à sombra de pequenos quiosques de palha. o agradável aroma da maresia se mistura ao som das ondas. tudo está incluso na sua estadia: alguém preparará todas as suas refeições e coquetéis, que poderão ser consumidos diretamente na praia, e há um spa que oferece todo tipo de massagem e tratamento. a única regra é que tudo que você pode fazer, o dia inteiro, todos os dias, é relaxar, e nada além disso – todas as atividades produtivas são estritamente proibidas.

certamente, poder se hospedar num lugar assim é prazeroso e faria bem a quem quer que fosse. no entanto, o prazer proporcionado por essa experiência tem um prazo de validade, por mais que tanta gente insista em afirmar com tanta certeza que poderia passar a vida inteira muito feliz deitado na beira da praia só bebendo e recebendo massagens. não poderia.

é certo, no entanto, que o prazo de validade desse prazer será diferente pra cada indivíduo, porque depende de fatores muito pessoais. algumas pessoas conseguiriam se regozijar verdadeiramente com essa estadia no resort por mais tempo que outras, mas o prazer deixa de ser prazeroso pra todo mundo em algum momento. depois que já tiver tomado todos os coquetéis, passado toa improdutividade foi feita pra ser usada como uma merecida *pausa*, não como estado permanente.

larinha

das as horas possíveis se bronzeando, recebido todas as massagens e dado todos os mergulhos de que precisava, você vai inevitavelmente começar a sentir vontade de *trabalhar*. e, nesse ponto, acho que já ficou muito claro que não estou falando necessariamente da sua atividade assalariada.

enquanto sociedade, aprendemos a sonhar com esse resort e vê-lo como objetivo de vida e solução de todos os nossos problemas. quando digo "resort", é claro que é uma metáfora; o seu resort pode ser qualquer fantasia de terceirização absoluta de todas as tarefas possíveis e total relaxamento de sua preferência.

sonhamos com uma vida que pudéssemos passar inteira sem ter que nos preocupar em *fazer* coisas. a vida feliz, no nosso imaginário, é uma vida com a menor carga de esforço possível, uma vida onde tudo é *feito* pra nós. mais uma vez, essa fantasia coletiva é baseada nas consequências do nosso sistema podre. o resort all-inclusive é a antítese da vida real de uma enorme parcela da sociedade, de tanta gente que é obrigada a trabalhar *tanto* o tempo *todo* que não sobra mais nada pra desejar que não seja um pouco de *descanso*. as pessoas sonham com o resort porque muitas vezes não podem nem mesmo se permitir o luxo de um filme besta acompanhado de um pote de sorvete.

, , ,

como um cachorro correndo atrás do próprio rabo, voltamos ao mesmo ponto: estamos exaustos e infelizes. exaustos por ter que trabalhar tanto e infelizes por perceber que nossas tentativas frustradas de escapar do trabalho nos deixam ainda mais infelizes. qual é, então, a solução? aliás, existe alguma solução? até deve existir, mas eu é que não vou ser pretensiosa a ponto de dizer que a conheço. vou dizer, no entanto, que encontrei um recurso que foi imensamente valoroso pra minha própria vida, e quero compartilhar a descoberta.

gostaria de deixar muito claro que não escrevo nada como especialista do que quer que seja, até porque já estou cansadíssima de especialistas. não quero mais saber de especialistas em nada, porque nos nossos dias temos especialistas em excesso; todo mundo é obrigado a ser especialista ou "voz de autoridade" em alguma coisa, e eu já não aguento mais. me recuso terminantemente a ser especialista no que quer que seja. escrevo simplesmente como ser não especializado que tem uma vida, e com ela experiências particulares, como todos os outros seres que também têm vidas. escrevo como alguém que acredita que o que temos de mais poderoso é o compartilhamento das pequenas descobertas das pessoas comuns. e eu, como pessoa comum e não especialista, percebi empiricamente que meu descontentamento com a vida diminuiu a partir do momento em que redescobri e redefini o conceito de trabalho. e eu acho isso o máximo. e é por isso que quero contar pra você a respeito, de pessoa comum pra pessoa comum. quer dizer, a menos que você seja especialista em alguma coisa. nesse caso, bom pra você! eu não sou, mas vou contar assim mesmo. de pessoa comum pra especialista, então.

o negócio é o seguinte: nada é intrinsecamente prazeroso ou intrinsecamente desagradável, mas nós temos ideias muito bem definidas de exemplos para as duas coisas. tudo que aprendemos a tomar como verdade nos diz muito categoricamente que lavar a louça ou estudar é sempre um aborrecimento, enquanto assistir uma série ou ir pro resort é sempre um deleite. no entanto, já estabelecemos aqui que se tudo que você faz é assistir séries e passar tempo num resort, você vai perceber bem rapidinho que esse deleite só é deleitoso por um período determinado antes de você começar a se frustrar porque a diversão não diverte mais. certo. o que dizer, então, das tarefas que consideramos um aborrecimento e que sonhamos em poder terceirizar?

o paradoxo é que são justamente as tarefas consideradas "aborrecedoras" que têm o maior potencial pra ser *gratificantes*, porque são elas que envolvem uma carga ativa de trabalho. existem várias pequenas ações que desempenhamos na nossa vida cotidiana que possuem uma grande capacidade adormecida de nos trazer satisfação. o problema é que aprendemos a detestá-las e, quanto mais as detestamos, menos satisfação obtemos no dia a dia. isso porque, sem surpresa, detestar uma tarefa influencia diretamente na experiência de desempenhá-la. qualquer atividade que você inicia pensando "meu deus, como eu odeio ter que fazer isso" tem uma forte possibilidade de ser, de fato, terrível.

as tarefas "aborrecedoras" nunca foram inerentemente ruins; elas parecem ruins porque você foi convencido e aprendeu a acreditar de todo o seu coração que elas são ruins. esse é mais um dos inúmeros casos de "o seu pensamento molda a sua realidade" – e molda mesmo. a parte boa é que, quando o seu pensamento muda, a realidade muda também. eu sei, parece um papo bizarro de coach quântico formado em um curso on-line de duas semanas, mas novamente: não é nada disso que você está pensando, e eu posso explicar.

antes, no entanto, preciso dizer que acho muito curioso como as ideias e percepções das coisas chegam até nós às vezes. ouvimos muitas opiniões diferentes sobre assuntos distintos, e isso sem dúvida influencia o nosso entendimento do mundo à nossa volta. as histórias e pontos de vista dos outros são ferramentas extremamente valorosas pra esculpir as nossas próprias crenças sobre tudo. já repensei muita coisa a respeito do que acredito graças aos pensamentos que outras pessoas compartilharam em conversas, vídeos, filmes, documentários ou livros; e, em grande parte, é por isso que gosto tanto de compartilhar os meus. a reflexão, principalmente se acompanhada de uma experiência empírica, é o que possibilita a epifania. sabe, quando você está tranquilo vivendo sua vida e, de repente, uma luz acende num quarto dentro da sua cabeça, clareando tudo que existe ali. você enxerga, enfim, o contorno bem definido de todas as coisas. quase sem querer, você solta um *"ah!"* meio embasbacado, por se dar conta de que pode *ver*, que entendeu. então era isso que existia nesse quarto aqui o tempo todo!, você sorri.

eu gosto de pensar nas opiniões e vivências que as pessoas compartilham como mapas e lanternas. mapas porque às vezes elas apontam a existência e mostram o caminho pra um quarto na sua cabeça que você ainda não sabia que existia, um assunto sobre o qual você nunca tinha parado pra pensar antes; e lanternas porque às vezes elas ajudam a iluminar mais objetos dentro de um quarto que você já conhece, mas continua escuro. isso é maravilhoso, e pra mim é a prova do valor e da beleza da experiência compartilhada entre os seres humanos.

mas existem quartos e quartos. alguns você quer muito iluminar, outros nem tanto. alguns, é claro, são tão tenebrosos que uma espiadela com a lanterna emprestada por alguém é suficiente pra que você decida jamais tentar acender a luz. a lanterna é uma formidável ferramenta pra nos dar indícios sobre os quartos a investigar, e às vezes permite também saber quais quartos evitar.

o exemplo mais besta e eficaz pra explicar esse conceito é um dos primeiros conselhos que recebemos dos nossos cuidadores: não enfiar o dedo na tomada. se, por acaso, antes de ouvir essa advertência a gente nem tinha notado que as tomadas existiam, acabamos de ganhar um mapa pra um novo quarto na nossa cabeça.

uma vez que estamos cientes da existência das tomadas, nossos cuidadores nos explicam a consequência de não seguir a recomendação deles – um choque. no caso de não termos ainda a capacidade de entender muito bem o conceito de "choque", eles clarificam: faz dodói! ai, ai, ai!. essa tentativa de nos inculcar um pouco de bom senso nos empresta uma lanterna pra dar uma espiadela no quarto escuro que agora sabemos que existe. nas paredes, iluminamos brevemente pichações malfeitas com as palavras "DODÓI" e "AI!". sobre a mesa, vemos a estátua de uma criança com uma expressão de dor e os cabelos arrepiados. para muitos de nós, isso basta. saímos do quarto um pouco esbaforidos e certos de nunca mais querer passar perto dele.

outros, no entanto, não se contentam com a breve visão desses elementos à luz da lanterna. e se o resto do quarto for diferente? a gente nunca sabe. pra descobrir, é preciso investigar em primeira mão – ou, nesse caso, em primeiro dedo, diretamente enfiado no buraco da tomada. levamos um choque na nossa mãozinha cheia de dedos. era verdade: faz mesmo dodói. ai, ai, ai e tudo mais. a luz do quarto se acende. o resto dele é realmente tão pavoroso quanto o que tínhamos visto com a lanterna. com lágrimas nos olhos, procuramos conforto no colo dos nossos cuidadores, que nos dizem, com muita frustração, que eles nos avisaram.

é claro que esse é um exemplo muito simplório e reducionista. primeiro porque, na maioria das vezes, existem inúmeros elementos complexos e conflitantes dentro de um mesmo quarto, e a lanterna que cada pessoa nos empresta só permite enxergar uma pequena partezinha dele. assim sendo, uma única lanterna, ou uma única opinião, não deveria nos bastar. nesse exemplo, o quarto *inteiro* era mesmo exatamente como a pessoa que emprestou a única lanterna havia descrito, o que é uma ocorrência extremamente rara na vida; na realidade, uma vez acesa a luz, descobrimos que há muito mais pra ver. além disso, mesmo quando tudo se esclarece, não existe um quarto universal que todo mundo enxerga. a decoração e os elementos dentro dele são extremamente particulares à vivência e ao *sentir* de cada indivíduo.

durante a minha vida, muitos mapas e lanternas me foram emprestados por muitíssimas pessoas, o que me permitiu acender muitas luzes, e sou infinitamente grata a elas. por isso, hoje eu queria compartilhar a minha grande (e ao mesmo tempo simplória) descoberta sobre a felicidade, como um tributo a tudo que recebi, e na esperança de que ela também sirva de lanterna pra alguém.

foi numa manhã fresca de outono, na casa dos meus sogros, que tive a epifania que me motivou a escrever este ensaio.

meu companheiro e eu havíamos chegado na noite anterior, quando já estava escuro, e era nossa primeira visita depois de terminada grande parte da reforma do quarto. acordamos e abrimos imediatamente a janela, a luz suave da manhã iluminando o cômodo. ainda um pouco zonza, como me sinto todos os dias quando acabo de acordar, me sentei na cama e olhei ao meu redor. tudo era exatamente como deveria ser. a parede diante de nós, agora pintada de verde e lisa como papel, resplandecia. o teto era branco e bem-acabado, com linhas limpas e distintas que o separavam das paredes. os feixes de madeira crua ao lado das janelas quase brilhavam aos meus olhos, num esplendor que só seria capaz de notar quem os havia visto antes, em seu antigo estado triste e esburacado. as grades brancas que havíamos pintado no nosso primeiro dia de obra reluziam orgulhosas sob o toque delicado do sol.

não importava pra onde olhasse, tudo me parecia muito mais que agradável – me parecia *glorioso*. meu cérebro registrava uma sensação gostosa já conhecida, mas difícil de colocar em palavras. o que é que eu estava sentindo, afinal? não era o simples deleite de estar num quarto limpo, confortável e aconchegante, porque esse eu sabia definir bem; eu já tinha estado em muitos outros quartos limpos, confortáveis e aconchegantes antes. não. esse era um deleite diferente. era um deleite triunfante, um deleite apoteótico, um deleite catártico, um deleite quase heroico.

"*ah!*"

um cômodo dentro da minha cabeça se ilumina. claro como a luz da manhã, eu entendo enfim: esse deleite tão particular e difícil de definir é o deleite de contemplar com maravilhamento o resultado do próprio esforço, da própria dedicação, da própria luta, do próprio suor, do próprio trabalho.

é claro que era uma sensação já conhecida; eu já a havia sentido várias vezes na vida em algum grau: sentia quando terminava um longo trabalho de faculdade que tinha levado meses pra ficar pronto, ou quando tirava uma boa nota numa prova para a qual tinha estudado com afinco, ou quando finalmente terminava um presente de aniversário feito à mão pra alguma amiga, ou quando realizava qualquer trabalho que de fato me *importasse*. é claro que eu já conhecia esse deleite; a diferença é que não prestava muita atenção nele. sentia e deixava passar, sem me demorar na reflexão sobre suas causas ou origens, o que acho que é muito normal para a idade que tinha... talvez seja um aspecto comum da juventude, sentir sem questionar as próprias sensações e sentimentos. ou talvez seja simplesmente um aspecto comum da *minha* juventude. vai saber.

o fato é que essa é uma sensação comum a todas as pessoas, mas ela só se manifesta em relação ao que cada uma considera importante de maneira intrínseca – ou ao que ela decide conscientemente passar a considerar importante.

assim sendo, aquele vendedor de loja (de quem falamos algumas páginas atrás) sente esse deleite quando enfim bate a sua meta de vendas porque para ele a meta *importa*. no entanto... eu também já fui vendedora de loja e já bati muitas metas, mas sem deleite algum. nunca senti nada parecido em relação a esses sucessos porque, apesar de ter trabalhado duro pra obtê-los, eles não significavam nada pra mim. dar duro na loja pra poder bater a meta e ter um bônus no fim do mês era somente uma tarefa aborrecida que eu desempenhava sem entusiasmo e por pura *necessidade*. uma mera obrigação, como lavar a louça, arrumar a casa, lavar a roupa. todas, sem exceção, oportunidades perdidas de sentir esse deleite em alguma escala, ainda que reduzida. a diferença é que o trabalho do vendedor da loja é feito para os outros, enquanto essas tarefas domésticas são um trabalho que o indivíduo faz pra si mesmo, o que aumenta ainda mais o seu potencial recompensador.

foi tudo isso ao mesmo tempo que eu descobri naquela manhã de outono, quando soltei um *"ah!"* com os olhos fixados no feixe de madeira da parede. de súbito, foi como se todas as pias de louça que eu já tinha lavado a contragosto na vida me batessem na cara.

detestar lavar a louça não faz ninguém lavar menos louça. a quantidade de louça que você terá que lavar na sua vida permanece exatamente a mesma se você lavar aborrecido ou alegre, no automático ou atento. o mesmo se aplica a todas as outras obrigações – nosso ódio por elas em nada influencia o fato de que teremos que levá-las a cabo de uma maneira ou de outra. existe uma coisa, porém, que é enormemente impactada pelo desgosto em performar uma obrigação: a gratificação, o deleite e o contentamento que vêm de concluí-la. em última instância, todas essas sensações se unem pra formar um aspecto importante dessa coisa intrincada e multifatorial que chamamos de *felicidade*.

na vida moderna do cidadão médio, as oportunidades de gratificação já são reduzidas de qualquer maneira, em função do ritmo acelerado do sistema econômico sob o qual vivemos. não faz mal a ninguém tentar tirar proveito daquelas tarefas que você vai ter que realizar de qualquer jeito pra *sorrir* um pouquinho. o que estou tentando dizer é: se você já vai ter que lavar a louça mesmo, por que desperdiçar a chance de olhá-la secando no escorredor e dizer a si mesmo: "uau, olha só essa louça que alguns minutos atrás estava emporcalhando minha pia e agora está reluzindo porque *eu* lavei com as minhas próprias mãozinhas cheias de dedos!"?

é óbvio que lavar a louça não vai conferir uma sensação delirante de realização, mas se fizer você ficar orgulhoso de si por alguns minutos, *por que não?* em vez de virar as costas imediatamente dando graças a deus que acabou, ou (ainda pior!) lavá-la no automático sem pensar em nada, você pode decidir conscientemente *conferir importância* à sua louça limpa. contemple-a por alguns segundos. pense em como a pia estava antes de você chegar. lembre-se de que ela ainda estaria daquele jeito se não fosse pelo esforço que você fez. olhe pra ela agora e orgulhe-se. você trabalhou, e trabalho nenhum nesse mundo é pequeno ou insignificante demais pra que nos orgulhemos dele.

perceba que, embora eu soe meio coach ou autora de livro de autoajuda (sinto muitíssimo), eu não estou dizendo pra você adicionar mais etapas complicadas na sua rotina já estressante. não estou sugerindo acordar às cinco da manhã, tomar uma ducha gelada, fazer yoga por 40 minutos e ler um livro inteiro antes de começar o seu dia de trabalho. quer dizer, você pode fazer isso tudo também se quiser, mas não é o que estou propondo. estou dizendo simplesmente pra tentar reencontrar o deleite perdido nas coisas que você precisa fazer de uma forma ou de outra, e que têm um enorme potencial adormecido pra *de fato* ser prazerosas.

você pode achar que todo esse papo esquisito de se deleitar lavando louça é meio bobo, mas ninguém perde nada por tentar. não significa que isso vai mudar completamente a sua vida da primeira

trabalho nenhum nesse
mundo é pequeno ou
insignificante demais pra
que nos orgulhemos dele.

larinha

vez que você fizer, mas é bem provável que mude na trigésima. ou quadragésima. ou talvez mesmo na sétima, eu sei lá. depende de quão cabeça dura você é. o fato é que encontrar a motivação pra iniciar uma tarefa penosa fica muito mais fácil se você souber que ao final dela te espera uma sensação de deleite.

foi tudo isso que enxerguei dentro da minha própria cabeça quando, à luz da manhã de outono, olhei pro quarto que eu e meu companheiro havíamos reformado juntos e, ao vê-lo brilhando, senti um deleite quase heroico dentro do peito. e é exatamente por isso também que meus sogros optaram conscientemente por passar todas as noites depois do trabalho e finais de semana inteiros durante *meses* se esforçando num trabalho pesado e cansativo, com as próprias mãos, pra reformar a casa em vez de pagar alguém pra fazê-lo. porque o trabalho terceirizado não brilha da mesma forma.

uma casa que um terceiro é pago pra reformar pode até ficar bonita no fim, mas não tem as nossas pinceladas desajeitadas impressas na parede, nem a gota de tinta que escorreu rápido demais e secou na grade da janela porque eu não reparei nela a tempo. uma casa que um terceiro é pago pra reformar pode até ficar bonita no fim, mas não guarda a memória de todo o suor derramado, nem de todos os biscoitos de chocolate comidos pra ter energia pra continuar trabalhando depois de horas. uma casa que um terceiro é pago pra reformar pode até ficar bonita no fim, mas nada sabe de todas as partículas de poeira que entraram nos meus olhos pra lixar a parede ou das piadas que meu companheiro me contou enquanto eu lixava. uma casa que um terceiro é pago pra reformar pode até ficar bonita no fim, mas não amanhece brilhando. porque o trabalho terceirizado não brilha da mesma forma.

alguns parágrafos atrás eu escrevi que não tinha intenção nenhuma de sugerir que você adicionasse mais etapas complicadas à sua rotina já estressante. e não vou sugerir mesmo, porque não preciso. a partir de um certo ponto, quando tiver entendido que o seu próprio trabalho brilha mais que o dos outros, que fazer seu próprio esforço em prol de si mesmo o deixa mais satisfeito que comprar o esforço dos outros, você vai ter vontade de adicionar etapas complicadas à sua rotina já estressante por conta própria. e aí, paradoxalmente, ela vai parecer menos estressante de súbito.

suponhamos, por exemplo, que você seja uma pessoa cuja situação financeira permitiria tranquilamente comprar pão na padaria. seria prático e fácil ir até lá e comprar um bom pão feito por um profissional competente que faz um pão delicioso há anos. mas um dia você vai acordar por conta própria com um enorme desejo de fazer o *seu* pão, mesmo que não tenha a menor ideia de como fazer pão. e você vai passar um tempo enorme pesquisando e assistindo vídeos de receitas de pão, depois vai descobrir como é longo o processo de fazer pão, depois ficar com dor nos ombros de tanto sovar a massa do pão. tudo isso pra, no final, o resultado ser um pão que é objetivamente muito pior que o pão do padeiro, mas é o *seu* pão, e ele *brilha*.

pode ser que, depois dessa experiência, você vire um apaixonado por panificação e nunca mais a deixe de lado, mas o mais provável mesmo é que você volte a comprar o pão do padeiro no dia seguinte, porque ele é mais gostoso e você objetivamente não tem tempo pra fazer pão sempre que tiver vontade de comer pão. você não pode dominar todas as habilidades do mundo, lembra? nós *dependemos* do trabalho uns dos outros, e o padeiro faz pão melhor que você. e tudo bem. com essa empreitada toda, você não queria necessariamente dominar uma habilidade; você só queria sentir a gratificação do trabalho que fez pra si. você queria mesmo era o deleite heroico do seu pão.

e assim será também quando você decidir, sem nenhuma necessidade objetiva ou habilidade prévia, plantar o seu próprio manjericão, ou comprar um móvel antigo pra reformar, ou costurar uma saia, ou pintar um quadro, ou pintar sua parede. e assim será também quando você decidir, sem nenhuma razão especial, adicionar etapas extras às suas obrigações domésticas – e de bom grado. quando você se pegar lavando as fendas e todo o balcão em volta da pia depois de terminar a louça, ou testando dobras diferentes pra cada tipo de roupa antes de guardá-las no armário, ou cozinhando um prato megacomplexo e demorado pro jantar, ou organizando sua casa com muito mais minúcia que de costume. porque agora você entende que trabalhar é mais que gratificante, é uma *necessidade*. talvez não da mesma ordem de dormir, comer ou beber, porque ninguém *morre* se não trabalhar; mas o mundo também não *brilha*. muito mais duro que a dureza do trabalho é viver num mundo sem brilho.

e é por isso que escrevo.

porque dependo da escrita pra existir, e porque escrever é difícil. escrever, pra mim, é penoso, é sofrido, é um trabalho lento, exaustivo e quase torturante às vezes. escrever, antes de mais nada, me obriga a sentar comigo, escutar meus próprios pensamentos e fazer um esforço hercúleo para desembaraçá-los – em geral, eles costumam estar sempre horrivelmente embaraçados. quando escrevo, presto muitíssima atenção ao fato de que penso, de que tenho uma mente, e a consciência desse fato nem sempre é confortável. a escrita me acordou para a minha própria humanidade quando eu tinha cinco anos, e agora eu preciso dela pra confirmar que sou humana.

admito que tenho uma enorme tendência a fugir do ato de escrever, porque sei perfeitamente bem o que ele me custa. ainda assim, escrevo; escrevo porque sei também o que me aguarda depois do último ponto final. escrevo porque, depois da incansável luta contra todas as palavras deslocadas ou mal escolhidas, depois da batalha contra as frases simples que me tomam quarenta minutos olhando pra parede em silêncio antes de decidirem vir ao mundo, há o deleite. triunfante. resplandecente. glorioso. apoteótico. catártico. *heroico*.

escrever, para mim, é o *trabalho* mais difícil, profundo e gratificante de todos; e é por isso que este livro existe. ele pode até não ser o melhor livro do mundo, mas, aos meus olhos, brilha. porque fui *eu* que escrevi. cada mísera palavra. fui *eu*. com as minhas próprias mãozinhas cheias de dedos.

No céu, eu reconheço algum mistério
Que existe dentro de mim.
O escuro às vezes lembra o infinito,
Às vezes me lembra o fim.
O mundo tem mil coisas invisíveis,
Nada é só concreto assim...

Tim Bernardes

tecendo o arco-íris
só um pouquinho

um mágico, vestido de fraque, capa e cartola, se posta no meio de um salão enfeitado de balões coloridos. diante dele, vários pares de olhinhos ansiosos observam cada um de seus movimentos. é uma festa de aniversário infantil, e as crianças na plateia não se esforçam pra esconder sua excitação, balançando o corpo de um lado pro outro enquanto cochicham e apontam para o tablado. em cima dele, o mágico sorri calmamente, esperando o bom momento pra começar sua performance.

    as grandes luzes se apagam. os únicos feixes que iluminam o salão agora estão apontados para o homem de capa. o entusiasmo dos pequenos se materializa em uma profusão de gritinhos agudos. o mágico tira a cartola da cabeça e, sem dizer uma palavra, começa a mostrá-la às crianças sob diferentes ângulos. um lado, o outro, a parte da frente, a parte de trás, a parte de cima, a parte de baixo. ele vira a abertura para o chão e dá dois ligeiros tapinhas na parte superior do chapéu. nada cai de dentro dele. a cartola está vazia.

um silêncio sepulcral agora paira. os olhinhos infantis estão mais atentos que nunca, fixos, completamente vidrados. o mágico levanta uma sobrancelha e sorri um sorriso provocador. ele começa, então, a fazer vários movimentos rápidos e fluidos com as mãos em torno da abertura do chapéu. luvas brancas velejam, deslizam, quase dançam ao redor da cartola. o homem agita os dedos várias vezes e faz um movimento brusco, como quem lança um punhado de pó imaginário.

bocas ligeiramente abertas, as crianças prendem a respiração. o mágico faz uma última pausa de dois segundos antes de enfiar a mão na cartola, chacoalhá-la com suavidade e tirar de dentro dela uma pomba branca, que agita as asinhas docemente, como se tivesse acabado de despertar de uma soneca. a plateia mirim vai ao delírio. os olhinhos agora parecem querer saltar das órbitas de tão arregalados. os suspiros de assombro, surpresa e admiração são fortes e vêm seguidos de guinchos incrédulos e palminhas extasiadas que inundam o cômodo.

tudo que aquelas crianças sabem até aquele momento a respeito do mundo em que vivem diz a elas que o que acabaram de presenciar simplesmente não é possível. seu conhecimento sobre as leis que governam nossa realidade lhes sussurra que pombas não se materializam desse jeito dentro de cartolas, e elas viram a cartola vazia com seus próprios olhos agorinha mesmo. não pode ser! mas, ainda assim, de algum jeito, *é*, e elas simplesmente aceitam esse fato. não há razão para procurar qualquer explicação que seja; as crianças possuem uma facilidade extraordinária para consentir alegremente diante do inexplicável. assim, o que esses pequeninos acabaram de testemunhar é pura e simples *mágica*, na sua forma mais fiel e verdadeira.

o homem de capa, no entanto, embora orgulhoso da habilidade que se empenhou tanto pra desenvolver, não vê nada de mágico naquela performance, porque entende perfeitamente como ela *funciona*. ele sabe muito bem que todas as leis que governam o nosso universo continuam intactas, e que a cartola tem um pequeno fundo falso onde ele colocou a pobre pomba poucos minutos antes de subir no palco. para ele, não existe nenhuma lacuna de ordem lógica entre os acontecimentos. tudo aquilo é apenas um truque muito bem ensaiado.

quando pensamos dessa forma, não soa um pouco triste a vida do mágico? não parece melancolicamente paradoxal que, por *compreender* em demasia a sua mágica, ele jamais seja capaz de experienciar o verdadeiro maravilhamento que ela causa nos inocentes?

não me entenda mal: o conhecimento é algo formidável, e eu jamais ousaria dizer o contrário, porque não fiquei maluca ainda. é claro que faz parte da vida abandonar a inocência e começar progressivamente a ser capaz de entender melhor o mundo em que vivemos. no entanto, a verdade é que compreender é também renunciar. quando compreendemos, abrimos mão da capacidade de *não compreender*; renunciamos automaticamente à habilidade de perceber a realidade como percebíamos antes de passar a *saber*.

eis um exemplo simples: peça a alguém que escolha uma música muito famosa – sem dizer qual – e que use uma só mão pra batucar sobre a mesa o ritmo da letra. a você, caberá adivinhar o título da canção. esse exercício é muito mais difícil do que parece em teoria, e você logo constatará que é completamente incapaz de descobrir qual é a porcaria da música só através do batuque monotônico. você não escuta música alguma, só batidas sem sentido. derrotado, você perguntará enfim qual é a música. a partir do momento em que a pessoa à sua frente responder, você se tornará automaticamente incapaz de *não* escutar perfeitamente a música no mesmo batuque que parecia indecifrável poucos segundos antes. você pode se esforçar o quanto quiser pra voltar a perceber apenas batidas desconexas, mas é impossível. a canção estará sempre lá. essa é a natureza do conhecimento: a nossa percepção do mundo é irremediavelmente alterada por ele.

enquanto adultos bem ajustados, todos sabemos (ou deveríamos saber) que a "mágica", de forma objetiva, já está quase extinta. a maioria dos fenômenos que nos circundam é perfeitamente explicável através da lógica, da razão e da ciência. isso não significa necessariamente que sabemos explicá-los todos, mas temos consciência de que *alguém* sabe.

no fundo do salão de festas, atrás da multidão de crianças animadas, os pais do aniversariante assistem ao mesmo espetáculo. eles veem a pomba que sai da cartola e abrem um grande sorriso, batendo palmas. estão ambos admirados. puxa vida – o pai diz à mãe –, o mágico é tão talentoso que eu poderia jurar que o truque é real. a mulher assente. como é que você acha que ele faz?, ela pergunta baixinho entre aplausos. eu sei lá, deve deixar a pomba escondida na manga ou num bolso engenhoso no interior do paletó, o pai responde. os dois continuam aplaudindo, muito satisfeitos com o dinheiro investido na contratação da performance.

a explicação que o homem imagina está errada. a pomba não fica escondida nem na manga nem em um bolso do paletó, mas dentro de um fundo falso na cartola, como você já sabe. mas pouco importa que ele desvende corretamente o truque ou não; o que importa é que ele *sabe* que é um truque. em nenhum momento os pais da criança sentem o mesmo assombro que seu filho diante da aparição da pomba, porque eles são adultos e, em troca de conhecimento, já renunciaram a essa ingenuidade infantil há muito tempo. eles podem até sentir um certo deslumbramento momentâneo diante da beleza do truque, mas não são capazes de experienciar o pasmo genuíno de *crer* que as leis da realidade foram despedaçadas, como crê a criança. essa é uma sensação que eles nunca mais terão, porque não é possível voltar atrás. o conhecimento é irremediável. os ditos populares não estão brincando quando dizem que ele é a única coisa que ninguém pode tirar de você; nem você mesmo pode, ainda que tente obstinadamente. nunca mais será possível deixar de ouvir a música no que antes eram só batidas desconexas na mesa, lembra?

a existência ou não da magia, então, depende do referencial. você pode argumentar que todos partilhamos a mesma realidade, e que suas regras se aplicam a todos nós, sem exceção. de maneira objetiva, você está certo. o "porém" é que não compartilhamos a mesma *perspectiva* nem a mesma *interpretação* da realidade, e esse detalhe tem uma grande importância.

esse conceito é fácil de entender. o exemplo mais clichê e simples de todos é o do homem nascido e criado numa aldeia isolada que visita uma cidade moderna pela primeira vez. quando se depara com carros, máquinas fotográficas, televisores, aviões e celulares, o pobre homem fica atordoado e é completamente incapaz de entender como eles funcionam. ele não possui a mesma compreensão da realidade que o cidadão moderno comum, porque a ele nunca foi introduzido o mesmo conhecimento. essas máquinas estranhas transformam em pó as leis do mundo que lhe é familiar. assim, não existe outra possibilidade a seus olhos: todos esses objetos estranhos são sem dúvida imbuídos de uma magia poderosíssima.

essa conclusão não é nova. na verdade, ela é tão caduca que já foi até categorizada e é conhecida como "a terceira lei de clarke". talvez você conheça arthur c. clarke, célebre autor britânico de ficção científica (entre muitas outras ocupações e títulos). em um de seus ensaios, chamado "perigos da profecia – a falha da imaginação", ele formulou três princípios (que ficaram conhecidos como "leis") que orientariam a relação entre o homem e a tecnologia. a terceira lei, que é também a mais conhecida e comentada, diz: "qualquer tecnologia suficientemente avançada é indistinguível da magia."

o conhecimento é
irremediável.

larinha

é claro que a referida lei também parte do princípio da perspectiva e da interpretação da realidade. a tal tecnologia só é indistinguível da magia para aqueles que não estão familiarizados com ela. para aqueles que conhecem a tecnologia, ela é... bem, tecnologia. um avião parece um feito de levitação para o homem da aldeia isolada, mas é simplesmente um avião para nós. da mesma forma, imaginemos que uma civilização interplanetária muito mais avançada que a nossa decida nos visitar na terra, e que eles tenham a capacidade de arrancar qualquer objeto do chão e fazê-lo levitar e dançar no ar ao seu bel-prazer. dentro da nossa compreensão, essa realização é *mágica*, porque ultrapassa os conhecimentos que possuímos nesse momento a respeito da realidade. para os seres interplanetários, no entanto, não há magia alguma envolvida. o conhecimento que eles têm do mundo apenas é suficientemente avançado para permitir o tipo de descoberta que resulta na criação dessa tecnologia. o que podemos inferir da terceira lei de clarke, então, é simplesmente que a magia não existe – ela é nada mais do que tecnologia avançada, e se pensamos que algo é mágico é só porque não temos ainda o conhecimento necessário pra entender a tecnologia em questão.

alguns parágrafos atrás eu disse que o homem vindo da aldeia isolada olha pra objetos como carros, máquinas fotográficas, televisores, aviões e celulares, e é completamente incapaz de compreender como eles funcionam. o engraçado é que nós, cidadãos modernos, também somos, na verdade. se o requisito pra usar esses aparelhos fosse ter a capacidade de explicar seu funcionamento, eles definitivamente não teriam muitos usuários. você já parou pra pensar em qual é a porcentagem de pessoas que usam um smartphone, por exemplo, e que sabem como é que as tarefas que ele executa são *possíveis*? eu certamente não sei, e estou disposta a apostar que você também não sabe. ainda assim, estamos habituados a esses objetos.

não conhecemos seus mecanismos de funcionamento, mas temos confiança no fato de que alguém conhece. assim, sua existência não ultrapassa os limites da compreensão que temos da realidade, não é mágica. para nós, tudo está normal.

    a mágica, sob essa ótica, nada mais é do que a lacuna de compreensão que se manifesta diante do que não encontra nenhuma explicação lógica segundo as regras que conhecemos para a realidade. é por isso que, nos tempos em que vivemos, ela está praticamente extinta: conhecemos uma explicação lógica segundo as regras da nossa realidade para praticamente *tudo*. e essa é uma coisa ótima, uma coisa excelente! quer dizer, na maioria das vezes.

, , ,

quando chove e faz sol ao mesmo tempo, um arco multicolorido surge subitamente no céu. eu, sendo leiga, posso até não compreender exatamente os pormenores científicos dessa ocorrência, mas sei que existe um cientista capaz de explicá-la. assim, entendo que a existência do arco-íris não tem nada a ver com mágica, porque não há magia no que pode ser explicado racionalmente, por mais que a explicação me seja pessoalmente desconhecida. no entanto, existiu um tempo em que as pessoas nada sabiam sobre a física por trás desse fenômeno; ele era um mistério absoluto.

    você já teve a grande sorte e o privilégio de testemunhar um arco-íris resplandecendo orgulhoso em toda a sua pompa e glória sobre um campo aberto ou do alto de uma colina? se não, há uma coisa que posso garantir: não é como na cidade. nos grandes centros urbanos, as altas edificações raramente permitem que você de fato enxergue um arco inteiro, na verdade. na maioria das vezes, o que se pode observar são só pequenas seções do arco, porque sempre tem um prédio, outdoor ou poste bloqueando a vista, por mais que você estique bem o pescoço pra fora da janela do seu apartamento. o fenômeno já é fabuloso mesmo diante de uma paisagem de concreto, mas, quando contemplado num ambiente natural e sem obstrução, torna-se *inconcebível*. é, de fato, quase impossível admitir a existência da imagem que nossos olhos estão registrando, tamanha a sua magnificência.

agora imagine uma pessoa que se encontra num campo aberto ou no alto de uma colina, num mundo onde a física está a séculos ou milênios de começar a estudar prismas, e é surpreendida pela aparição de um troço colorido gigantesco que se materializa de súbito bem no meio do céu. diga o que quiser, mas acho muito difícil me colocar no lugar dela. como deve ser olhar pra um arco-íris e não saber o que ele é, de onde ele vem, nem por que ele está lá?

no mundo em que nasci, o arco-íris já havia sido desvendado há *tanto tempo* que até mesmo a ideia de habitar uma realidade onde ele não tenha ainda explicação me é estranha. tenho mais facilidade em imaginar como era a vida antes dos carros, celulares ou aviões porque, bem, fomos nós que os inventamos. antes de serem inventados, eles simplesmente não existiam, então ninguém precisava quebrar a cabeça pra tentar compreendê-los.

já o arco-íris, não. o arco-íris *sempre* esteve lá. sempre. *todos* os seres humanos que já colocaram os seus pés sobre este planeta estiveram suscetíveis a avistá-lo em algum momento. é claro que a real probabilidade de vê-lo varia bastante de acordo com a região do planeta que usamos como referência, mas estou tentando não pormenorizar em excesso. o fato é que todas as pessoas que avistaram um arco-íris até meados dos anos 1660, antes de isaac newton aparecer no pedaço brandindo palavras como "dispersão" ou "refração", não faziam a menor ideia do que ele era, de onde ele vinha, nem de por que ele estava lá.

quer dizer... havia, é claro, muitas respostas imaginadas para essas perguntas, porque os seres humanos sempre foram muito criativos quando se trata de inventar mitos, símbolos, histórias, divindades, qualquer coisa que nos ajude a legitimar o inexplicável. a própria palavra que usamos em português pra descrever o arco multicolorido é prova disso. os anglófonos o chamam de *rainbow*, "arco de chuva", enquanto os francófonos preferem uma descrição mais literal: *arc-en-ciel*, "arco no céu". na nossa língua, no entanto, ele carrega o nome de íris, uma figura da mitologia grega.

assim como o arco-íris une o céu à terra, o papel de íris era ser a mensageira das divindades para os homens, unir o divino ao mortal. para os gregos, esse arco multicolorido era o rastro da sua passagem, uma mensagem vinda diretamente dos deuses. dessa forma, o substantivo para dizer "arco-íris" em grego antigo era simplesmente "íris", porque ela era sua personificação.

várias outras civilizações criaram ainda muitas formas mirabolantes de esclarecer esse evento fabuloso, ou simplesmente narrativas curiosas envolvendo-o. foi na irlanda, por exemplo, que teve origem a célebre história que diz que os leprechauns – pequenos duendes sapateiros da mitologia irlandesa – escondem potes de ouro no fim do arco-íris. assim é: quando não possuímos conhecimento suficiente pra resolver um mistério de maneira racional, objetiva e definitiva, estamos livres para elucidá-lo como bem entendemos.

aqui, você tem todo o direito de argumentar que, se a mágica está justamente na não compreensão, na lacuna de conhecimento, ela se perde quando preenchemos essa lacuna com uma explicação, mesmo que ela seja inventada ou absurda. de fato, uma pessoa que olha para o arco-íris e tem certeza de que ele está ali para simbolizar a passagem da mensageira íris pelo céu, crê compreendê-lo – mesmo que sua crença esteja equivocada de forma objetiva. não seria essa a mesma situação do pai da criança na festa de aniversário, que não sabe exatamente como o truque funciona e infere a explicação errada para ele? não estaria a mágica perdida da mesma forma nos dois casos? bom... não.

o que penso é que a natureza da resposta importa; e todas as respostas que repousam sobre a ciência, a lógica, a racionalidade ou a objetividade não podem ser mágicas. o pai, por exemplo, não sabe exatamente como o artista no palco faz surgir a pomba. ele sugere, então, que ela fica escondida na manga do mágico ou num bolso engenhoso. ambos os palpites estão errados, mas são perfeitamente lógicos e racionais. nada impediria que esse fosse o caso. a ação de colocar uma pomba na manga ou num bolso não quebra nenhuma lei da física.

por outro lado, a pessoa que crê na passagem de íris pelo céu pode ter toda a certeza do mundo da veracidade de sua resposta, e ela continuará sendo mágica. por quê? porque a explicação que ela encontrou para o fenômeno do arco-íris é completamente impossível com base em todas as regras que ela mesma domina sobre a sua própria realidade. essa pessoa seguramente nunca de fato viu um deus do olimpo em sua vida e muito menos conhece alguém que tenha a capacidade de voar pelo céu, ainda mais deixando rastros multicoloridos. a mágica nesse caso, então, não está na aquiescência diante do inexplicável. a mágica está na natureza da própria explicação que foi fabricada para preencher a lacuna de conhecimento, para esclarecer o incompreensível. a resposta é mágica em si.

podemos, então, voltar ao exemplo da festa de aniversário. se perguntarmos à criança como ela acha que o mágico faz para a pomba aparecer, induzindo-a a procurar uma explicação para o que acabou de ver, sua resposta com certeza será bem diferente daquela dada pelo pai: ela não dirigirá seu pensamento para mangas nem para bolsos engenhosos. a criança não possui ainda o conhecimento necessário pra inferir que aquele é um truque e procurar uma explicação racional ou lógica pra ele. ao contrário, sua imaginação é livre pra encontrar a resposta mais criativa possível, como os humanos da antiguidade diante do arco-íris.

a criança poderá dizer que a pomba passou por um portal aberto pelo mágico ou que ela mora num mundo lindo dentro da cartola. outra possibilidade, no entanto, é que ela simplesmente dê de ombros e responda "eu não sei", antes de sair correndo despreocupada pra buscar mais docinhos na mesa do bolo. ela não precisa saber. é *mágica*. essa é uma das grandes e mais fascinantes virtudes das crianças: elas não precisam procurar explicação. elas veem as regras da realidade se liquefazerem diante de seus olhos e são capazes de aceitar o maravilhoso, concordar com o fantástico, aquiescer diante do impossível e seguir tranquilamente suas vidas.

estar de alguma forma em contato com o irreal, com aquilo que "não pode ser", é uma necessidade fundamental da espécie humana. nós achamos a fantasia o máximo. até usamos os mesmos adjetivos na linguagem do dia a dia pra nos referir, ao mesmo tempo, àquilo que é inventado e àquilo que é muito bom. a palavra "fantástico", por exemplo, designa algo excelente, prodigioso, fora do comum, extraordinário; e também algo que não tem veracidade, que é inventado, que só existe na imaginação. o mesmo ocorre com "fabuloso", que usamos como sinônimo de "ótimo", mas que significa também aquilo que diz respeito à fábula, à narrativa inventada. não é exagero, então, dizer que os seres humanos acham o fantástico fabuloso e o fabuloso fantástico.

antonio candido, célebre sociólogo, professor e crítico literário brasileiro, escreveu um ensaio chamado "o direito à literatura", em que defende justamente que a literatura deveria ser um direito humano universal. um de seus primeiros argumentos nesse sentido é o fato de a produção literária de forma ampla (incluindo o folclore, os mitos e as lendas) ser onipresente em todas as civilizações, em todos os tempos. ele sustenta que entrar em contato com um universo fabulado é uma necessidade humana fundamental, indispensável até mesmo pra assegurar nosso equilíbrio psíquico. quando dormimos, sonhamos, independentemente da nossa vontade, porque é crucial para a nossa mente que nos relacionemos com o imaginário de forma cotidiana; não podemos funcionar bem de outro jeito. assim, quando estamos acordados, é a criação ficcional ou poética que faz as vezes do sonho. inventamos histórias, mitos, poemas, cenários impossíveis, porque *precisamos* sublimar a realidade concreta, racional e objetiva de alguma forma.

o arco-íris, como eu dizia há alguns parágrafos, sempre foi uma grande fonte de inspiração pra todo tipo de criação. vamos do rastro deixado pela mensageira grega íris ao pote de ouro escondido pelo leprechaun irlandês, passando por hong, o dragão de duas cabeças que representa o arco-íris na mitologia chinesa, pela crença dos povos albaneses de que o arco era o cinto da deusa da beleza e da fertilidade, chamada prende, pelas diversas culturas que acreditavam que ele era algum tipo de serpente divina, e por muitas outras civilizações que encontraram ainda muitas maneiras mágicas de explicá-lo. até que, como você já sabe, em meados de 1660, um homem chamado isaac newton encontrou a explicação racional, científica, objetiva e definitiva para o arco-íris. os cientistas ficaram muito contentes. os poetas, nem tanto.

’ ’ ’

não há nada de novo a respeito da ideia de que o saber científico é inimigo da poesia; esse pensamento reverbera pela nossa cultura há muitos séculos. vários artistas já praguejaram contra a expansão da ciência sobre a nossa compreensão da realidade, como se seu toque fosse quase uma distorção do de midas: tudo que ela toca fica frio e desprovido de mágica.

um dos exemplos mais célebres desse descontentamento por parte dos artistas é um soneto do autor americano edgar allan poe, chamado "à ciência". nele, poe descreve a ciência como um abutre com asas feitas de "baças realidades" que ataca os corações dos poetas. ele a culpa por destruir a glória dos deuses dos mitos gregos e romanos, além de acabar com a mágica das criaturas fantásticas. a ciência, segundo o poeta, teria sido responsável por puxar diana (deusa da caça) de sua carruagem, levar as hamadríades (ninfas dos bosques) da floresta, tirar as náiades (ninfas da água) de dentro do rio e expulsar os duendes da relva.

e o autor americano não era o único a desgostar da ciência. não é possível falar de magia perdida para o pensamento científico e de arco-íris sem mencionar john keats, poeta do romantismo inglês. tente memorizar esse nome, porque vou repeti-lo um pouquinho daqui em diante. é da autoria de keats um poema chamado "lamia", que contém uma ideia bastante similar àquela expressa por poe em "à ciência". ele também defende que todo encantamento desaparece ao toque dessa "fria filosofia", capaz de "cortar as asas dos anjos" e "dominar os mistérios do mundo com suas réguas e linhas". keats afirma que "um dia houve um admirável arco-íris no céu", mas que ele foi desfiado, desfeito, destecido pela ciência.

uma célebre anedota envolvendo o poeta inglês narra que, durante um jantar com outros grandes artistas da época, ele teria afirmado que "isaac newton destruiu a poesia do arco-íris ao reduzi-lo a cores prismáticas". os versos de "lamia" sobre o "admirável arco-íris no céu" teriam sido escritos três anos depois desse jantar.

aqui, é necessário precisar alguns conceitos. keats fala da destruição da *poesia* do arco-íris, poe escreve que as realidades "baças" (opacas, enfadonhas, sem graça) propostas pela ciência atacam o coração do *poeta*. bem, existem muitas maneiras de fazer poesia; ela não é uma coisa una, fixa, estática. você deve se lembrar de ter estudado vários movimentos literários na escola, e do fato de que eles eram completamente diferentes uns dos outros. há muitos pontos de divergência: a forma, a estética, a temática, o método de escrita, a fonte de inspiração, e mesmo a maneira de compreender o que *é* a poesia em si. até os poetas estão frequentemente em desacordo a respeito dessa questão. coloque um poema barroco e um poema dadaísta lado a lado e você perceberá bem rapidinho que, para além do fato de serem escritos em verso, não existem muitas outras similaridades entre eles.

o que é, então, a poesia? essa é a pergunta de um milhão de dólares que todo mundo tenta responder há séculos, e é justamente o fato de haver tantas respostas diferentes que faz com que não haja uma resposta única e mais *certa* que as outras. existem inúmeros ensaios interessantes que você pode ler sobre o assunto, e este aqui não é um deles. não vou me propor a esmiuçar o conceito, porque não temos o tempo necessário e porque não é meu objetivo. direi apenas que, para nós, é preciso ter ao menos uma compreensão básica da ideia, e é o que tentarei fornecer de forma bastante breve e superficial. caros teóricos da literatura e da filosofia, queiram me desculpar pela falta de aprofundamento e precisão acadêmica.

quatro séculos antes de cristo, um cara que você com certeza já conhece, chamado aristóteles, dividiu a atividade humana em três categorias. a primeira é a teoria, a busca pelo *verdadeiro conhecimento*, o conhecimento objetivo sobre o mundo, que envolve a metafísica, a matemática e a física. a segunda é a prática, ou *práxis*: a ação destinada a resolver problemas, que compreende o domínio da política e da ética. e a terceira é a aplicada, ou poíesis, que compreende aquilo que pode ser produzido pelo ser humano num senso amplo, e vai da agricultura à... isso mesmo, poesia. a própria palavra "*poíesis*", que originou o termo "poesia", indica a ação de *criar*.

acho que você já entendeu também que o conjunto de saberes ao qual nos referimos na linguagem cotidiana e neste ensaio como "ciência" tem suas raízes numa outra categoria: a primeira, a da teoria.

a poesia, como a compreendemos hoje, está intimamente relacionada ao desejo humano de dar forma e significado às experiências subjetivas, internas. nela, o impulso que motiva a criar é a busca por compreender, sublimar e comunicar a influência do universo que nos envolve sobre nossa alma, sobre aquilo que temos de mais essencial e profundo. a poesia oferece uma lente especial para ver o mundo, uma perspectiva que ultrapassa as barreiras da comunicação pragmática. assim, a "realidade" da poesia é muito, muito distante da nossa realidade literal e objetiva.

é nesse universo que vive o poeta. a realidade dele é uma realidade percebida, é a *sua* própria interpretação da realidade, e ela pode ser livremente reinventada. não há limites nem regras para o poeta: ele tem carta branca para brincar com imagens, símbolos e coisas que representam outras coisas. se quiser, ele pode fragmentar o mundo e reorganizar seus cacos sob a forma de um belo mosaico, ou espalhá-los de forma desordenada e incompreensível. ao poeta, é permitido fazer da realidade o que julgar justo. dessa forma, não parece intrínseca e vital a sua habilidade de enxergar e se nutrir da existência do fantástico, do fabuloso?

é da própria natureza do poeta a sua relação com o inexplicável. ele observa com curiosidade e aprecia tudo aquilo que

não há limites nem
regras para o poeta:
ele tem carta branca para
brincar com imagens,
símbolos e coisas que
representam outras coisas.
ao poeta é permitido
fazer da realidade o que
julgar justo.

larinha

é misterioso. no entanto, ele não volta seus olhos para o mistério com a ânsia de descobrir suas causas e razões segundo as leis do mundo objetivo em que vivemos, mas de *criar*, de imaginar, de tecer divagações segundo as possibilidades do *seu* próprio mundo, um mundo onde não há leis, há apenas *mágica*. o poeta *depende* da exploração de seu universo interior, e esse universo não segue as mesmas regras do nosso universo objetivo, sobretudo porque não segue regra nenhuma.

assim, se considerarmos essa concepção de poesia que a aproxima da magia, poe e keats têm razão. onde há ciência não pode existir mágica, porque elas são fundamentalmente antagônicas.

a mágica pertence ao reino do que não temos conhecimento suficiente para explicar com base nas leis que regem o universo; já a ciência existe para fornecer a explicação precisa segundo as mesmas leis. não é possível que o arco-íris seja o rastro da passagem de uma deusa e um simples fenômeno físico ao mesmo tempo. não é mais concebível crer em mensagens dos deuses uma vez que compreendemos de verdade a origem, o funcionamento e a causa do arco-íris. hoje, graças à ciência, sabemos como criar uma faixa multicolorida em pequena escala usando apenas uma mangueira, ou um copo de vidro cheio d'água, ou um espelho e uma lanterna. "não é mágica, é ciência", é o que os próprios cientistas dizem. íris está morta pra sempre e não há nada que possamos fazer.

existe um cientista, no entanto, que por algum motivo não ficou nada feliz com esse sentimento de insatisfação por parte dos poetas diante do fato de que a ciência destrói a magia do mundo. ele é um biólogo que se chama richard dawkins (memorize esse nome também, vou repeti-lo bastante), e escreveu um livro intitulado *unweaving the rainbow*, inteiramente fundamentado sobre o desejo de discordar da afirmação de keats a respeito de isaac newton e do arco-íris. o título da obra em português foi traduzido como *desvendando o arco-íris*, uma boa adaptação, mas que se afasta um pouco do sentido original. o verbo "*weave*", em inglês, significa "tecer". assim, "*unweave*" quer dizer literalmente "destecer", desmanchar o que foi tecido, desfiar. esse título é uma referência direta ao verso de "lamia" em que john keats faz alusão ao fato de que o que ele chama de "fria filosofia" tem a capacidade de "destecer o arco-íris", como se ele fosse uma linda peça de tapeçaria que é completamente desmanchada por esse toque impiedoso. assim, vou chamar o livro aqui pela tradução literal do seu título: *destecendo o arco-íris*.

a premissa da obra é a tentativa de dawkins de provar que keats está errado e que o papel da ciência não é destruir a poesia do mundo e torná-lo frio e opaco, mas o contrário: segundo ele, aqueles que se interessam e compreendem de fato a ciência são capazes de enxergar o mundo como uma fonte de poesia ainda maior.

bem... há um pequeno problema de ordem conceitual nessa premissa. acredito que, quando usam a palavra "poesia", keats e dawkins não estejam falando da mesma coisa. eu já disse: mesmo entre os poetas e teóricos da literatura, existem concepções sobre o termo que divergem, porque seu escopo é vastíssimo, assim como a compreensão sobre seu significado.

"poesia" é uma palavra muito geral, usada como sinônimo pra muita coisa, por isso é sempre necessário definir e precisar muito bem o que queremos denotar com seu emprego durante um trabalho teórico. dawkins não faz isso de forma clara, mas, a partir da natureza de seus argumentos, infiro que quando diz "poesia", ele a compreenda dentro do campo semântico de "beleza", "deslumbre", "esplendor", "fascínio", "interesse", "imponência". nesse caso, o que ele quer dizer é simplesmente que a ciência não deixa o mundo menos objetivamente belo de maneira estética, nem menos impressionante ou digno de interesse. um arco-íris não se torna sem graça nem desprovido de esplendor ou imponência porque sabemos que ele é um fenômeno físico perfeitamente explicável. até aí, tudo certo.

o pequeno inconveniente é que, se analisarmos o trecho do poema de keats que o cientista escolhe pra fundamentar a ideia do seu livro inteiro, os indícios apontam para um campo semântico ligeiramente diferente no que diz respeito ao emprego de "poesia", e essa diferença ligeira importa muitíssimo.

em primeiro lugar, essa palavra nem mesmo é usada no trecho do poema "lamia" de john keats. como eu já expus, esse trecho menciona apenas uma aversão à "fria filosofia" que "corta as asas dos anjos" e "destece o arco-íris". a palavra "poesia" não foi empregada pelo poeta de forma escrita; ela figura somente na carta que descreve a famosa anedota do jantar em que keats teria feito o comentário sobre newton "destruir a poesia do arco-íris ao reduzi-lo a cores prismáticas".

se colocarmos essa afirmação no contexto do poema, a evidência textual aponta para o emprego de "poesia" no campo semântico de "mistério", "mágica", "fantasia", "sonho", "fascínio". assim, o que newton teria sido responsável por destruir é o maravilhamento que vem do *mistério* do arco-íris, não o pasmo contemplativo diante da *beleza* do arco-íris. o fascínio que keats descreve é de ordem muito mais mística que puramente estética. e, nesse caso, ele tem toda a razão: newton acabou mesmo com a magia do arco-íris. não há magia no que pode ser cientificamente explicado, e com isso até mesmo os cientistas concordam: "não é mágica, é ciência", lembra?

é claro, dizer que não há mágica em algo não é sinônimo de dizer que não há maravilhamento. objetivamente, o arco-íris não é menos bonito nem menos impressionante ou interessante por não indicar a passagem de uma deusa. na prática, ele continua sendo um fenômeno profundamente belo e de tirar o fôlego, mesmo se sabemos que aquele é o simples resultado da luz do sol incidindo sobre as gotículas de água deixadas pela chuva num certo ângulo. ainda vamos exclamar "uau!" quando ele surgir no céu e depois contemplá-lo em silêncio por alguns segundos, muito absortos pela sua beleza pra conseguir falar. a não compreensão de uma coisa não é um requisito obrigatório para exercer a capacidade de apreciá-la. só não é exatamente disso que keats e poe estão falando.

nesse ponto, preciso fazer o advogado do diabo e dizer que, para além das suas óbvias diferenças, cientistas e poetas têm muito mais em comum do que se pode pensar à primeira vista. pra começar, os dois são, em essência, exploradores intelectuais que buscam compreender a complexidade da existência. são seres humanos irremediavelmente curiosos a respeito de tudo, valorizam a observação aguçada e a atenção aos detalhes, e atravessam o mundo de olhos bem abertos. além disso, tanto os cientistas quanto os poetas reconhecem abertamente a capacidade do mundo de inspirar admiração e reverência. não é nenhuma surpresa, então, que vários cientistas tenham sido, também, poetas.

uma pessoa comum olha para plantas e fica satisfeita, porque vê belas plantas. erasmus darwin, avô de charles darwin, provavelmente via a beleza delas também; mas não somente. erasmus, que chamo pelo primeiro nome pra evitar a confusão com seu neto famoso, era cientista e poeta. é dele um livro de poesia chamado *o amor das plantas*, uma coletânea de poemas eróticos que descrevem de forma antropomorfizada as relações sexuais entre esses vegetais. não, você não leu errado, é isso mesmo. a inspiração de erasmus foi o então recente trabalho de lineu sobre taxonomia das plantas, que as dividia em diferentes classes e ordens baseando-se no número de órgãos sexuais masculinos ou femininos de cada planta.

ademais, você já se perguntou quem foi que descobriu o sódio e o potássio? admito que essa não é uma pergunta que me pego fazendo com muita frequência, mas, se você quer saber a resposta, foi um químico inglês chamado humphry davy. ele é creditado igualmente por muitas outras contribuições importantíssimas para a ciência e era também, adivinhe... poeta. ainda muito jovem, davy começou a fazer experimentos com óxido nitroso, substância que você e eu conhecemos melhor pelo nome "gás do riso". isso mesmo, a anestesia do dentista. ele costumava utilizar o gás em si mesmo e documentar os efeitos sobre seu estado físico e mental. no entanto, algumas sensações são muito difíceis de descrever com base na lógica pura e simples. davy utilizava, nesses casos, a poesia. seu poema intitulado "sobre respirar o *óxido nitroso*" exprime o efeito do gás, que se apossa da sua mente pouco a pouco, muito melhor do que qualquer anotação objetiva poderia fazer.

a ideia de que a ciência e a poesia são completa e irremediavelmente opostas é, na melhor das hipóteses, ingênua. nas palavras do biomatemático americano arthur winfree, "sem 'um toque de poeta', existem apenas técnicos", não cientistas. ele completa, no seu ensaio intitulado "o cientista como poeta", dizendo que, enquanto a maioria das pessoas olha pra lua e vê a lua, isaac newton viu a gravitação universal – uma prova de que a sua imaginação de cientista, como a dos poetas, não pôde ser detida pelas noções do que era considerado possível ou impossível. a qualidade essencial que aproxima esses dois grupos de indivíduos é justamente a imaginação, a capacidade de fantasiar, de ver além do que está posto. o cientista é, também, um sonhador. ele observa a realidade ao seu redor e precisa imaginar, supor, criar hipóteses pra explicar seu funcionamento.

no entanto, é muito claro também que, apesar de partilharem muitas similaridades, os objetivos dos cientistas e dos poetas

a ideia de que a ciência
e a poesia são completa
e irremediavelmente
opostas é, na melhor das
hipóteses, ingênua.

larinha

não são parecidos. ambos observam o mundo com um olhar atento, curioso e maravilhado, ávidos por *compreendê-lo*, é fato; mas eles têm uma ideia bastante diferente da função do ato de "compreender". a frase que estou prestes a escrever parecerá redundante e óbvia à primeira leitura, mas tente refletir sobre ela alguns segundos: os cientistas querem compreender o mundo de maneira científica, e os poetas querem compreender o mundo de maneira poética. se você parar pra pensar, é simples assim. tomemos como exemplo as estrelas, um tema de grande interesse para ambos os grupos. o cientista quer compreendê-las para catalogá-las, descobrir sua posição, sua idade, sua distância em relação à terra, sua origem, sua razão. o poeta quer compreendê-las para *ouvi-las*, como escreve olavo bilac; para tornar-se amigo e confidente delas.

de maneira mais clara: os cientistas buscam compreender os fenômenos naturais, descobrir padrões e desenvolver teorias que possam explicar e prever eventos futuros, com um foco direcionado para fora, em direção ao mundo externo e objetivo. os poetas, ao contrário, procuram atribuir significado à experiência humana, explorar emoções, e expressar a complexidade da vida interior; sua atenção está voltada para dentro, para as profundezas da subjetividade. além disso, os dois grupos diferem fundamentalmente a respeito do juízo de valor que fazem do desconhecido, que é matéria de trabalho de ambos.

os cientistas, ao enfrentarem o incerto e o inexplicável, buscam respostas por meio da pesquisa e da análise crítica, porque querem justamente diminuir a incerteza. os poetas, por outro lado, costumam gostar muito dela. diminuí-la pra quê? eles querem mesmo é abraçar a incerteza, tomar um café com ela, se maravilhar diante do mistério sem a intenção de resolvê-lo, admirar a ambiguidade sem querer desambiguá-la.

e é exatamente aí que começa todo o imbróglio que acabou

desembocando no poema de john keats sobre o arco-íris destecido e no livro de richard dawkins sobre o mesmo assunto.

✧ ✧ ✧

confesso que fiquei um pouco confusa quando terminei de ler *destecendo o arco-íris*, pensando: muito bem, mas... não era pro dawkins discordar do keats? tive a impressão de que ele escreveu um livro científico inteiro para provar o ponto do poeta. muito honestamente, os dois estão falando *a mesma coisa*. por exemplo, keats afirma que a ciência "corta as asas dos anjos" e "captura os duendes"; dawkins diz que o conhecimento científico é capaz de combater o misticismo. eles estão de acordo. keats diz que a ciência "domina os mistérios do mundo com réguas e linhas"; dawkins passa um capítulo inteiro literalmente explicando probabilidade matemática ao leitor, pra que ele compreenda que, por mais misteriosa e impressionante que uma coincidência possa parecer, ela não é tão rara nem tão especial assim. eles estão de acordo novamente. keats diz que a ciência "destece o arco-íris", e dawkins escreve um livro chamado *destecendo o arco-íris*, para detalhar de que forma a ciência faz exatamente isso: destece o arco-íris. os dois estão dizendo a mesma coisa. a diferença é o juízo de valor de cada um a respeito da mesma ideia: keats *lamenta* o fato de que a ciência corte as asas dos anjos, enquanto dawkins *comemora*.

 o que quero dizer é que keats não precisa ser convencido da validade e da veracidade da ciência. a figura que ele representa não é a de um crédulo nem de um negacionista. ele não escreveu um poema para afirmar que não acredita na ciência, nem que ela é falsa, nem que devemos todos desprezá-la. ele não escreve que, "apesar do que diz a ciência, as asas dos anjos continuam intactas", muito pelo contrário: admite abertamente que elas foram, de fato, cortadas.

keats sabe que a ciência destruiu o misticismo, que o novo conhecimento baniu os deuses, gnomos e criaturas mágicas da terra para sempre. você se lembra: o conhecimento é irremediável. não tem mais volta. ele sabe de tudo isso, e simplesmente *lamenta*, porque é um poeta, e tem todo o direito de lamentar.

    o que quero ressaltar é que existe uma diferença realmente enorme entre ser um tolo negacionista e simplesmente dizer "que pena que a mágica não pode mais existir!". é possível estar decepcionado e melancólico em relação a alguma coisa sem negar sua realidade. keats retrata a figura do ser humano amargurado por ter que admitir que a mágica que ele adorava tanto é uma ilusão. esse indivíduo desiludido que o poeta representa não precisa de uma palestra sobre como o misticismo é falso e infundado, nem de uma lição de probabilidade pra ser convencido de que todas as coincidências incríveis são perfeitamente explicáveis. ele já entendeu, aceitou e concordou com isso; está apenas lastimoso pela mágica que o mundo perdeu. o sermão não tem sentido nenhum, não ajuda em nada. mas dawkins, durante seu livro-resposta, se mostra um cientista objetivo e obstinado demais pra ser capaz de enxergar essa nuance tão importante.

    se você quer entender de forma clara o tamanho do contrassenso da resposta de dawkins diante do lamento de keats, volte seus olhos para a criança naquela mesma festa de aniversário, batendo palminhas extasiadas diante da pomba que o mágico no palco acabou de tirar da cartola. a criança não sabe explicar o que acabou de acontecer diante dos seus olhos, mas foi magnífico, e ela está experienciando o maravilhamento verdadeiro da mágica. uma mulher, então, se posta ao seu lado segurando a cartola do mágico e diz: "olha aqui, pequenino! a pomba estava escondida aqui dentro desse fundo falso o tempo todo, viu só? na verdade não tinha mágica nenhuma, era só um truque bem básico e fácil de explicar."

o menino examina a cartola, constata e entende que era de fato um truque, e, compreensivelmente, fica decepcionadíssimo e chora de desilusão. bem, ele vai superar mais cedo ou mais tarde, a desilusão faz parte da vida. mas, nesse momento, um homem chega e diz ao pequeno que pare de chorar, porque existe uma imensidão de outros truques de mágica que essa mulher aí pode explicar! não é maravilhoso que ela saiba provar categoricamente que tudo que você acha mágico é só um truque simples?

honestamente, você diria que a reação da criança ao homem será positiva? você diria que essa é uma resposta razoável diante da situação? você diria que o homem optou por uma abordagem convincente? é, eu também respondi não para as três perguntas. acho que ficou claro aqui que, nessa analogia, a criança representa a figura de uma humanidade inocente e sem conhecimento que crê na mágica; a mulher representa a ciência, que detém as respostas racionais para os mistérios fantásticos e os apresenta à humanidade; e o homem... bem, o homem é dawkins, que tem certeza de que a melhor maneira de convencer alguém que está ressentido com a ciência de que ela é maravilhosa é categorizando todos os outros mistérios que ela é capaz de destruir.

ponha-se no lugar de keats. imagine que você se senta diante da evidência científica, incapaz de refutá-la, e admite pra si mesmo que não existe maneira alguma de a ciência estar errada, e que os anjos de fato perderam as asas. no seu íntimo, por mais que se veja racionalmente obrigado a estar de acordo, o sentimento é de tristeza. admitir que estava iludido dói muito. você *gostava* de acreditar em anjos, daria tudo pra que os anjos pudessem ser reais, e pior: daria tudo pra poder voltar a acreditar que eles são reais, pra apagar todas as evidências contrárias da sua mente e viver feliz na sua ignorância inocente. mas não é mais possível. a capacidade de acreditar na mágica foi perdida.

é nesse momento que dawkins se senta do seu lado e diz "ei, anime-se! ainda existe muito mais no mundo que não tem magia nenhuma. sabe quando sonhamos com alguém que não vemos há muito tempo e no dia seguinte essa pessoa nos liga? pois é, você gostaria de crer que existe um significado oculto pra essa coincidência, né? então toma aqui um enorme e detalhado cálculo de probabilidade pra mostrar as chances de que a mesma coisa tenha acontecido com milhares de pessoas no mundo!". puxa. muito alentador. tenho certeza de que agora todos os desiludidos estão convencidos de como a ciência é maravilhosa.

se o intuito do cientista era mostrar ao poeta por que ele deveria comemorar a ciência ao invés de lamentar suas descobertas, estou certa de que ele utilizou a pior abordagem possível. até mesmo eu, ao ler *destecendo o arco-íris*, me peguei querendo tomar um pouco a defesa dos "crédulos e ingênuos", como coloca o autor. digo "até eu" porque sou o tipo de pessoa que é muito mais partidária do pensamento de dawkins que o contrário. sou uma mulher não religiosa e geralmente cética em relação a misticismos; alguém que abomina profundamente os charlatões, as pseudociências, os negacionistas e os coaches quânticos. posso até ser leiga em química e biologia (e realmente muito ruim em física e matemática), mas não nego seus princípios nem seus resultados. e *até eu*, mesmo concordando objetivamente com a essência do raciocínio de dawkins, fui obrigada a torcer o nariz pro livro.

veja bem, eu não coloco a ciência em questão, porque não vejo motivo e nem tenho cacife pra isso; portanto, nada tenho a dizer sobre o conteúdo científico do livro em si. é a premissa da obra que não tem sentido. além disso, o tom de dawkins, a maneira com que ele conduz seu raciocínio, me lembra por que é que tanta gente infelizmente associa os cientistas a uma imagem de pedantismo e não quer ouvi-los, por mais que eles tenham razão de forma objetiva.

eu não sei exatamente para quem dawkins imaginou que estava escrevendo esse livro, porque ele se exprime com uma assertividade arrogante demais pra alguém cujo suposto público-alvo são pessoas que precisam ser convencidas das virtudes da ciência. pode até ser que o livro seja brilhante de um ponto de vista científico, mas, minha nossa, quanta falta de tato. em um determinado momento de *destecendo o arco-íris*, dawkins conta uma anedota sobre uma ocasião em que tentou "gentilmente divertir" (nas suas próprias palavras) uma criança de seis anos durante o natal. eis a diversão: ele propôs à menina que imaginasse quanto tempo levaria para o papai noel descer por todas as chaminés do mundo, se a altura média de uma chaminé é de seis metros e existem aproximadamente cem milhões de casas no mundo com crianças. o objetivo, ele admite, era fazer a menina de seis anos perceber que havia algo de errado com a história do papai noel. "puxa", suspirei. "esse cara deve ser a alegria do churrasco de domingo."

digo que não entendo exatamente qual é o público que o cientista quer atingir porque acho que podemos todos concordar que não é uma ideia excelente desdenhar da perspectiva das pessoas que você quer convencer. um exemplo simples: dawkins escreve a respeito da sua frustração com o aumento da crença na astrologia, e fornece argumentos para contrapô-la. infiro, então, que talvez ele esteja tentando se dirigir às pessoas que creem na astrologia para alertá-las (porque as que já não creem de toda forma não precisam que um cientista lhes explique por que ela é falsa). bem, se é esse o objetivo, não estou muito certa da abordagem. dawkins diz coisas do tipo: "não entendo como é que as pessoas podem achar essa papinha sem sentido interessante quando existe a astronomia", e afirma com arrogância que as pessoas que leem astrologia pra se entreter "certamente têm um gosto muito diferente do [dele] quando se trata do que constitui entretenimento".

caramba, é a epítome da retórica. certamente agora todas as pessoas que creem na astrologia ficarão muito interessadas em ouvir esse senhor e em considerar seu ponto de vista.

o livro é cheio de muitos outros comentários prepotentes sobre os tais "crédulos e ingênuos". e depois o autor se pergunta por que é que tanta gente ainda cai na conversa de charlatões. meu humilde palpite é que os charlatões, infelizmente, são muito mais perspicazes e cuidadosos que dawkins com o uso das palavras.

é essa uma das características mais marcantes de *destecendo o arco-íris*, aos meus olhos: um tom de completo desdém da parte do autor pelas pessoas que não partilham da perspectiva dele. a impressão que tenho é que os únicos leitores ajustados ao livro são aqueles que já têm a mesma visão de mundo de dawkins, o que me parece muito contraintuitivo em relação à proposta apresentada na sinopse.

além do mais, nem mesmo os "crédulos e ingênuos" deveriam ser o público do livro, partindo da premissa do próprio autor. foi ele que decidiu fundamentar seu objetivo de escrita sobre os versos de keats. assim, em teoria, o público-alvo deveria ser o indivíduo que keats representa: aquele que não duvida da ciência, mas se ressente dela por diminuir a tal "poesia" do mundo.

aqui, acho que é o bom momento para dizer que o trecho do poema de john keats que comentei neste ensaio, a bem da verdade, é muito pequeno em relação à integralidade do escrito. "lamia", ao contrário de "à ciência", de edgar allan poe, não é um poema especificamente sobre a ciência, nem de longe. é um poema narrativo longuíssimo que tem uma trama envolvendo deuses gregos. "lamia" é um livro inteiro. a razão pela qual eu só comentei esse pequenino trecho é que... bem, é o único trecho do poema que dawkins menciona.

se você quer saber, o minúsculo extrato sobre o qual o cientista nomeia seu livro e fundamenta seu pensamento corresponde aos versos 229 a 238 do poema. sim, há mais de duzentos versos antes daquele famoso sobre o arco-íris, e outras centenas depois. nenhum deles fala sobre ciência. na verdade, nem os versos mencionados falam de ciência de maneira direta; keats menciona simplesmente uma "fria filosofia".

 suponho que o que mais pesou na escolha de dawkins por usar keats como referência não foi "lamia" em si, mas a anedota sobre o jantar em que o poeta teria feito a afirmação direta sobre isaac newton ter destruído a poesia do arco-íris. envolver o poema no assunto deve mesmo ter sido só pra usar o verso como título, porque de forma geral não vejo nenhuma outra relação com o conteúdo do livro.

 teria sido uma decisão muito mais acertada usar, para os mesmos fins, o poema de edgar allan poe, que pelo menos fala de forma aberta e direta sobre o tema em questão; mas talvez dawkins não tenha encontrado uma maneira de extrair um título impactante dos versos desse poeta, porque nem chega a citá-lo no livro. aqui, novamente, tratar-se-ia apenas de uma questão de juízo de valor sobre o mesmo fato. poe diz com amargura que a ciência expulsa as ninfas das florestas e das águas. dawkins concorda que ela faz isso mesmo. a única diferença é que ele está contente que esse seja o caso, porque não tem nenhuma paciência para ninfas.

 falta a dawkins a sensibilidade para compreender que não é preciso achar a ciência o máximo pra acreditar nela; e que nem todo mundo que acredita nela faz isso porque a acha o máximo. e eu não sei por que é que isso incomoda tanta gente. o fato de que alguém compreenda e admita que a ciência está objetivamente certa não é suficiente? é preciso mesmo que, além disso, todo mundo a *adore*?

 digo tudo isso porque, quando ouvi falar de *destecendo o ar-*

co-íris pela primeira vez, antes de lê-lo, gostei muito da premissa do livro. partilho da desilusão expressa por keats; também estou ciente de que os anjos não têm mais asas, mas isso também me causa pesar. "um livro que talvez me faça apreciar a perspectiva científica um pouco mais!", disse a mim mesma. estava enganada.

    nunca duvidei da ciência. jamais poderia ter duvidado, porque sua evidência sempre foi forte e onipresente demais. como é que eu poderia colocar em questão a exatidão do conjunto de conhecimentos que foi responsável por fundamentar, explicar e construir tantas coisas concretas, palpáveis e funcionais que utilizamos no nosso dia a dia? computadores e celulares não nascem em árvores, nem todo o resto da tecnologia bastante real à qual temos acesso. milhares de vidas são salvas todos os dias graças ao avanço da medicina. eu não conheço uma única crença na face desse planeta que possa ser *concretizada* de forma tão irrefutável. a gente vai dizer o quê? que os princípios da física são falsos? e aviões voam como? só através da nossa forte convicção?

    às vezes acho até muito interessante descobrir a ciência por trás de alguma coisa, e espero que as pessoas que têm essa vocação continuem perseguindo-a e fazendo as coisas avançarem. no entanto, apesar de não duvidar do saber científico, nem sempre eu *gosto* do fato de ele estar certo, e não vejo nenhum problema nisso, porque o saber científico não está nem aí pra minha aprovação. o fato de eu gostar ou desgostar não o torna menos certo. além do mais, meu desgosto é silencioso e eu não perturbo ninguém com ele.

    se você estiver se perguntando a razão desse meu desagrado, basta pensar no garotinho que acaba de descobrir que o incrível truque de mágica era... bem, um truque. é claro que a partir do momento em que vê o fundo falso da cartola com seus próprios olhos ele nunca mais será capaz de experimentar a mesma sensação de *mágica*, e acho que todo mundo concorda que é bem normal que ele não esteja necessariamente feliz com isso. e digo mais: acho que é bem normal que ele não ache que o fascínio de descobrir como o truque funciona se compare ao fascínio de assisti-lo sem saber que é um truque.

assim é a vida. os seres humanos são diferentes. alguns vão a um show de mágica ávidos por observar todos os números e tentar descobrir as técnicas engenhosas por trás de todos eles, porque acham esse conhecimento interessante e formidável. outros vão a um show de mágica pra tentar, mesmo que por alguns segundos, crer que o que está diante de seus olhos é mesmo... pasme: *mágica*. as pessoas não veem nem um show de mágica da mesma forma, imagine só o mundo! nem todos nós passamos por ele tremendo de prazer ao descobrir a solução prática para todos os mistérios ocultos, e eu não sei por que esse fato incomodaria alguém.

, , ,

no início deste ensaio, perguntei se a vida do mágico não parecia um pouco triste, porque ele nunca poderia experienciar o verdadeiro maravilhamento que sua mágica causa nos inocentes, por compreendê-la em demasia. a essa altura, você já deve ter entendido que, se eu tivesse que responder a essa pergunta, diria que sim. acho esse um dos paradoxos mais melancólicos que existem: a pessoa para quem a mágica é menos mágica de todas é aquela que a performa. mas essa sou apenas eu. é claro que, ao mesmo tempo, entendo que existem indivíduos a quem o conhecimento por trás do truque fascina profundamente, e que eles estão muito felizes de aprender os segredos do ilusionismo e desenvolver as habilidades necessárias pra performar. assim é. as pessoas são diferentes, e esse fato não me incita desconforto algum.

preciso dizer, no entanto, que estou completamente de acordo com o incômodo de dawkins com os negacionistas, os charlatões e os crédulos perversos. como o cientista, eu também abomino gente que coloca seus semelhantes em risco quando decide ignorar ou incitar os outros a ignorarem as evidências científicas; também me enfurece o fato de que seja tão comum utilizar uma crença como escudo pra discriminar, humilhar ou agredir; também desprezo os seres humanos capazes de tirar proveito da credulidade e inocência das pessoas para benefício próprio. sobre isso, sou categórica, e não gostaria que existisse nenhuma sombra de dúvida a respeito do meu posicionamento: desaprovo profundamente qualquer comportamento, justificado por qualquer crença, que interfira de maneira negativa na vida de outrem.

dito isso, gostaria de acrescentar que não me importo nem um pouco com qualquer comportamento, justificado por qualquer crença, que não interfira na vida de ninguém. afinal de contas, o que é que eu tenho a ver com isso? o que é que qualquer um de nós tem a ver com isso? cada um sabe qual é a crença que lhe conforta, e não é nem um pouco surpreendente que os seres humanos queiram procurar uma.

o próprio dawkins descreve, em *destecendo o arco-íris*, um experimento conduzido pelo psicólogo b. f. skinner, que acabou provando que até pombos desenvolvem comportamentos ditos "supersticiosos" em determinadas situações. é claro, alguém pode argumentar que nós não somos pombos, mas seres sofisticados; que a superstição já é uma conduta inadequada pra nós, e que já deveríamos ter superado esse tipo de instinto primitivo. pode até ser, mas quer saber de uma coisa? a realidade objetiva, essa da qual dawkins gosta tanto, é que claramente não superamos. muitos de nós ainda precisam do conforto encontrado no fantástico, no fabuloso, na mágica. àqueles a quem esse fato incomoda, resta apenas lamentar

– com a consciência de que seu lamento não vai acabar com a superstição, do mesmo modo que os lamentos de keats e poe não vão frear o avanço da ciência. assim é.

    eu sei que as grandes coincidências impressionantes que acontecem na minha vida, de acordo com os cálculos de probabilidade, são só isso: coincidências. eu já entendi, muito obrigada. mas estaria mentindo se dissesse que essa ideia me agrada. eu gostaria muito de ser capaz de acreditar que, quando sonho com alguém que não vejo há muito tempo e essa pessoa me liga no dia seguinte, há um motivo especial pra essa ocorrência. faço um esforço descomunal pra acreditar nisso, como a pessoa que se esforça pra escutar só batidas desconexas na mesa depois que o título da canção já foi revelado. não é possível, eu sei; a canção está sempre lá, mas eu acho que vale o esforço. gosto de pensar que existe uma razão misteriosa e indecifrável pra essa ligação telefônica coincidente, que por trás dela se esconde um pouco de mágica, um pouco de poesia, porque a mágica e a poesia confortam a alma, e eu não acho que seja vergonhoso precisar de conforto.

    sim, sou uma mulher adulta e plenamente consciente de que grande parte dos mistérios que envolvem o mundo foram solucionados, e que o conhecimento que a humanidade possui graças ao desenvolvimento da ciência é inestimável. sou uma mulher adulta e completamente incrédula e cética face a religiões, doutrinas, profetas e escrituras sagradas de qualquer ordem que seja. e sou também uma mulher adulta que se empenha de maneira consciente para, apesar de tudo isso, atribuir mágica àquelas coisas do meu cotidiano que "não são mágica, são ciência". na minha vida pessoal e sem fazer mal a ninguém, admito que obrigo a ciência a se calar às vezes. "você só pode ir até aqui", eu digo a ela, mesmo consciente de que, na realidade, ela já foi muito mais longe. eu não quero saber. "a partir daqui, na minha realidade, tudo é mágica."

quando falo de mágica nesse contexto silencioso que se desenrola dentro da minha mente, não falo de curas inexplicáveis, nem de feitiços, nem de deuses, ninfas ou duendes, nem de telecinese, nem de pães que se multiplicam, nem de superpoderes, nem de fenômenos paranormais. falo da pequena e discreta mágica da vida de todos os dias, sempre presente, ainda que silenciosa. a vida já é, em si, uma experiência suficientemente dura e desprovida de propósito intrínseco. sem a crença na magia, o que me restaria?

quando chove e faz sol ao mesmo tempo, surge no céu um arco multicolorido, e isso é mágico. as árvores ficam completamente secas no inverno e seria possível presumi-las mortas; mas as folhas que caíram nascem todas novamente quando a primavera chega, e isso é mágico. às vezes sonhamos com alguém com quem não falamos há muito tempo e essa pessoa nos liga pouco depois, e isso é mágico. uma mulher gesta uma criança dentro do seu ventre e a traz ao mundo, e isso é mágico. em algum momento da história, unimos sons e conceitos para criar palavras capazes de explicar a realidade ao nosso redor e a realidade dentro do nosso coração, e se isso não é absolutamente mágico, eu não sei o que é.

nesses momentos de magia silenciosa, se abstenha de me fornecer a sua explicação baseada na religião, na física, na biologia, na filosofia, na linguística, na lógica ou na razão. não quero saber absolutamente nada sobre prismas e dispersão de luz, sobre clorofila e ciclo de vida das folhas, sobre desenvolvimento embrionário ou sobre teorias de aparecimento da linguagem, e quero menos ainda saber o que o seu filósofo preferido ou seu livro profético têm a dizer sobre qualquer um desses assuntos. não quero saber de nada disso agora. amanhã prometo que faço uma pesquisa, mas agora tenho um arco-íris diante dos meus olhos; por favor, não tente explicá-lo pra mim. o arco-íris existe porque a vida é bonita e profundamente mágica, e eu preciso que seja assim por alguns minutos.

a vida já é, em si, uma
experiência suficientemente
dura e desprovida
de propósito intrínseco.
sem a crença na magia,
o que me restaria ?

larinha

a bem da verdade, sempre vi muito de mim mesma no soneto de poe. li "à ciência" pela primeira vez quando tinha mais ou menos vinte anos, e lembro perfeitamente da explosão extática e dolorida dentro do meu peito ao chegar aos últimos versos. acho que a maioria de nós conhece a sensação de escutar uma música no rádio e suspeitar que o compositor está nos espionando, porque de alguma forma nos compreende intimamente. foi um pouco assim que me senti diante dos versos de poe. neles, o eu-lírico se dirige diretamente à ciência e pergunta a ela como é que o poeta poderia amá-la ou achá-la sábia se ela não permite que ele continue vagando pelo céu adornado de joias em busca de um tesouro. dawkins poderia dizer que a ciência abre possibilidades pra encontrar vários tesouros no céu, mas ele diria isso porque a sua concepção de *tesouro* é completamente diferente da de poe e da minha. a ciência nos possibilita encontrar vários tesouros no céu, sim; só não os tesouros mágicos que busca o poeta. esses estão perdidos pra sempre, junto com o pote de ouro no final do arco-íris.

poe conclui seu poema afirmando, com tristeza, que a ciência roubou dele o sonho de verão sob o pé de tamarindo, e eu sorri com olhos marejados diante desse verso. sinto muitíssimo por esse que é considerado por dawkins um pecado tão grave, mas não tenho olhos de cientista; tenho olhos de poeta. embora eu me faça várias perguntas de toda sorte diante das estrelas, no fundo pouco me interessa a sua idade. o que eu quero é *ouvi-las*.

é por isso que, a despeito de dawkins, eu queria propor que tecêssemos o arco-íris de volta se essa for nossa vontade, só um pouquinho. só o suficiente pra poder olhá-lo de novo com uma pequena fração do pasmo de antes. só o bastante pra que esse pasmo conforte ligeiramente a nossa alma, se assim acharmos necessário. se você por acaso for uma pessoa a quem a admiração diante da pomba que sai da cartola interessa mais que a curiosidade de descobrir que ela fica confinada num fundo falso, tire seu tear do armário. em silêncio, teça um arco-íris e contemple-o. sem incomodar ninguém, poste-se diante dele e permita-se esquecer por um breve momento de todas as rígidas leis que governam o nosso universo. creia por dois minutos num mundo onde os duendes ainda se banham de sol sobre a relva verde, e os anjos agitam calmamente suas asas.

"um dia", escreveu keats, "houve um admirável arco-íris no céu"; e haverá sempre um admirável arco-íris no céu da sua realidade se você quiser que haja.

*Paixão é a grossa artéria jorrando volúpia e ilusão,
é a boca que pronuncia o mundo, púrpura sobre
a tua camada de emoções, escarlate sobre a tua vida,
paixão é esse aberto do teu peito e também teu deserto.*

Hilda Hilst

assim germina o fascínio

às vezes eu tomo decisões financeiras um tanto desajuizadas; faz parte da vida. em minha defesa, sou comedida e metódica com o meu dinheirinho na maior parte do tempo, sempre refletindo longamente – às vezes sem pressa até demais – antes de fazer qualquer gasto. porém, para tudo nessa vida é preciso um contraponto. eu preciso de alguns momentos de desatino financeiro pra continuar sã; é uma condição fundamental para o meu equilíbrio. não que eu esteja afirmando categoricamente que ser mão de vaca noventa e sete por cento do tempo e depois fazer enormes gastos inconsequentes nos outros três seja uma maneira exemplar de levar uma vida financeira ótima e equilibrada, nem que você deva fazer a mesma coisa; estou apenas afirmando categoricamente que é assim que eu levo a minha, e que digo a mim mesma que ela é ótima e equilibrada, e que faço isso em prol da minha própria alegria, e que continuarei a fazê-lo sem nenhum escrúpulo. francamente, não preciso ser honesta e objetiva comigo o tempo todo. a ignorância é uma bênção e eu abençoo a mim mesma com muita frequência, obrigada.

uma vez, três meses depois de me mudar para a frança, eu recebi uma notificação do meu aplicativo de monitoramento de shows me dizendo que um dos meus artistas favoritos ia fazer um show em paris. veja bem, eu me mudei para a *frança*, não para *paris*. eu morava a duzentos e quarenta quilômetros de paris. se eu quisesse ir ao show, teria que comprar o ingresso, as passagens de trem, arrumar um lugar pra dormir e pagar minhas refeições. não sei se você leu com atenção, mas algumas frases atrás eu disse que fazia três meses que eu tinha me mudado do brasil. se você não entendeu a implicação desse fato, vou clarificar: eu não tinha um centavo no bolso. minha situação financeira de imigrante recém-chegada ainda era completamente instável e, apesar de realmente querer *muito* ver o show, eu definitivamente não podia me permitir arcar com todos esses custos.

diante disso, tive que tomar a única decisão que considerei sensata naquele momento: comprar o ingresso e as passagens de trem, reservar a hospedagem e declarar as consequências dos meus atos um problema para a eu da semana que vem.

na noite anterior ao show, ansiosa, demorei horrores pra pegar no sono. ainda assim, tive que acordar às quatro e meia da manhã pra pegar o trem das cinco e meia – porque era o mais barato – e passei o resto da manhã imprestável, semiacordada dentro do metrô. cheguei ao quarto que aluguei e obviamente não consegui dormir depois do almoço, já que havia reservado um quarto de hostel compartilhado com sete pessoas – porque era mais barato – e pelo menos uma delas estava sempre fazendo barulho bem ao lado da minha cama. esse fato é até compreensível, visto que ninguém é obrigado a fazer silêncio absoluto às duas da tarde, mas eu não estava num dia muito compreensivo da minha vida. passei o resto do tempo antes do show num humor funesto. felizmente estava sozinha, porque teria sido uma companhia abominável.

à noite, fui caminhando derrotada para o local do evento, num profundo estado de arrependimento de todas as decisões que já havia tomado na minha vida inteira, muito característico daqueles que estão enfrentando um momento de severa privação de sono. o show levou uma hora e meia pra começar, o que era normal, já que eu tinha chegado uma hora e meia antes do horário previsto pro início, mas eu não estava num bom dia pra encarar as coisas com racionalidade. estava nervosa, estafada e com dor de cabeça. já nem tinha mais tanta certeza de *querer* assistir a esse show de qualquer forma, só queria me transportar magicamente para a minha cama – a minha cama de verdade, e não aquela num quarto que eu teria que dividir com sete estranhos mais tarde. mas já estava ali. não tinha mais jeito.

no horário previsto, após o show de abertura (que eu honestamente nem me lembro de ter assistido, porque devia estar no meio de uma projeção astral em razão do sono no momento), o artista que eu tinha ido ver subiu ao palco. subiu dando pulinhos de excitação, com um sorriso que parecia medir dois metros. disse, com uma voz um pouco trêmula, que aquela era a primeira vez que ele tocava na frança, e que não esperava ver a casa cheia daquele jeito, e que era incrível que toda aquela gente tivesse se reunido ali, num país tão distante da sua casa, só pra vê-lo. pediu ajuda da plateia pra pronunciar "paris" em francês; pronunciou com seu sotaque inequivocamente estadunidense, e a multidão foi à loucura. afirmou de novo o quanto aquilo era inacreditável e o quanto ele estava verdadeiramente feliz, e então começou a tocar uma das minhas músicas favoritas. uma enorme descarga de qualquer que seja o hormônio de nome impronunciável que faz a vida parecer um filme ou um sonho foi liberada pelo meu cérebro.

foi só lá pela quinta ou sexta música que me lembrei que, antes do início do show, eu estava mal-humorada e morta de sono. ali, assistindo aquele homem no palco, me encontrava num estado de êxtase tão profundo que a própria ideia de já ter tido sono um dia me parecia absurda. ele dançava desajeitado e dava seus pulinhos vivazes pra lá e pra cá, parando várias vezes entre uma canção e outra pra repetir o quanto estava grato e feliz; então cantava mais uma música, e eu tinha a impressão de poder ouvir o sorriso de dois metros (que ele não tirava do rosto) na sua voz. atenta, contemplando-o embevecido no próprio entusiasmo, uma única observação me atravessava a alma, clara e nítida: "minha nossa, esse homem é desmesuradamente *apaixonado* pelo que faz."

o músico no palco conduzia a plateia ao completo delírio com uma naturalidade desconcertante. pulávamos todos de um lado pro outro ao menor sinal da sua guitarra e sua voz. com o perdão do clichê da metáfora, mas eu me sentia realmente numa panela onde se estoura pipoca, sufocada e extática. é claro que eu não sei se a pipoca dentro da panela se sente de fato extática, mas imagino que se transformar em pipoca deva ser uma experiência no mínimo assombrosa e entusiasmante para o milho.

diante daquele homem, suada e febril de admiração, meu cérebro alternava entre dois desejos muito distintos: o primeiro era o de estar exatamente ali onde estava, na plateia, vivendo a experiência de espectadora de um show inesquecível; o segundo era o de estar no lugar do músico, em cima do palco com minha guitarra, carregando a multidão ensandecida de um lado pro outro ao menor movimento do meu corpo.

desejozinho bizarro, esse segundo aí.

nunca tive vocação pra rockstar. aliás, nunca tive vocação musical nenhuma. no início da minha pré-adolescência aprendi uma dúzia de acordes e dois ritmos diferentes no violão. e só. foi o suficiente para os meus pais terem certeza de que eu era um prodígio e insistirem pra eu tocar a mesma sequência de quatro acordes (dó, sol, lá menor, fá), que funciona pra aproximadamente todas as músicas do planeta terra, na frente das visitas. eu obviamente recusava até meu último fio de cabelo até mesmo a ideia de estar perto de um violão quando havia visitas em casa e detestava quando meus pais diziam que eu "tocava tão bonitinho", como boa pré-adolescente rebelde que era.

por tudo isso, tive um pouco de dificuldade de compreender esse súbito desejo. eu sempre tive muita consciência da minha própria inabilidade musical, e a mera ideia de estar em cima de um palco diante de uma multidão me apavorava. racionalmente, estar no lugar daquele músico à minha frente deveria ser, para mim, um pensamento muito mais aterrorizante que sedutor. ainda assim, naquela noite, ele me seduzia. por alguma razão bizarra, não existia quase nada que eu desejasse mais naquele preciso instante do que estar no lugar daquele homem. no entanto, visto que essa vontade estranha era concretamente impossível naquele momento de qualquer maneira, decidi só me permitir pular, gritar, suar e me descabelar completamente até o último minuto do show. e foi precisamente o que fiz.

quando, depois do bis, o artista acenou seu adeus à plateia e as luzes finalmente se acenderam, achei difícil sair do transe. todo mundo foi embora se empurrando pra conseguir chegar primeiro na fila do banheiro, porque estávamos todos segurando o xixi havia mais de duas horas; mas eu havia momentaneamente esquecido do fato de que era proprietária de uma bexiga cheia. fiquei olhando pro palco por um ou dois minutos, imóvel e em silêncio, exausta, rouca, suada e descabelada. tinha aquela sensação peculiar de acordar de uma soneca (que deveria ter durado trinta minutos) quatro horas depois – os lençóis úmidos de suor, a boca seca, já é noite lá fora e você não tem ideia de que horas são, de que dia é hoje nem de em que planeta estamos.

ainda um pouco aturdida pela experiência, voltei pro quarto de hostel que dividiria com sete outros estranhos naquela noite e dormi como uma pedra até as 13h do dia seguinte, sem me importar nem um pouco com a existência dos referidos sete outros estranhos. só acordei porque a moça da recepção veio me chamar pra dizer que o horário do checkout era às 11h, e que eu *realmente* precisava ir embora naquele momento.

no trem de volta para a minha cidade, pensei no sonho repetido que tive a noite toda: eu mesma em cima de um palco com minha guitarra, a multidão saltando enlouquecida ao menor movimento dos meus dedos nas cordas. agora, recuperada do momento de arroubo da noite anterior, conseguia pensar objetivamente sobre essa visão, e de fato ela me parecia muito mais aterrorizante que sedutora. me questionei assim mesmo se no fundo eu tinha esse desejo obscuro de ser uma estrela do rock, se deveria começar a fazer aulas de guitarra e compor canções. essa ideia, porém, não me parecia nada atraente. então por que, menos de vinte e quatro horas antes, tive a sensação de querer tudo isso mais que qualquer outra coisa no mundo?

essa pergunta me acompanhou pelas semanas seguintes, no pano de fundo da minha mente. às vezes, quando não estava desempenhando uma atividade que exigia uma grande carga de concentração, ela me tomava de assalto. estava escovando os dentes, comendo, tomando banho ou olhando pela janela do trem, quando subitamente percebia que havia passado os quinze últimos minutos ruminando o significado do meu súbito e tão fugaz desejo de estar em cima de um palco.

quando dei por mim, essa ruminação já havia enveredado por rotas muitíssimo inesperadas, e eu almoçava sozinha todos os dias olhando fixamente pra parede e me perguntando coisas como "de onde vêm as vontades?", "qual é a força que nos conduz do simples desejo à ação para concretizá-lo?" e "quando vou aprender a não comprar mais essa salada de cenoura que tem um gosto pútrido só por ela ser a mais barata do mercado?".

longe de mim afirmar que eu teria o cacife intelectual para responder qualquer uma dessas perguntas. inclusive, até hoje tenho que me segurar pra não comprar a salada de cenoura asquerosa quando a vejo no mercado. ela já vem *pronta* e é tão *baratinha*...!

no entanto, estaria mentindo se negasse que já gastei muita cabeça tentando entender essa patacoada toda. não consegui, é claro, mas já gastei muita cabeça tentando, e minha mãe sempre disse que o importante mesmo é tentar. e já que estamos tendo essa conversa de qualquer forma, eu vou aproveitar pra contar todos os desdobramentos insólitos que essa questão já teve dentro da minha cabeça. aliás, "todos", não. todos é coisa demais pra tentar transmutar em palavras escritas a partir do caos da minha mente, e eu já falei que acho escrever muito difícil; então eu vou aproveitar pra contar *alguns* desdobramentos insólitos, e você vai ter que se dar por satisfeito.

, , ,

essa informação pode ser uma surpresa para o leitor desavisado, mas, por formação, eu sou professora. é, eu sei, você jamais teria imaginado, mas não importa. o fato relevante aqui é que, quando estava cursando minha licenciatura em letras, tive um ano de uma disciplina chamada psicologia da educação, em que basicamente estudamos de forma rápida os principais métodos e abordagens da psicologia e relacionamos esses conhecimentos ao processo de aprendizagem e ensino.

na segunda metade do primeiro semestre da disciplina, depois de muito papo sobre as teorias comportamentalistas, ratos, pavlov e estratégias para treinar nossos futuros alunos como se treinam cachorros, chegamos ao momento de começar os estudos sobre a psicanálise. abri o primeiro texto do freud que fui obrigada a ler naquele curso com uma cara feia. eu tinha uma birra com o freud que já durava alguns anos, desde que tinha sido sujeitada ao calvário de cursar uma disciplina chamada psicologia organizacional na minha graduação anterior, em relações públicas.

o professor de psicologia organizacional, que era um homem de meia-idade hirsuto que me lembrava estranhamente um ursinho de pelúcia, parecia estar muito obcecado pela ideia de enfatizar a cada dois minutos que, "segundo freud", o pênis é o centro da sociedade. lembro-me claramente de uma aula em que ele passou meia hora num solilóquio no qual comparava todos os objetos ligeiramente longos e retos imagináveis a um pênis. lápis? pênis. prédio? clara referência a um enorme pênis. fósforo? pênis em chamas. banana? só não vê quem não quer. ele gostava muito de enfatizar também que, ainda "segundo freud", a mulher tem muita, muita inveja do pênis do homem, e é por isso que a sociedade é como é.

se freud realmente tinha escrito isso em algum lugar ou não, pouco me importava. admito abertamente que nunca me dei ao trabalho de procurar a verdade; eu tinha dezessete anos e, naquele momento, o simples fato de o meu insuportável professor ser um grande fã de freud bastava para eu detestar o autor. do alto da minha rebeldia adolescente, me recusei a ler todos os textos do austríaco barbudo que eram exigidos pela disciplina. na hora da prova, foi só escrever qualquer baboseira sobre pênis e pronto. passei com nota máxima e não aprendi absolutamente nada sobre psicologia organizacional de fato. a vida universitária às vezes tem dessas coisas.

é por isso que, anos mais tarde, numa graduação completamente diferente, quando fui novamente confrontada com a obrigação de ler freud, não fiquei muito entusiasmada. as coisas que detestamos permanecem conosco com uma força quase comparável àquela das coisas que amamos; as coisas que se esvaem, em geral, são as coisas neutras, indiferentes, sem partido, sem história, sem memória. mas eu não tinha mais dezessete anos, e dessa vez a professora era uma mulher inteligente e divertida por quem eu tinha um grande apreço; e ela era psicanalista. decidi dar uma chance à psicanálise. li os textos e, para minha surpresa, não foi tão ruim quanto eu imaginava. freud não é santo, mas também não fala *só* abobrinha (embora, a meu ver, fale bastante abobrinha mesmo). talvez fosse sorte ou coincidência, mas nenhum dos textos exigidos pela disciplina falava de pênis. talvez o pênis afinal não seja um assunto muito pertinente no universo da educação, o que, se você quer saber minha opinião, faz perfeito sentido.

nesse momento você deve estar se perguntando por que é que essa história toda importa, e o que é que isso tudo tem a ver com o que quer que seja. veja bem: ler este livro é também um exercício de confiança e paciência, como conversar comigo sempre foi. sim, eu me enveredo excessivamente por muitos caminhos esquisitos quando estou tentando explicar alguma coisa, mas sempre acabamos chegando lá. quer dizer, na maioria das vezes. às vezes também acontece de eu perder completamente o fio da meada e não conseguir jamais chegar à conclusão que uniria todos os elementos aparentemente desconexos da história, mas não vai acontecer aqui. eu acho.

na verdade, eu contei tudo isso porque foi nas aulas sobre freud que tive na graduação em letras que começamos uma discussão que permaneceria viva na minha mente por muitos anos, e que foi a base pra começar a refletir sobre o assunto deste ensaio.

as coisas que detestamos
permanecem conosco
com uma força quase
comparável àquela das
coisas que amamos.

larinha

porém, pra chegar lá, tem uma outra história que eu preciso contar, e é justamente a história de como é que eu fui parar naquela sala de aula, numa licenciatura em letras.

no primeiro ano do meu ensino médio, quando eu era apenas uma garotinha magrela de quatorze anos recém-completados, miopia recém-descoberta e aparelho dentário recém-colocado, tive uma professora de literatura chamada eugênia. eugênia era uma mulher pequenininha, de cabelos bem curtos, traços delicados, lábios finos e olhos claros. apesar da aparência meiga e quase frágil, ela tinha uma firmeza e uma assertividade extraordinárias. era vivaz, eloquente, confiante e precisa; sabia exatamente o que ia dizer, e dizia tudo com enorme clareza e veemência. ao final da nossa primeira aula, lembro perfeitamente da sensação de nunca ter tido uma professora como ela na vida – e tinha razão.

eugênia tinha um *je ne sais quoi* que me desconcertava. para mim, era absolutamente impossível tirar os olhos dela. atentos, eles acompanhavam seus pequenos passinhos apressados de um lado pro outro enquanto ela falava de poesia e analisava *a ópera do malandro* de chico buarque. ela tinha esse dom de fazer todas as coisas parecerem as mais interessantes do mundo. cinquenta minutos passavam tão rápido que parecia quase antinatural, e o fim de uma aula sua era o único momento em que o som do sino da escola me deixava verdadeiramente triste. eu esperava ansiosa pelos nossos encontros e, quando algum colega menos interessado começava a tagarelar no fundo da sala, era a primeira a gritar *shhhhhh!!!* com uma cara bem zangada, mesmo que não fizesse isso pra nenhum outro professor.

anos depois, sentada na cadeira do meu computador enquanto preenchia o formulário de transferência da faculdade de relações públicas para a de letras, era em eugênia que eu pensava. queria seguir a chama que ela tinha despertado em mim aos quatorze anos, aprender mais a respeito de todas aquelas coisas que ela dominava e sobre as quais falava com tanta intensidade e fulgor.

mais um par de anos depois, já aluna de letras, sentada no meu quarto lendo o primeiro texto sobre psicanálise da disciplina de psicologia da educação, também era nela que eu pensava.

era um texto em que um pesquisador aplicava o conceito freudiano de *transferência* ao processo pedagógico. entre outras coisas, falava sobre a tendência do aluno de projetar na imagem do professor sentimentos muito ambivalentes de simpatia e antipatia, amor e ódio, censura e respeito, carinho e hostilidade. é claro que, como estamos falando de freud, essas projeções teriam a ver com sentimentos originalmente dirigidos aos nossos pais, que os professores acabariam assumindo numa espécie de "herança sentimental": sou carinhosa com minha mãe e projeto minha mãe na professora, logo vou ser carinhosa com a professora.

freud acha muito difícil acreditar que podemos ter um determinado sentimento por alguém sem utilizar como régua os nossos pais. achamos o professor de psicologia organizacional um saco? é porque na verdade estamos projetando nosso pai nele, e achamos o nosso pai um saco.

durante as aulas, tentei argumentar algumas vezes que, hipoteticamente, podemos ter sentimentos fortes e profundos de aversão ao professor de psicologia organizacional porque ele é só um babaca que desperdiça o tempo da classe falando abobrinha sobre pênis em vez de ensinar a matéria que estamos lá pra aprender, por exemplo. só dizendo. mas minha teoria não foi muito bem aceita. nananinanão, nada disso, essa era uma lógica simplista, direta e objetiva demais para a psicanálise. *tem que ter* alguma coisa profunda, subjetiva e simbólica por trás dessa repulsa. com certeza tinha a ver com o nosso pai mesmo.

vai entender.

o fato é que, mais adiante no texto, o pesquisador passa algumas páginas defendendo que uma das chaves do sucesso dessa relação docente-discente é que o professor esteja ciente do processo de transferência que descrevi no parágrafo anterior e não tente impedi-lo, mas facilitá-lo. são apresentadas algumas estratégias de como reconhecer esse fenômeno e lidar com ele. depois, o autor começa a discutir a importância da figura do professor e o impacto profundo que ela pode ter na nossa vida – sob a ótica da psicanálise, é claro. ele fala de professores que o próprio freud teve, ou então menciona histórias de outras pessoas famosas que já falaram publicamente a respeito de seus professores e do forte e duradouro impacto que eles tiveram em suas vidas.

lendo tudo isso, não podia me impedir de pensar na minha experiência pessoal; afinal de contas, eu também fazia parte desse grupo de pessoas que tinham sido intimamente marcadas e influenciadas por uma figura professoral. pensava em eugênia e em como eu sentia que ter sido sua aluna era uma das principais razões pelas quais eu tinha tomado a grande e importantíssima decisão de me levantar todos os dias às cinco da manhã... pra ir à faculdade... estudar letras e ensino... durante quatro anos... pra me tornar professora no final. você tem que concordar comigo, é uma baita decisãozona. o sujeito tem que estar muito confiante na sua própria sanidade mental pra tomá-la; mesmo que essa autopercepção de sanidade seja completamente falsa, como é o caso com bastante frequência. somos quase todos meio malucos de alguma forma na licenciatura em letras. é um pré-requisito tácito da formação.

apesar do impacto visivelmente profundo de eugênia em minha vida, o que nos tornaria candidatas perfeitas para um estudo de caso em psicanálise da educação, a teoria em questão não parecia (de forma nenhuma. mesmo. sério!) se encaixar na minha própria vivência. por mais que me esforçasse pra analisar a situação sob todos os ângulos, não conseguia encontrar um único traço da transferência descrita por freud no vínculo que tive com essa professora tão querida na minha adolescência. quanto mais tentava encaixar as bases teóricas na minha realidade, menos sentido a tese freudiana fazia.

aqui, antes que o leitor fã ferrenho de psicanálise decida que já cansou da minha presunção e interpretação rasa dos escritos do austríaco, preciso clarificar meu argumento. veja bem: eu não estou dizendo que essa é uma teoria completamente descabida e impossível de aplicar. tenho certeza de que ela já foi estudada, testada, constatada e deve funcionar muito bem em algum contexto. caso contrário, não existiriam pesquisadores – muito mais sérios e reputados que eu, que não sou nem pesquisadora, nem reputada, nem séria – dedicando sua carreira a dissecar esse conceito. o que estou tentando dizer é simplesmente que ela não é absoluta e não pode, como é sempre o caso quando se trata de uma *teoria*, explicar *tudo*.

sempre existe alguma coisa que escapa ao escopo de uma teoria, um caso que desafia suas bases e fundamentos. assim éramos eugênia e eu: o terror da psicanálise, o pesadelo de sigmund freud, *o caso que escapa*. sim, se você estiver se perguntando, é óbvio que eu estou exagerando pelo efeito dramático. eu sou só escritora, não pesquisadora; nessas páginas (ainda bem!) o drama não somente é permitido, mas também altamente encorajado. essa é uma pequena vantagem da minha escolha de carreira – e só deus sabe o quanto as vantagens são raras nessa carreira, então tento me gabar e tirar o máximo de proveito que puder delas.

de qualquer forma, eu estava completamente absorta no mistério e obstinada pela ideia de encontrar uma explicação teórica pra minha experiência pessoal. devia haver *alguma outra* teoria que a clarificasse. porque, eu não sei se você sabe, mas teorias diferentes pra explicar *exatamente a mesma coisa* existem às toneladas em todas as áreas do conhecimento. esta é uma coisa na qual os teóricos são inegavelmente excelentes: discordar uns dos outros.

infelizmente, no entanto, não tive a oportunidade de me familiarizar com todas as teorias já criadas dentro do campo da psicologia da educação, visto que o tempo em sala de classe era bastante limitado: um módulo da disciplina dura apenas seis meses, afinal de contas. de qualquer forma, entre as ideias que me foram apresentadas em um ano de curso, nada encontrei que pudesse de fato me fornecer a explicação que buscava. tudo que lia e aprendia era muito interessante, mas tinha sempre alguma coisa que *faltava*. a teoria desses autores famosos e aclamados que haviam dedicado décadas inteiras de sua vida à experimentação e pesquisa não estava *completa*. não... faltava uma teoria verdadeiramente *plena*, que somente eu, uma menina de então vinte anos, completamente leiga, sem nenhum treinamento formal ou experiência, mas com muitíssima altivez e convicção, poderia formular.

até parece.

sabe, talvez eu pudesse ter me tornado uma boa pesquisadora se não fosse tão preguiçosa e propensa a floreios literários, dramalhões e ironias que não têm lugar num trabalho acadêmico, como indicavam todos os meus professores durante a correção dos meus artigos e teses. ou talvez seja só o fato de que, frequentemente, as restrições dos gêneros acadêmicos acabem os tornando muito chatos de ler (e mais chatos ainda de escrever!), o que é uma pena. na maior parte das vezes as ideias contidas nesses textos são interessantíssimas, mas lê-los nem sempre é prazeroso. de qualquer forma, fica aqui registrada a minha admiração aos pesquisadores e pesquisadoras, porque de fato não é uma carreira fácil em muitos, muitos sentidos.

teorias diferentes pra explicar *a mesma coisa* existem em todas as áreas do conhecimento. esta é uma coisa na qual os teóricos são excelentes: discordar uns dos outros.

larinha

agora, em relação à minha situação pessoal, felizmente não me tornei pesquisadora de nada, no final das contas. assim, posso utilizar meu privilegiado status de pessoa completamente leiga, sem nenhum treinamento formal ou experiência, mas com muitíssima altivez e convicção, pra publicar o que eu quiser, com todos os floreios literários, dramalhões e ironias a que tiver direito. a minha vida é linda longe da academia, caro leitor. lindíssima.

floreios à parte, ocorre que passei aquele ano muitíssimo dedicada às minhas divagações a respeito da razão pela qual aquela experiência como aluna de eugênia havia me marcado tão profundamente. comecei pelo fato mais óbvio: ela era professora de uma matéria pela qual eu me interessei a vida toda. português, literatura e redação são minhas matérias preferidas desde que me entendo por gente, *literalmente* (vide o segundo ensaio deste livro). então, é claro que estava mais propensa a me interessar por alguém falando de literatura do que por alguém falando de matemática, por exemplo, matéria que nunca entendi e sempre detestei. mas foi justamente quando tropecei nesse pensamento que me dei conta de um pequeno problema com a minha lógica: eu também passei por um período de súbito e aparentemente inexplicável interesse pela matemática.

ops.

no ensino médio eu tive um professor de matemática que quase se contorcia de gozo diante da classe ao resolver equações complicadas. ele tinha um brilho peculiar nos olhos quando falava de estatística ou logaritmos e uma excitação quase infantil diante da possibilidade de desenhar um gráfico no quadro. que fique claro, no entanto, que isso não significa que ele era um *bom professor*. não era um homem particularmente carismático ou eloquente. na verdade, eu não entendia quase nada do que ele dizia, porque ele estava muito mais interessado em resolver as equações do que em explicar de maneira clara como resolvê-las. ainda assim, admito que ele tinha alguma coisa intrinsecamente *magnética*. eu não deixava de prestar atenção nele nem por um segundo. ele dava um pulinho pro lado pra desenvolver um cálculo na próxima coluna do quadro e eu o seguia com olhos atentos, ávida pela compreensão daqueles números que visivelmente lhe causavam um prazer tão profundo.

eu podia até não entender quase nada do que ele dizia, mas tinha uma intensa *vontade* de entender. ouvia atentamente as suas explicações meio capengas e desconexas e tentava de verdade tomar nota do que ele falava (coisa que não fazia pra nenhuma outra matéria que não fosse do meu interesse). pela primeira vez na minha vida, eu *quis*, e quis *com sofreguidão*, aprender matemática. comecei a passar tardes inteiras na biblioteca lendo livros de matemática e resolvendo exercícios, coisa que, alguns meses antes, nem uma comitiva composta pelo papa, a rainha da inglaterra e o diretor-geral da onu teria me convencido a fazer. do dia pra noite, passei de desinteressada a completamente *obcecada* por matemática sem nenhuma explicação aparente. e mesmo que *houvesse* uma explicação aparente, na época eu era apenas uma adolescente – não me importava nem um pouquinho em procurar entender meus sentimentos, motivações e ações, como é muito típico dos adolescentes.

no entanto, anos depois, na faculdade, as coisas mudaram de figura. passei a sentir verdadeira necessidade de uma explicação plausível praquele interesse repentino e inesperado por uma matéria que sempre detestei, e cujo professor estava longe de ter uma excelente didática ou carisma.

durante as aulas de psicologia da educação, discutimos muito sobre a figura e a influência do professor. sabemos que, primordialmente, seu objetivo último é que o aluno *aprenda* algo, mas não é tão simples. a aprendizagem é, na verdade, um processo extremamente complexo. vários teóricos diferentes têm opiniões conflitantes a respeito de suas particularidades, como é de costume. você pode lê-los se quiser – o assunto dos textos é interessantíssimo, apesar de o formato ser extremamente chato. no entanto, como já disse, eu não sou nem quero ser teórica da educação ou de qualquer coisa que seja, e esse não é o assunto aqui. o que vou propor não tem necessariamente a ver com *aprendizagem*, mas sim com *interesse*: segundo eu mesma, existem duas razões principais pelas quais um aluno se interessa pelas aulas de um determinado professor.

a primeira razão é que o aluno já se interessa pela matéria de qualquer jeito. essa é bem fácil de explicar: basicamente, o aluno já chega na aula interessado na matéria. é só isso, nada de muito mais profundo. viu como as coisas podem ser simples quando não estamos escrevendo um texto acadêmico?

antes de eugênia aparecer, eu já tinha tido vários outros professores de português, redação e literatura. todos haviam sido relativamente bons; alguns melhores do que outros. nenhum jamais teve o impacto que ela teve, mas eu prestava atenção e me interessava pelas aulas de todos eles de qualquer jeito. não necessariamente porque eles eram espetaculares, mas porque eu gostava da matéria. e é só isso. às vezes é o suficiente, até quando o professor é bem menos que relativamente bom.

lembro, por exemplo, de um professor de português que tive no mesmo ano em que eugênia nos ensinava literatura. ele era um homem careca de baixa estatura e absolutamente nenhuma expressão facial. passava metade da aula em silêncio escrevendo no quadro e a outra metade falando sobre regras gramaticais de um jeito dolorosamente lento. todo mundo achava a aula dele insuportável, e eu não era exceção. ainda assim, prestava atenção em cada palavra que ele dizia, apesar de absolutamente nada sobre a sua pessoa inspirar o mínimo de atração que fosse. não era nele que eu estava interessada, era na matéria; e esse interesse era tão forte que nem o mais desinteressante dos professores poderia fazê-lo murchar.

isto dito, passemos à segunda razão pela qual um aluno se interessa por uma matéria, segundo euzinha: o professor é um apaixonado.

quando você faz uma licenciatura (que é, em si, uma graduação dedicada a formar professores), muito se fala na importância do domínio do conteúdo, da didática, do estabelecimento de um bom ambiente de ensino e uma boa relação professor-aluno. todos esses são, sem dúvida alguma, fatores profundamente significativos para o processo de aprendizagem. no entanto, pouco ou quase nada se fala sobre a *paixão*.

,,,

existe uma sensação muitíssimo particular e difícil de descrever atrelada à contemplação da paixão alheia, porque a paixão genuína é extraordinariamente fascinante. e, aqui, é necessário elucidar com muita precisão o emprego que faço dos termos "paixão" e "fascínio".

quando utilizo a palavra "paixão", não falo necessariamente desse sentimento referenciado em músicas românticas, dessa atração magnética e inescapável entre dois indivíduos. quando falo de paixão, falo de *vontade de viver*. mais que isso, falo do incêndio que arde no peito e dentro dos olhos de alguém que encontrou algo que lhe confere um prazer tão absurdamente profundo que se torna quase palpável no mundo físico. falo de arroubo, falo de êxtase, falo da sensação inconfundível e muitas vezes até mesmo embaraçosa de se perceber enquanto um ser que está *vivo*, tão imensamente *vivo* que essa vitalidade está a um fio do desconforto. falo dessa impressão de ser projetado para um plano em que é possível explodir em milhões de pequenas estrelas e se sentir ainda mais pertencente ao mundo como resultado. é isto a paixão: uma alegria tão violenta que é quase cruel, um deleite tão profundo que está no limite de dilacerar a carne, uma lucidez tão clara da tangibilidade e do tamanho de nossa própria alma que torna a existência dentro dos limites de um corpo humano praticamente insuportável.

assim também, quando utilizo o adjetivo "fascinante" nesse contexto, o "fascínio" de que falo é aquela admiração tão aguda e hipnótica que é quase cobiçosa, porque reconhece com pasmo a magnificência de algo que se passa a querer para si; é um encanto extático a ponto de levar inconscientemente ao *desejo*. quando algo nos *fascina* de verdade, ficamos tão profundamente deslumbrados que passamos a ansiar em agonia pelo objeto de nosso fascínio.

agora sim, posso repetir: a paixão genuína é extraordinariamente fascinante.

o que quero dizer é que contemplar uma pessoa apaixonada nos leva a almejar a mesma paixão. como disse, a paixão verdadeira é quase palpável no mundo físico; a paixão se *enxerga*. é como se, enquanto espectadores, pudéssemos testemunhar a existência do prazer do apaixonado, mas sem senti-lo. constatamos que essa pessoa diante de nós está experienciando o júbilo alucinado que descrevi há alguns parágrafos, e isso nos *fascina*, nos intriga, nos encanta, nos arrebata. constatamos igualmente que nós *não* estamos experienciando o mesmo júbilo, mas *gostaríamos* de estar. de maneira mais simplista, é como se nos disséssemos "caramba, essa pessoa está claramente quase explodindo de gozo. eu gostaria de estar também". assim germina o fascínio. é óbvio, no entanto, que esse raciocínio não é nítido nem consciente; ele se transfigura nessa "sensação muitíssimo particular e difícil de descrever" que mencionei antes. se fascinar diante de um apaixonado é admirar e invejar quase na mesma medida.

veja, meu professor de matemática não era particularmente dotado de grandes competências em didática, muito pelo contrário; também não era cativante nem engraçado; seu domínio de técnicas de controle de sala de aula era inexistente e ele não fazia muito esforço pra estabelecer qualquer relação que fosse com a turma. entrava, explicava a matéria de um jeito meio esquisito, resolvia suas equações e ia embora. objetivamente, não aprendi muita coisa *com ele*; mas tive *vontade* de aprender *por causa dele*, e é isso que a base teórica da licenciatura ignora na maior parte das vezes – que um professor, por incrível que pareça, nem sempre precisa ser "bom" pra interessar um aluno no seu conteúdo e motivá-lo a querer aprender.

eu não estava interessada na aula de matemática porque tinha um "bom" professor, no sentido mais usual do termo, e muito menos porque gostava da matéria; estava interessada porque tinha um professor *apaixonado*. e, você lembra: *a paixão genuína é extraordinariamente fascinante*. a matemática nunca foi muito atrativa pra mim, mas era arrebatadoramente interessante praquele homem. hoje compreendo que, se eu buscava com sofreguidão entender suas equações, é porque queria saber o que é que elas tinham de tão prazeroso assim, afinal de contas. queria sentir o mesmo júbilo que via estampado no seu rosto. apesar dos critérios objetivos em seu desfavor, era isso que ele tinha de tão magnético: sua paixão.

com essa reflexão toda, é obvio que eu não quero dizer que o meu professor de matemática é o professor ideal, o tipo de professor que todos os professores deveriam aspirar ser; nem que, para ser um bom professor, é estritamente necessário ser louco de paixão pela matéria ensinada. já tive muitos outros professores excelentes que não emanavam esse arrebatamento pelo seu objeto de ensino. não estremeciam de gozo diante de poemas, reações químicas, fenômenos físicos ou querelas históricas; mas eram hábeis na sua maneira de explicar, ou simplesmente simpáticos, engraçados e acolhedores, ou detentores de alguma outra qualidade particular que tornava o que eles diziam *interessante*. a paixão não é a única forma de despertar o interesse de alguém; é apenas uma forma poderosa e muito frequentemente ignorada.

o problema, no entanto, é que a paixão até *desperta*, mas não é suficiente pra *manter* um interesse sozinha. a chama da matemática que meu professor acendeu em mim não durou muito tempo, por exemplo. passei um mês ou dois tentando decifrar todos aqueles cálculos com meus livros na biblioteca antes de decidir que aquilo tudo era muito difícil de aprender sozinha e, sobretudo, muito chato e desinteressante pra mim como indivíduo. eu nunca quis de verdade aprender matemática, eu só queria experimentar o prazer da paixão que via aquele homem sentir. minha rápida obsessão pela matéria só existiu porque eu estava sob um forte estado de *fascínio*.

e foi assim que finalmente entendi também a razão do enorme impacto de eugênia: uma afortunada associação das duas razões que descrevi nos últimos parágrafos. não somente eu já estava, de qualquer forma, profundamente interessada na matéria que ela ensinava, mas ela era uma professora apaixonada duas vezes – pelo seu objeto de ensino e pelo ato de ensinar em si. não era somente a literatura que a levava ao êxtase, era também o ofício de professora. era muito evidente que ela preparava todas as atividades que desenvolveria em sala de aula com um elevadíssimo nível de atenção e minúcia. eugênia se jubilava do fato de poder falar sobre uma coisa que amava tanto pra tanta gente, e acreditava de verdade no poder transformador e libertador da literatura e da educação. ela tinha tudo o que era necessário para *fascinar* uma adolescente como eu de maneira profunda o suficiente pra convencê-la a acordar às cinco da manhã por quatro anos pra estudar letras e educação. não me arrependo da escolha, apenas me divirto ao analisá-la agora, tantos anos depois do final da minha graduação, com uma visão muito mais lúcida do que aquela menina de quatorze anos jamais poderia ter.

acredito que existem diferentes níveis de fascínio, e algumas pessoas se fascinam mais fácil e profundamente que outras. não sei por que isso acontece, o que nos torna mais ou menos propensos a esse tipo de encanto. o que sei é que eu particularmente sempre fui uma pessoa *fascinável*. com isso quero dizer que, se você fizer uma pesquisa com os meus colegas do ensino médio que tiveram o mesmo professor de matemática ao mesmo tempo, por exemplo, é provável que eles parem pra pensar por alguns segundos e acabem dizendo algo do tipo "engraçado, agora que você falou, eu acho que tinha mesmo alguma coisa curiosa sobre aquele cara que fazia a gente prestar atenção nele, mesmo quando as aulas eram muito, muito chatas". no entanto, a esmagadora maioria deles vai dizer também que nada sobre esse homem e suas aulas justificaria uma obsessão pela matemática, ainda que breve. mas, para mim, estava tudo justificadíssimo.

eu via meu professor tão apaixonado que sentia uma afobação enorme pra experimentar a mesma paixão. mas nunca experimentei. aquela paixão não era a minha, nunca foi e nunca seria. se eu tivesse sentado comigo mesma e refletido por um período mais longo de tempo, teria muito provavelmente me dado conta de que, pessoalmente, nunca gostei de matemática. a matemática não me deixa feliz, não me confere nenhum júbilo, não me *apaixona*. mesmo assim, irrefletidamente, eu me sentei na biblioteca sozinha todos os dias por horas e horas durante um mês ou dois pra tentar entendê-la. quando olho pra trás, percebo que esse é um erro que cometi em vários aspectos da minha vida com muita frequência, nessa busca hedonística quase inconsciente pelo prazer: perseguir irrefletidamente as paixões dos outros.

não há nada de errado em se sentir inspirado a experimentar a paixão de alguém, pelo contrário: essa é uma forma salutar de descobrir as nossas próprias. bem, devo admitir que alguns sortudos são naturalmente atraídos por suas paixões genuínas sem interferência externa alguma, é verdade. a razão cósmica para esse fato é meio inexplicável pra mim, mas acontece. à exceção deles, no entanto, as pessoas geralmente descobrem suas paixões a partir do fascínio causado por outros apaixonados. essa é uma ocorrência comum principalmente quando somos jovens e estamos no início da fase de descoberta da nossa própria identidade.

pergunte a um grande guitarrista por que ele virou guitarrista, e as chances de ele responder que foi porque ficou fascinado com a habilidade de outro grande guitarrista quando era criança ou adolescente são grandes.

no entanto, tenho a impressão de que nem todo mundo se deixa fascinar a ponto de agir sob a influência do fascínio tão facilmente. eu, sim.

o problema é que, por mais que seja divertido perseguir paixões a torto e a direito, e por mais que elas nos confiram um senso temporário de propósito, uma hora ou outra chega o cruel momento de admitir que é impossível que *todas* elas nos correspondam verdadeiramente.

a paixão dos outros é como um vestido magnífico numa vitrine, tão resplandecente que é quase impossível conter o anseio

esse é um erro que cometi em vários aspectos da minha vida com muita frequência, nessa busca hedonística quase inconsciente pelo prazer: perseguir irrefletidamente as paixões dos outros.

larinha

irrefletido de entrar na loja e experimentá-lo. no entanto, quando experimentamos e constatamos que ele não é do nosso tamanho, a frustração de ter que tirá-lo é muito dolorosa. esse vestido é tão lindo, por que é que ele não me serve? eu queria tanto usá-lo! o que é que tem de errado comigo?

leva muitos suspirosos anos de desencanto pra entendermos que não tem nada de errado, que existem vestidos aos montes, e que nem todos são do nosso tamanho. mais que isso – que não temos sempre o mesmo tamanho a vida toda. que um vestido que não serve hoje talvez sirva amanhã, e que um vestido que nos cai perfeitamente hoje talvez seja pequeno no ano que vem. é isto, também, crescer: ser capaz de contemplar um vestido (que podemos jurar, naquele momento, que é o mais lindo que já foi feito na história da humanidade) e não entrar correndo na loja imediatamente. ser capaz de olhar pro vestido, olhar pra si e estimar primeiro o tamanho do vestido em relação ao nosso. ser capaz de, se for o caso, dar de ombros e continuar descendo a rua tranquilamente sem se dar ao trabalho de experimentá-lo.

acho que é por isso que, nas semanas seguintes ao maravilhoso show que assisti em paris e sobre o qual escrevi algumas páginas atrás, fiquei pensando muito a respeito daquele súbito e estranho desejo que tive de me tornar uma estrela do rock. pensei em eugênia e no meu professor de matemática, e em muitas outras histórias que não contei aqui, porque este ensaio precisa ter fim uma hora ou outra.

pensei nos apaixonados que já conheci e nas paixões que eles me motivaram a perseguir, em pequena ou grande escala. pensei de novo no músico em cima do palco e na sua intensa paixão pelo seu ofício. pensei em mim e em tudo que sabia sobre mim até aquele momento. e então, finalmente, decidi não comprar uma guitarra.

bem como a matemática da minha adolescência, aquela paixão não era minha. aquele vestido, apesar de magnífico, não era do meu tamanho. existe sempre a possibilidade de esbarrar nele de novo e me dar conta de que agora ele poderia me servir perfeitamente; e a possibilidade de que ele nunca me sirva, até o último dia da minha vida. pode ser que um dia eu me torne uma estrela do rock ou um gênio da matemática, ou pode ser que simplesmente morra sem saber fazer uma subtração de cabeça ou tocar mais de uma dúzia de acordes desajeitados; e eu estou finalmente em paz com os dois cenários. estou em paz com o fato de nunca saber o que é que tem de tão prazeroso em resolver uma equação complicada ou tocar um solo de guitarra – porque conheço outros prazeres que meu professor de matemática e o músico em cima do palco desconhecem.

todos nós experimentamos intimamente paixões que escapam aos nossos semelhantes, e vice-versa. assim é a vida, e eu acho que é até bom que ela siga essa lógica. de outra forma, não poderíamos jamais ser simples espectadores da paixão dos outros, o que seria uma pena. sabe, o vestido não deixa de ser magnífico só porque ele não cabe em *você*. admirar em silêncio também tem sua beleza. a paixão dos outros é linda de contemplar, certamente, mas é também muito mais que isso. o fascínio causado por ela é força motriz de um desejo absolutamente fundamental da nossa espécie: o desejo de estar vivo.

observar um apaixonado diante de nós é um poderoso lembrete de tudo que temos a capacidade de sentir; um lembrete de que, enquanto seres humanos, nos foi atribuído o dom de experienciar uma comoção tão violenta, sublime, ardente, assombrosa, selvagem e exultante quanto a paixão. pode até ser que não a estejamos sentindo nesse momento, mas o apaixonado que contemplamos nos lembra que ela existe, que ela é real e está num horizonte próximo.

a certeza da sua existência basta para nos motivar a seguir adiante. assim também acontece quando nós mesmos, no ápice de nosso gozo apaixonado, somos admirados por alguém sem que saibamos.

    silencioso, ele segue: esse ciclo, infinitamente humano na sua própria essência, de pessoas que lembram o tempo todo umas às outras uma boa razão pra apreciar o acontecimento absurdo que é existir no mundo.

*Se eu tivesse um canivete, uma manga,
uma árvore bonita e uma estrada longe chegando,
quem sabe eu poderia ter ainda,
uma infância, nas mãos?*

José Godoy Garcia

a terra sangra nosso nome

todos nós já vimos e ouvimos a mesma história centenas de vezes em filmes, canções, livros, peças, poemas e demais suportes: uma pessoa precisa tomar a dificílima e dolorosa decisão de colocar fim numa relação que não lhe faz bem, mesmo ainda amando profundamente o seu par. enquanto espectadores, é comum que acompanhemos nosso protagonista na sua lamuriosa jornada até que ele enfim tome consciência dessa dissonância e encontre uma maneira de findar o sofrimento que advém de estar junto, subsequentemente causando o sofrimento de estar separado. de forma geral, esse tipo de trama envolve muitas dúvidas e hesitações, altercações calorosas, abraços amargos, reconciliações inesperadas, clamores desesperançosos e lágrimas inconformadas.

essas narrativas são comoventes de maneira quase inerente; é difícil encontrar quem não fique tocado diante da representação tão contraditória e paradoxal de um sentimento com o renome do amor. estamos acostumados com a ideia de que ele deve ser forte, perseverante, corajoso, quase onipotente, capaz de mover céus, terras e montanhas inteiras. até mesmo a bíblia – livro mais lido da história, o que não é uma informação que possa ser ignorada – afirma que o amor "tudo sofre, tudo crê, tudo espera e tudo suporta", num de seus célebres versículos, frequentemente citado em votos de casamento. por tudo isso, nos parece muito desconcertante ver esse sentimento tão grandioso sendo representado como *insuficiente*.

existe algo que parece quase antinatural, algo de profundamente incômodo nas histórias em que o amor, apesar de estar vivo, é demasiado *incompetente*; vai contra tudo em que fomos treinados pra acreditar. estamos mais preparados pra lidar com histórias em que ele simplesmente morre. a morte do amor é uma razão que consideramos válida pra justificar uma separação. não deixa de ser triste, mas se justifica. agora, dizer que se pode amar sobremaneira e ainda assim ser infeliz? não, aí é demais pra digerir. afinal, como é possível que o amor só não *baste*? mas ele tem que bastar, não tem? não foi isso que nos disseram a vida toda? se não bastou, com certeza é porque não era amor *verdadeiro*. se fosse, teria durado. é essa a única explicação possível, não é?

o tim bernardes tem uma canção chamada "última vez", em que ele canta sobre um ex-casal que se reencontra numa festa, muito tempo depois do fim da sua relação. os dois conversam, relembram os velhos tempos e se dão conta de que o sentimento que tinham um pelo outro nunca deixou de existir. decidem então, num rompante de emoção, passar a noite juntos. enquanto ouvintes, nós testemunhamos, compadecidos, suas desesperadas confissões sobre o desejo de "voltar pro lugar onde a gente parou antes de se perder no caminho".

no entanto, passada a comoção inicial, ambos são acometidos pela súbita consciência da sua realidade, que permaneceu inalterada desde que romperam: eles se amam, mas não podem ser felizes juntos. a canção termina com a melancólica admissão do fracasso: "nós dois já passamos por tudo / e no fundo, no fundo / não sobrou mais nada pra gente; / talvez nem falar, nem chorar / pois, pra nós, já passou até a despedida / porque a gente sabe, e talvez sempre soube / que só separados achamos saída / e que às vezes se escolhe entre amor / e alegria na vida."

"às vezes se escolhe entre amor e alegria na vida." esses dois últimos versos continuaram ecoando alto nas esquinas da minha mente durante longas semanas depois que escutei *mil coisas invisíveis*, o álbum do tim, pela primeira vez; só não pela razão que você pode estar imaginando.

ao contrário do que posso ter dado a entender, nunca passei pela embaraçosa situação de ter que colocar fim a um relacionamento amoroso onde ainda existe um amor mútuo ardente. desculpe decepcionar, mas não estou aqui pra contar uma anedota sobre um ex inesquecível, porque não tenho nenhum ex inesquecível, e não gosto de mentir. não, não é em nenhuma história de amor passada que esses versos me fazem pensar; é na minha terra.

, , ,

nasci no brasil e foi lá que vivi os primeiros vinte e cinco anos da minha vida, numa cidade chamada goiânia, atual capital de goiás, estado conhecido na cena nacional como "uma grande fazenda". por mais que muitos goianos detestem essa ladainha estereotipada, não é mentira que a história, cultura e economia do nosso estado são muito ligadas à vida rural, à agropecuária, ao campo.

goiás é o estado mais central do brasil, geograficamente falando. se você olhar o mapa, vai encontrá-lo bem no meio do país.

assim, não é difícil imaginar que ele não figura exatamente entre os primeiros territórios brasileiros a terem sido colonizados pelos portugueses, porque ficava longe dos grandes centros urbanos do período colonial, e o acesso às suas terras não era exatamente o que poderíamos chamar de "fácil". francamente, por muito tempo aquele pedaço de chão foi visto só como um lugar distante, difícil de acessar, de clima seco e vegetação meio esquisita, cheio de árvores retorcidas e plantas estranhas, onde basicamente nenhum colonizador tinha grande razão para colocar os pés.

certa vez, no entanto, começou a circular um burburinho de que havia ouro pra dedéu na região, e então todo mundo subitamente decidiu concordar que era na verdade uma ótima ideia ir lá dar uma olhadinha afinal de contas. muita vegetação nativa destruída e povos indígenas dizimados e escravizados depois, o ouro fatalmente acabou. no mesmo momento, por obra do acaso, todo mundo decidiu concordar que era na verdade uma péssima ideia permanecer naquelas terras afinal de contas, e quem podia dar no pé o fez em massa.

sem ouro, a população que tinha se estabelecido no território foi incentivada a se voltar para a agropecuária como uma maneira de se salvar da pobreza, o que não funcionou; continuaram pobres, majoritariamente analfabetos e isolados do resto do país (de um ponto de vista geográfico e comunicacional) por muito tempo.

enquanto isso, como é de se esperar, os homens ricos da região corriam pra lá e pra cá, sempre muito exasperados em razão de todas as suas importantíssimas querelas de poder muito urgentes, que nada tinham a ver com as urgências muito práticas enfrentadas pela grande maioria dos ocupantes daquele território. pouco a pouco uma única família passou a gozar de muito mais influência, autoridade e domínio sobre aquelas terras do que seria sensato conferir a qualquer família que fosse. por décadas, ter a sorte de portar um sobrenome específico significou acesso a regalias e a um poder que o povo, do alto de seu cotidiano árduo e sofrido, jamais seria capaz de fantasiar, mesmo nos seus sonhos mais molhados.

mas o tempo vem e o tempo vai. você sabe como as coisas acontecem na história da humanidade; nada é permanente, por mais permanente que pareça enquanto está acontecendo.

certo dia, então, um homem refletiu longamente e, aborrecido, chegou à conclusão de que aquela família rica tinha tido poder demais por tempo demais, e que já era hora de dividir o brinquedo com as outras crianças do parquinho, ora essa. a referida família não se encontrava especialmente disposta a dividir o brinquedo naquela ocasião, mas, para a sorte do homem, ele não estava sozinho. muitos outros homens, alguns muito mais poderosos que ele, também refletiram longamente acerca da questão e chegaram à mesma conclusão, então a família não teve muita escolha no fim das contas. o brinquedo foi cedido na marra. você sabe como as coisas acontecem na história da humanidade.

a influência daquela tal família tinha sido exercida majoritariamente na capital do estado na época, chamada cidade de goiás. era uma cidade antiga e cheia de história; talvez história demais para aquele momento. as vielas estreitas de goiás emanavam simultaneamente a memória dos tempos gloriosos do ouro, o cheiro nauseante do suor dos pobres e do sangue das pessoas escravizadas, o gosto pútrido da violência que o povo havia sofrido nas últimas décadas de domínio oligárquico. se o objetivo era caminhar numa nova direção, não parecia àqueles homens uma decisão muito sensata fazê-lo ali, no coração da cidade que era, em si mesma, um lembrete tão concreto da história que estavam tentando mudar.

além disso, mesmo destituída do seu poder inicial, aquela

família não dava sinais de querer deixar a capital. a solução lógica seria, então, fazer a capital deixar a família.

o homem sobre quem eu havia falado refletiu longamente uma vez mais e decidiu que, naquela situação, seria de bom tom trocar a capital do estado. ou melhor, decidiu que seria de bom tom finalmente concretizar uma medida que vinha sendo debatida havia muitíssimo tempo: fazia mais de um século que se falava na necessidade dessa mudança. no entanto, para o homem, não era suficiente simplesmente escolher outra cidade, entre as que já existiam, para se tornar a capital; seria preciso construir uma cidade completamente nova do zero, projetada com minúcia especificamente com a função de dar ao estado uma nova cara. desse desejo nasceu goiânia, uma cidade que foi projetada nos mínimos detalhes para trazer a goiás um ar de modernização e progresso.

a antiga capital passou, então, a ser conhecida pela alcunha de "goiás velho", porque era isso que ela representava: o retrato de um goiás arcaico e superado, um goiás obsoleto, do passado.

goiânia foi traçada no papel antes de ganhar vida, com um objetivo muitíssimo específico. apesar de moderna, porém, exibia uma considerável falta de naturalidade. no desejo de se desvincular do passado da cidade de goiás, aquele homem quis criar uma capital sem passado, e consequentemente *sem história*. é claro, essa era a meta – um novo começo, uma página em branco. mas é isto, também, uma página em branco: um vazio.

o que o homem queria que todo mundo aceitasse era justamente que goiânia era uma "cidade planejada" nos mínimos detalhes. até os nossos dias, se você fizer uma pesquisa superficial na internet sobre a história da cidade, vai perceber uma coincidência deveras curiosa na maneira como ela é contada.

em todos os sites de fácil acesso, são destacadas duas datas primordiais: o dia em que aquele homem foi até a fazenda que havia escolhido pra construção e lançou a pedra fundamental, e o dia em que a cidade foi oficialmente inaugurada pra todo mundo ver (e era bom mesmo que todo mundo visse!) através de seu "batismo cultural" de mais de uma semana de festa, que contou com a presença de inúmeros homens importantes e poderosos. lendo, temos sempre a impressão de que a história de goiânia começa ali, com aquela suntuosa festança, digna de extensa cobertura midiática. o problema é que, entre essas duas datas tão comumente citadas, passou-se quase uma década inteira. uma década esquecida, sobre a qual pouco se fala.

    antes de ser inaugurada, a cidade precisou ser construída; mas é quase como se a história da sua construção fosse propositalmente deixada de lado. a construção não importa, é uma simples questão de fazer o que estava escrito no papel, não tem relevância! o que interessa é que nossa cidade foi perfeitamente planejada, que ela é linda e moderna. vocês viram suas largas avenidas e seu maravilhosíssimo teatro municipal? é o retrato do progresso, amigos! goiânia, ao contrário dessas outras currutelinhas de goiás, não tem um passado nefasto do qual se envergonhar. nossa história é limpa e ela começa agora!

    mas não era bem assim. nunca é "bem assim" que as coisas acontecem na história da humanidade, afinal de contas. a história de goiânia é essa *também*, mas não é *só* essa; ou melhor, não é *exatamente* essa.

    na sua pesquisa superficial na internet, até hoje você vai encontrar sempre a nossa cidade listada entre as cidades brasileiras "planejadas", o que é muito engraçado, visto que seu "planejamento" é muito relativo, quase um mito, e a gente já deveria saber disso a essa altura.

    não é que seja mentira que houve de fato um projeto; mas é que ele esqueceu de prever as ferramentas da sua própria materialidade. essa frase pode parecer meio confusa, mas eu explico: o traçado de goiânia era o de uma cidade pronta; mas entre o que está no papel e a cidade verdadeiramente finalizada existe uma etapa muito importante, que é a construção. eu não sei se você sabe, mas um projeto não se materializa no mundo real só de você pensar nele muito forte. é preciso pessoas, braços. soa óbvio, mas os idealizadores parecem ter se esquecido disso, ou pelo menos fingido se esquecer.

goiânia foi construída através do esforço braçal e do suor de muitas pessoas, mas a existência delas não estava inclusa no deslumbrante e moderno planejamento da nova capital. todo mundo queria trazer à vida aquele fabuloso símbolo do progresso, mas ninguém tinha pensado nas pessoas que seriam tão obviamente indispensáveis pra abrir as largas avenidas e construir o belo teatro municipal. onde é que elas iriam morar?, você se pergunta. na encantadora cidade que elas mesmas estavam ajudando a construir? é claro que não, tolinho. essa teria sido uma decisão sensata e humana demais.

além do mais, você achou realmente que iríamos querer que os primeiros habitantes a se estabelecer na nossa nova e resplandecente capital fossem esses *operários*, chucros, vindos de sabe-se lá onde? eu hein, de jeito nenhum! eles que se virassem pra encontrar um lugar pra dormir, e longe da área reservada pro nosso canteiro de obras, por favor, tenha modos! ninguém quer essa gente aqui com suas pequenas casinhas desordenadas perto demais do perímetro do nosso empreendimento inovador.

a cidade estava prevista para ser erguida na margem esquerda de um córrego, ficando proibida a construção de estruturas fora do projeto daquele lado. os operários, então, tiveram que levantar seus pequenos ranchos de capim e casinhas de madeira simples na margem direita do córrego, perto o suficiente pra conseguir fazer o deslocamento até o canteiro de obras, longe o suficiente pra não incomodar. de um lado do córrego, uma linda cidade moderna se edificava; do outro, ao mesmo tempo, construída pelas mesmas pessoas, uma vila precária, improvisada e desorganizada, com condições de higiene deploráveis, sem saneamento algum e propícia a constantes infestações de pulgas, piolhos, muriçocas e outros insetos.

essa vila nova, que foi arduamente erguida pelos trabalhadores por pura necessidade, e que nada tinha a ver com o plano piloto da cidade, hoje é um bairro da capital, chamado "setor vila nova". é aqui que as coisas começam a ficar engraçadas, porque o setor vila nova é abertamente conhecido como "um dos bairros mais antigos de goiânia". mas se ele é um dos bairros mais antigos de goiânia... então aquela vila de precários ranchos de capim totalmente não planejados era goiânia também, afinal de contas. tentam nos convencer de que goiânia foi construída exclusivamente na margem esquerda do córrego, mas não é verdade. a margem direita do córrego já era goiânia. *tudo* aquilo *sempre* foi goiânia. como é que a gente pode chamá-la de "cidade planejada" se, desde o início da sua implementação, ela se construiu em paralelo fora do plano? pode-se chamar de "cidade planejada" uma cidade da qual apenas uma parte foi realmente planejada, desde o primeiro dia da construção?

uma cidade é muito, muito mais que um lugar físico, é um amontoado de memórias. é a materialização de um ciclo sem fim de acontecimentos aleatórios e suas consequências, de crescimento, de decrescimento, de estagnação, de perdas, de ganhos, de crianças que nascem e velhos que morrem, mas sobretudo de seres humanos que se *lembram*; e ninguém se *lembrava* mais de goiânia que os habitantes da vila nova, que a construíram através do próprio suor. nesse sentido, apesar do ultraje que essa afirmação causaria na época, a margem direita do córrego era mais goiânia que a esquerda.

uma cidade é um amontoado de memórias. é a materialização de um ciclo sem fim de crianças que nascem e velhos que morrem, mas sobretudo de seres humanos que se *lembram*.

larinha

você pode estar se perguntando: se essas informações não estão amplamente disponíveis ao grande público e eu não sou historiadora, como é que eu fiquei sabendo de tudo isso? simples, caro leitor. é que eu acabei chegando no momento inevitável da vida em que, por um motivo ou outro, nos fazemos aquela famigerada pergunta: *"de onde eu vim?"* fiquei um pouco obcecada pela questão e, como sei que quando não faço nada a respeito de uma obsessão ela não me deixa em paz, cheguei à conclusão de que não seria uma má ideia ler dezenas de teses e artigos acadêmicos sobre a minha terra de origem.

ei, parou com o julgamento aí. cada um tem suas formas de lidar com fixações, tá bem?

o que quero dizer é que, coincidentemente, as teses e os artigos acadêmicos (que o público geral jamais vai ler nessa vida) são os únicos documentos em que você encontra essa perspectiva sobre a história de goiânia, que parece tão óbvia uma vez que você se familiariza com ela.

você poderia me dizer que talvez essa seja uma leitura muito inovadora da situação, por isso ainda não tivemos acesso a ela; mas alguns artigos escritos a seu respeito já contam décadas, e ainda assim a quase totalidade dos sites continuam descrevendo a cidade como "totalmente planejada", o que eu particularmente acho um fato muito curioso. eu sei que algumas pessoas são mais lentas que outras com o uso da tecnologia, mas mais de vinte anos me parece um tempo excessivamente longo pra atualizar um site. enfim, quem sou eu pra julgar, né, meu amigo. faça o trabalho por mim; julgue você, como bem entender.

quando abri meus olhinhos estupefatos pela primeira vez, depois de ter sujeitado minha mãe a incontáveis horas de trabalho de parto pra acabar vindo ao mundo através de uma cesariana no fim das contas, goiânia já era uma cidade completamente diferente.

inicialmente projetada pra cinquenta mil habitantes (os operários da margem direita do córrego obviamente não entravam na conta), ela atingiu a marca de um milhão no ano do meu nascimento.

aqui vai um exemplo simples pra ilustrar didaticamente essa diferença aberrante entre expectativa e realidade: cinquenta mil minutos equivalem a trinta e quatro dias; um milhão de minutos equivalem a quase dois anos.

o pior é que esse crescimento completamente imprevisto e desestruturado se deu em pouco mais de meio século, visto que o importantíssimo evento do meu nascimento ocorreu apenas cinquenta e quatro anos depois da festa de inauguração oficial da cidade. não precisa ser um gênio do urbanismo pra saber que um agigantamento dessas proporções num período tão absurdamente curto de tempo não tem como dar certo; e não deu mesmo. se existe uma coisa que não deu *de jeito nenhum*, foi certo. a glória daquela grandiosa inauguração da "cidade planejada" durou muito pouco. a goiânia em que eu nasci já era completamente caótica e disfuncional.

não dá pra dizer que uma cidade com mais de um milhão de habitantes é uma cidade pequena. claro, o "grande" ou "pequeno" sempre são relativos; mas é difícil negar que um milhão de pessoas, objetivamente, são *muitas* pessoas. apesar disso, cresci ouvindo todo mundo repetir a mesma coisa: "goiânia é um ovo." essa é uma expressão não muito carinhosa que utilizamos pra conotar que todo mundo na cidade se conhece, ou pelo menos que estamos sempre a um único conhecido em comum de qualquer pessoa. todo mundo é sempre primo de alguém, estudou com alguém no ensino fundamental, é ex de alguém ou já foi aluno de alguém. assim, uma resposta muito elementar que fornecemos com frequência para a pergunta "você conhece fulano?" é "não conheço, mas sei quem é".

claro que essa é a realidade de muitas cidades menores, mas me parece no mínimo estranho que ela se aplique igualmente a um lugar onde vivem mais de *um milhão de pessoas*. como é que você pode estar sempre a uma única conexão em comum de *um milhão de pessoas*?

a resposta óbvia é que você não está. goiânia em si nunca foi um ovo de verdade; a *minha* goiânia é que era. na verdade, existiam vários e vários ovos diferentes dentro da mesma cidade, e as pessoas se conheciam dentro deles. é claro que eu não percebia isso na época, mas minha goiânia era um ovo muito limitado de jovens que tinham mais ou menos a mesma idade, que moravam mais ou menos nos mesmos bairros ou que frequentavam mais ou menos as mesmas escolas.

para o bem ou para o mal, o meu ovo é o único que eu conheço de verdade; por isso, não poderia jamais ser pretensiosa a ponto de me postar aqui diante de você e fingir que farei uma análise profunda e embasada a respeito das complexidades da sociedade goianiense. minha incontestável modéstia me permite dizer apenas que farei uma análise profunda e embasada a respeito das complexidades do meu próprio umbigo goianiense. é muito importante que você tenha isso em mente, porque a cada vez que eu falar de goiânia a partir daqui, estarei na verdade falando da *minha* goiânia, da goiânia que *eu* experimentei enquanto crescia.

apesar dos critérios comuns que listei como fatores de aproximação entre os jovens do meu pequeno ovinho, existia uma diferença fundamental que os distinguia: a condição socioeconômica. apesar de frequentarmos todos mais ou menos as mesmas escolas, nossos pais não tinham – nem de longe – o mesmo poder aquisitivo.

sabe, em muitas cidades do brasil existem verdadeiras "escolas de rico", cujas mensalidades são tão caras que você *realmente* não estuda lá se não tiver uma piscina de dinheiro igual à do tio patinhas à disposição no quintal. na goiânia em que eu cresci, no entanto, as escolas que chamávamos de "escolas de rico" eram, na verdade, cheias de filhos da classe média. isso porque mesmo as escolas mais caras da cidade não tinham mensalidades elevadas o suficiente pra impedir os pais da classe média de fazer enormes sacrifícios pra que seus filhos estudassem lá. essa é uma coisa curiosa sobre as escolas privadas de goiânia nos anos 2000 e no início dos anos 2010: elas *ainda* não eram *tão* segregadoras assim. tinham, é claro, o poder de segregar os pobres dos ricos; mas eram "baratas" demais pra segregar completamente a classe média dos ricos.

na minha casa de classe média a educação sempre foi uma questão de extrema importância, uma prioridade que meus pais levavam muitíssimo a sério. por isso, trabalhavam além de suas capacidades e abdicavam de muita coisa pra manter a minha irmã e eu em escolas que custavam bem mais caro do que eles teriam sido capazes de pagar com tranquilidade. eu tinha muitos outros colegas na mesma situação; colegas que tinham pais de classe média que queriam que eles estudassem numa boa escola, e que eram altruístas o suficiente pra colocar em prática a renúncia necessária pra concretizar essa vontade.

mas esses não eram *os únicos* colegas que eu tinha. foi na sala de aula também que acabei convivendo com vários filhos de rico, porque, como eu disse, não existia nenhuma opção de escola mais cara ainda pra eles estudarem nos arredores.

essa mistura de classes econômicas fazia com que a experiência de visitar a casa de um colega da escola pela primeira vez pra fazer um trabalho fosse sempre muito intrigante. você nunca sabia se ia tocar a campainha de um apartamento simples ou se ia acabar na portaria de um condomínio de luxo. meus colegas às vezes eram bisnetos dos operários que construíram a cidade, às vezes eram bisnetos dos políticos que mandaram construí-la. em todo caso, quando crianças, nos misturávamos todos sem nos atardar em reflexões relativas aos nossos sobrenomes ou às contas bancárias dos nossos pais. no entanto, como nada que é harmônico dura muito tempo (ao menos de um ponto de vista sociológico), um outro fator começou a nos segregar com a chegada da adolescência: o alinhamento identitário.

 nessa minha goiânia da época do ensino médio, bem no início dos anos 2010, as origens socioeconômicas de um colega eram um fator secundário; o que pesava de verdade na decisão de socializar ou não com ele era se sua identidade havia sido forjada em alinhamento com a cultura ou com a contracultura do estado. se não estávamos do mesmo lado da linha identitária, muito dificilmente nos encontraríamos fora da escola nos mesmos espaços de socialização. mas o que é que esses conceitos de cultura e contracultura definem ou representam em goiás?, você se pergunta. não se preocupe, eu vou ilustrar. eu já ia ilustrar de qualquer jeito, nem é só porque você perguntou. tá vendo, eu faço tudo por você.

 a cultura predominante em goiás confirma todos os estereótipos sobre o estado, e é por isso que é muito difícil lutar contra eles; são estereótipos fiéis demais à realidade. pergunte a qualquer pessoa que nunca colocou os pés em goiás na vida como é que ela o imagina, e ela certamente dirá que acha que é um estado de caipiras, cheio de fazendas e de gado pra todo lado, onde todo mundo toca viola e canta música sertaneja em dupla usando camisa xadrez, botina, cinto de fivela e chapéu enquanto come pequi e bebe cachaça. aliás, ela muito provavelmente não vai dizer nada disso, porque não quer soar insensível, mas é exatamente isso que ela vai responder em silêncio dentro da própria cabeça. e o pior de tudo é que ela tem toda a razão.

 por mais que a gente queira combater os estereótipos, essa

não é, de maneira alguma, uma descrição muito distante da nossa realidade goiana, e todo mundo sabe disso no fundo. eu já testemunhei muitas cenas parecidas com essa, dezenas de vezes, assim como todo mundo no estado. a estética predominante em goiás é uma estética rural. ponto final. ninguém poderia refutar essa afirmação, porque simplesmente não é possível refutá-la; acredite em mim, eu saberia se fosse possível, porque eu tentei por muito tempo.

mas aqui não estamos falando do estado em geral, e muito menos das cidadezinhas do interior, onde essa estética é tão prevalecente que às vezes é a única possibilidade. estamos falando de goiânia, nossa gloriosa capital planejada, uma belíssima cidade excitante e inovadora, uma grande metrópole, um verdadeiro símbolo da modernidade, a indiscutível epítome do progresso goiano! é por isso que, na *minha* goiânia, essa aura rural não se traduz diretamente como eu descrevi no parágrafo anterior, com direito a fivelas e chapéus. quer dizer, pode ser *também*, não seria uma visão tão incomum assim; sempre tem algum filho de fazendeiro ou estudante de agronomia empolgado usando camisa xadrez e botina. mas, na maior parte do tempo, a cultura rural em goiânia é uma cultura rural *moderna*, uma cultura rural *urbana*, uma cultura rural *descolada*. ou pelo menos tão moderna, urbana e descolada quanto é possível para uma cultura essencialmente rural.

é por isso que, em grande parte dos bares e boates da capital, o "caipira" estereotipado de estilo jeca tatu que povoa a imaginação do resto do brasil quando pensa em goiás não existe. o que você vai encontrar são "neocaipiras" urbanos, que também cantam música sertaneja a plenos pulmões, mas, atenção! não é qualquer tipo de música sertaneja. você poderia crer que, de acordo com o próprio nome do estilo musical, o sertanejo teria sempre uma ligação intrínseca com o sertão, com a vida no campo. e você estaria equivocadíssimo. trata-se aqui de um novo sertanejo, um sertanejo vanguardista e contemporâneo, um sertanejo adaptado à nova vida citadina, um sertanejo esvaziado da estética do ambiente do sertão que literalmente construiu o gênero, um sertanejo de schrödinger, que é sertanejo e não é ao mesmo tempo, um sertanejo que é praticamente um meta-sertanejo: o sertanejo *universitário*.

eu gosto muito do sertanejo universitário, porque ele é um exemplo perfeito de como é possível desnaturar alguma coisa até que não sobre praticamente nada a respeito dela que a aproxime, mesmo de maneira remota, da coisa original – e mesmo assim continuar afirmando que se trata de uma simples evolução, e não de uma completa deturpação. e o mais fascinante de tudo pra mim é que quem defende esse ponto de vista geralmente acredita de todo o coração no que diz. a capacidade do ser humano de se convencer mesmo das coisas mais infactíveis muito me maravilha e me diverte.

do outro lado da linha identitária, no coração do movimento da "contracultura goianiense" dos anos 2010, temos a galerinha alternativa. a galerinha alternativa não quer ter absolutamente nada a ver com goianidade nenhuma, e é muito mais influenciada por uma cultura estrangeira do que pela sua própria. essa é a galerinha que espuma pelos cantos da boca quando escuta alguém associar goiânia diretamente a uma imagem rural, está sempre pronta pra gritar pra quem quiser ouvir que "goiânia não é só sertanejo!!!", e se sente profundamente humilhada face à ideia de ser chamada de caipira.

é isso mesmo que você está pensando: eu *sou* a galerinha. a galerinha sou eu, meus amigos e todos os outros desconhecidos--conhecidos que frequentavam os mesmos espaços de socialização que nós. as contradições da galerinha são as minhas próprias contradições. o arco de desenvolvimento e crescimento dessa galerinha engraçada tentando existir num ambiente que parece ter pouco ou quase nada a ver com suas aspirações e ideais é o meu também.

mas como é que eu ouso propor uma divisão reducionista em dois polos opostos como essa!, eu já consigo escutar você ralhar: uma separação simplista que apaga todas as nuances, as especificidades e os fascinantes tons de cinza presentes tanto do lado dos jovens que se identificam com a cultura quanto do lado dos jovens que se identificam com a contracultura!, você continua. no seio desses dois grupos sociais com certeza existiam muitos outros subgrupos distintos que não se conformavam com as características que eu descrevi!!!, você vocifera quase sem respirar.

é, pois é. existiam mesmo. mas, ei, eu nunca prometi um detalhado e complexo ensaio de sociologia da goianidade, prometi? prometi apenas uma dissertação sobre meu próprio umbigo, então você só tem a si mesmo pra culpar pelas suas expectativas não atendidas. pare de choramingar por coisa pouca. eu, hein. já que você não está satisfeito com a minha análise social, agora eu vou falar explicitamente da minha experiência individual. pelo menos essa você não pode questionar, espertalhão.

, , ,

no início da minha adolescência eu era uma jovenzinha que detestava absolutamente tudo que tinha a ver com as minhas raízes, com o lugar onde nasci. eu detestava a música sertaneja como um todo, detestava o som da viola, detestava o marasmo daquelas cidadezinhas do interior, detestava o gosto forte do pequi e o cheiro horrível que ele deixava nas mãos, detestava as fazendas e seus galos que se esgoelavam às cinco da manhã como se o mundo estivesse acabando, detestava as árvores retorcidas do cerrado e suas plantas estranhas. é claro que eu jamais dizia isso abertamente, porque apesar de ser uma adolescentezinha intragável com um pueril complexo de superioridade, eu não era *completamente* desprovida de bom senso. eu considerava tudo isso no absoluto silêncio da minha própria cabeça, e passava horas imaginando o *meu* mundo ideal – que era bem, bem, bem longe de goiás e de tudo que ele representava.

a adolescência é um período muito esquisito da nossa vida, né não? de súbito a gente perde todos os privilégios que tinha quando era criança, sem ganhar os privilégios que têm os adultos, mas ganha a capacidade cognitiva que nos permite entender que existe um futuro, e que é preciso pensar nele, e que loguinho será preciso tomar decisões que vão impactá-lo enormemente pelo resto da nossa vida, mas a gente só tem quinze anos e ainda está tentando entender por que é que tem a sensação de não saber absolutamente nada a respeito dessa pessoa que vemos no espelho quando acordamos pra beber água às três da manhã, e no meio desse lamento notamos que durante a noite apareceu uma espinha enorme e amarela bem no meio da nossa testa que definitivamente não estava lá quando nos deitamos pra dormir, e deixamos cair o copo d'água e acordamos sem querer nosso pai, que briga conosco por estarmos de pé a uma hora dessa, e tentamos explicar a situação mas ele não entende, e temos vontade de chorar porque absolutamente ninguém nesse mundo inteiro nos entende, e odiamos todas as pessoas do planeta com a força de vinte mil sóis, inclusive a que vemos no espelho com essa espinha ridícula no meio da testa, e voltamos pra cama nos sentindo confusos e desamparados, mas nosso corpo desengonçado de adolescente já é grande demais pro privilégio infantil de um consolo, e pegamos no sono sozinhos pensando em ir embora desse lugar pra sempre, e o despertador toca e é mais um dia em que temos que ir à escola e nos desassossegar horrivelmente por um futuro que nos parecia nem existir há tão pouco tempo.

diga o que quiser sobre "reclamar de boca cheia", mas não me espanta que a gente tenha essa necessidade ardente de encontrar alguma coisa contra a qual se revoltar quando é adolescente. estamos lá, tranquilo, vivendo a nossa vida de criança sem nenhuma preocupação, quando de repente o universo decide que já é hora de enfim nos presentear com o fabuloso dom da metacognição, o que significa que a partir de agora podemos *pensar sobre os nossos próprios pensamentos*, uma capacidade absolutamente aterrorizante que leva muitos e muitos anos pra ser compreendida e dominada pela nossa cabecinha. honestamente, qualquer pessoa em sã consciência ficaria revoltada numa situação dessa. é por isso que desconfio muitíssimo de adolescentes que são bem conformados demais.

pensar sobre si mesmo é um exercício difícil pra qualquer pessoa na face desse planetinha azul, mas especialmente pra alguém que notou há muito pouco tempo que tem a habilidade de fazer isso. cometemos todo tipo de erro nos anos em que estamos aprendendo a lidar com o nosso novo (e assustador) poder de introspecção, o que, a propósito, é uma coisa muito normal pra qualquer pessoa que está aprendendo qualquer coisa, sobretudo uma coisa tão difícil como essa.

nessas de entender como pensar sobre o que pensamos e sentimos, muitas vezes interpretamos horrivelmente mal os nossos próprios pensamentos e sentimentos. eu não sou exceção a essa regra: durante boa parte da minha adolescência, interpretei o meu profundo descontentamento com a falta de compreensão da minha própria identidade como um profundo descontentamento com a identidade da terra onde nasci.

passei incontáveis horas dos meus anos de ensino médio escutando músicas estrangeiras, assistindo a filmes estrangeiros e lendo livros estrangeiros, produzidos numa imensidão de países muito,

muito distantes do meu. pesquisei e li ativamente sobre a cultura, a história e a mitologia de tantas civilizações diferentes que perdi a conta. àquela altura, *tudo* parecia mais interessante que a música, a cultura, a história e a mitologia da minha própria terra. o curioso nessa história, porém, é que sobre essa última eu não pesquisava nem lia absolutamente nada. como é que eu pude chegar à conclusão de que tudo era mais interessante do que aquilo que estava ao meu redor se eu nem mesmo me dava ao trabalho de conhecer o que estava ao meu redor pra poder comparar?, você se pergunta. e eu me pergunto também. eu sei lá. lógica de adolescente, eu acho. poucas coisas nesse mundo são tão indecifráveis e essencialmente ilógicas quanto a lógica de um adolescente.

 o fato é que, por muito tempo, eu não queria ter nada a ver com aquele estado que detestava no silêncio da minha cabeça, nem com o estilo de vida que ele representava. o que eu esquecia de observar é que, por mais que quisesse acreditar no contrário, eu era filha e produto da terra que me criou e me nutriu no seu seio, e seu contorno estava gravado pra sempre bem fundo na minha carne.

• • •

nasci em goiânia, na capital, na "cidade grande", num lugar caótico e confuso, com um exagero de carros, barulho em excesso e prédios altos demais. no entanto, nunca fui uma criança cem por cento citadina; bem longe disso, na verdade.

 pra começo de conversa, as origens da minha família nada tinham a ver com aquela desordem urbana. minha mãe nasceu literalmente no meio do mato, num rancho de capim construído pelo meu avô. meu pai teve um pouco mais de sorte, porque minha avó foi levada até o hospital da cidade vizinha pra trazê-lo ao

por mais que quisesse acreditar no contrário, eu era filha e produto da terra que me criou e me nutriu no seu seio, e seu contorno estava gravado pra sempre bem fundo na minha carne.

larinha

mundo, antes de voltar pra pequena comunidade rural onde vivia e onde ele cresceu. essa tal comunidade só viria a ser considerada um município décadas depois, e até hoje conta pouco mais de três mil habitantes; digamos simplesmente que não se trata de uma grande metrópole.

era lá que meus pais tinham uma chácara, onde eles haviam morado muitos anos antes de eu nascer, e onde morei uma pequena parte da minha infância também. de qualquer forma, mesmo instalados na capital, íamos a essa cidadezinha com muita frequência durante os finais de semana e férias, pra visitar os meus avós e a família do meu pai em geral, que era natural da região.

era uma cidadezinha simples, cheia de pequenas casas sem portão, diante das quais sempre havia ao menos um par de cadeiras de fio ocupadas por um par de idosos que observavam o movimento. não que houvesse muito movimento pra observar, mas você entendeu o espírito da coisa. o ponto de encontro de seus habitantes, conforme o costume das cidades do interior de goiás, era a pracinha da igreja, que consiste precisamente numa praça onde há, de fato, uma igreja. não é nada mais complexo que isso. quer dizer, nesse caso, para a minha alegria, a pracinha contava também com um pit dog chamado "guacamole lanches".

o pit dog, verdadeiro símbolo da cultura de goiás, é a sanduicheria goiana por excelência: um pequeno quiosque de metal ao ar livre, geralmente numa praça, com um toldo de lona colorida e algumas cadeiras e mesas brancas de plástico espalhadas. o lanche vendido consiste em pão, hambúrguer bovino, uma salsicha cortada ao meio, queijo, presunto, alface, tomate, milho enlatado, batata palha e molho verde. se apetecer ao freguês, também é possível adicionar uma bela rodela de abacaxi grelhado com canela, bacon, catupiry e, por que não, um ovo frito ou dois. ei, sem julgamentos. cada um conhece o tamanho da sua fome. independentemente do recheio, o lanche é servido sempre dentro de um saquinho branco de plástico, que é por sua vez envelopado por um saquinho de papel. eu não sei por que é assim, mas assim é, e eu fico muito feliz que assim seja.

o pit dog da cidadezinha fazia minha alegria quando eu ia visitar os meus avós, sobretudo porque ficava bem na frente da casa deles, que tinham o privilégio de morar diante da gloriosa pracinha da igreja. bendito guacamole lanches... era sempre nele que eu pensava quando entrava no carro pra fazer a viagem, que naquela época costumava ser uma jornada de quase cinco horas, devido ao estado deplorável da rodovia. meus pais não me permitiam ir comer no pit dog com muita frequência em goiânia – o que não posso dizer que seja uma decisão desajuizada –, mas sempre me deixavam pedir o que eu quisesse no guacamole lanches.

guacamole lanches da minha infância, abençoado seja.

a casa dos meus avós paternos, segundo a minha memória, tinha um piso de cera vermelha que avermelhava as solas dos nossos pés quando andávamos descalços, um quintal onde meu avô plantava legumes e criava galinhas, e uma pequena varanda que dava pra rua, lugar ideal para posicionar as já mencionadas cadeiras de fio e observar o movimento.

nos finais de semana, quando estávamos na cidade, não era incomum que houvesse uma grande reunião de amigos e família pro almoço de domingo, regado a muita moda de viola sertaneja e pratos como galinhada com pequi, frango com quiabo e angu de milho verde. se esse não fosse o caso, sempre havia a possibilidade de ir visitar algum familiar ou amigo que morava num sítio nas redondezas, e éramos sem exceção recepcionados por uma matilha de vira-latas de todos os tamanhos que corriam em direção ao carro com os rabinhos abanando, enquanto o dono da casa terminava de coar um café e fritar uma forma de biscoito de polvilho goiano.

quando não estávamos naquela cidadezinha, podíamos ser avistados numa parte completamente diferente do estado, visitando o pedaço de terra do meu tio materno, que se chamava sítio beira-rio. como eu tenho certeza de que você é capaz de imaginar, tratava-se mesmo de um sítio que ficava na beira de um rio. em goiás as coisas são simples assim.

eu amava profundamente o sítio do meu tio. amava a pequena casinha simples de cimento queimado, o cavalo branco e manso que se chamava russinho, o riacho gelado à sombra de dezenas de árvores que cobriam as duas margens, os pintinhos que ciscavam pelo quintal, as estrelas que eram tão mais visíveis lá do que na minha casa.

passava meus dias no sítio beira-rio correndo atrás de sapos pra tentar capturá-los dentro do meu balde vermelho, escavando minhocas no quintal até ficar com as unhas irreparavelmente marrons, debulhando milho seco só porque fazia cócegas nas mãos, pescando minúsculos lambaris com uma pequenina vara de bambu e jogando ovos de galinha que sabia que estavam podres no chão pra vê-los explodir sozinhos alguns segundos depois. eu os chamava de "ovos bomba" e achava que eles eram divertidíssimos, mas meus pais não concordavam muito, por alguma razão boba de adulto. e daí que fedia horrivelmente? o ovo explodia *sozinho*, e se isso não é um verdadeiro milagre da natureza, eu não sei o que é.

meus pais me advertiam expressamente pra não fazer besteira com os tijolos que ficavam estocados debaixo de uma lona azul no quintal, mas nada poderia frear minha grande aptidão para a engenharia civil. apesar dos olhares de desaprovação, às vezes eu surrupiava alguns tijolos pra construir umas estruturas, usando barro no lugar do cimento. certa vez fiz uma pequena "casinha de cachorro" (três pequenas paredes de pouco mais de um metro cobertas com um pedaço de plástico) que ficou em pé por uns dois dias antes de fatalmente desmoronar em razão de uma ventania, porque barro não é cimento afinal de contas. ainda bem que os cachorros em questão nunca se aproximaram da "casinha". acho que eles eram inteligentes o suficiente pra saber que eu, apesar de fofa e bem-intencionada, na verdade não tinha aptidão alguma para a engenharia civil.

uma das coisas que mais me deleitavam no sítio era descer até a margem do riacho e me sentar sobre o tronco de uma árvore específica, que era grosso e recurvado o suficiente pra se parecer com uma montaria, segundo os meus olhos infantis. ele era meu cavalo imaginário, que também se chamava russinho, e com ele eu explorava todas as terras fantásticas que só a mente de uma criança é capaz de conjurar. isso se traduzia, na realidade, no fato de que eu passava horas sentada em cima desse tronco falando sozinha, o que minha mãe achava muito engraçado. eu achava engraçado o fato de ela achar engraçado, então fazia mais ainda só pra ela continuar achando graça.

à noite nos sentávamos ao redor de uma fogueira detrás da casa, eu com meu pijama rosa e uma coberta grossa sobre os ombros. meus pais bebiam vinho, eu e minha irmã bebíamos suco de uva pra fingir que estávamos bebendo vinho também. meu pai estacionava ao lado da fogueira, colocava um cd pra tocar no rádio do carro e abria as suas portas. pouco importava o volume do som, porque não havia absolutamente nada ao redor, nenhum vizinho com a parede colada contra a parede do meu quarto pra reclamar do barulho; eu podia cantar todas as músicas gritando, como sempre gostei muito de fazer, para o desespero de todos à minha volta.

as memórias mais estimadas que tenho da minha infância são lembranças de riachos, de pequeninas quedas d'água rodeadas de flores coloridas, de milharais repletos de espigas que eu usava como bonecas por causa do cabelo engraçado que elas tinham, de pular a porteira pra correr atrás dos bezerros (e pular de volta em desespero quando a mamãe vaca é que resolvia correr atrás de mim), de vagalumes que eu sonhava em prender num pote de vidro pra fazer uma lanterna de fadas, de bananeiras carregadas de bananas reluzentes, do rio que corria no quintal da nossa chácara naquela cidadezinha, das suas inúmeras goiabeiras que eu escalava e das quais às vezes caía e ralava os joelhos tentando pegar uma goiaba particularmente alta, do belíssimo pomar cheio de carambolas que meu avô materno mantinha com tanto cuidado e zelo, de todas aquelas pessoas humildes e risonhas que sempre ficavam felizes em nos receber com sua forma de biscoitos fritos bem quentinhos.

    não tenho muita certeza de quando foi exatamente que a criança que sabia de cor todas as músicas de milionário & josé rico e cantava "taça da amargura" se esgoelando pra vizinhança inteira ouvir se transformou na adolescente que morria de vergonha de tudo que tinha a ver com as suas raízes. o que sei é que, felizmente, existe um antídoto excelente pra toda a sandice que nos acomete durante a adolescência: o tempo.

    crescer é um ato inevitável (por mais que muita gente tente evitar a todo custo), algo que só deixaremos de fazer no dia em que fatalmente chegar a hora da nossa morte. ainda assim, há uma aura singular que caracteriza o crescimento específico que ocorre entre o final da adolescência e o início da fase adulta, quando parece que as nuvens que obscureceram nossa consciência por tanto tempo finalmente se dissipam, e os contornos turvos da realidade tornam-se nítidos pouco a pouco.

    é uma sensação muito curiosa perceber o mundo que nos emoldura ao desvanecer da bruma da mocidade, particularmente porque notamos, não sem espanto, que ele permanece o mesmo, mas, ainda assim, tem agora um ar inusitado e inabitual. nada muda a respeito do mundo em si, mas nossa forma de absorvê-lo, interpretá-lo e interagir com ele se transforma de maneira irremediável.

nossos pais, por exemplo, continuam sendo quem sempre foram e agindo como sempre agiram, mas agora possuímos uma inédita aptidão para percebê-los como nunca antes havíamos sido capazes. perplexos, notamos que nossos pais são *pessoas*, e mais que isso, que eles já eram pessoas grandes e complexas – com uma história sinuosa e seu próprio fardo de problemas, paixões, medos, conquistas, desejos, dúvidas, fracassos, júbilos, traumas, ambições, glórias e dores – *muito* antes de nós sermos pequenas pessoas, e essa é uma revelação revolucionária para um jovem adulto. enfim estamos preparados pra enxergar nesses indivíduos, que conhecemos literalmente a nossa vida inteira, motivações e sentimentos intrincados e contraditórios, razões e justificativas que sempre nos escaparam. e esse é apenas o começo; há ainda muito, muito mais a se descortinar sobre absolutamente tudo.

o mundo é o mesmo, mas nós somos noviços mais uma vez, e *tudo* precisa ser tateado e redescoberto. como você pode imaginar, "tudo" é de fato muita coisa. é por isso que esse processo de redescoberta é cíclico e perpétuo, e vai durar até o nosso último dia na face desse planeta, quer morramos aos vinte e cinco anos ou aos cento e cinco. eu já disse, crescer não é algo que se possa evitar, por mais que muita gente queira.

os anos passaram pra mim como passam pra todo mundo, e meu percurso naquela escola de ensino médio enfim se encerrou. entrei na universidade muito jovem, uma adolescente de dezessete anos recém-completados, ainda sem grandes noções do mundo fora do pequeno ovo em que cresci. a universidade em questão, no entanto, era uma universidade federal; e ela ia me

perplexos, notamos que nossos pais já eram pessoas complexas *muito* antes de nós sermos pequenas pessoas, e essa é uma revelação revolucionária para um jovem adulto.

larinha

ensinar bem rapidinho a entender que aquele antigo ovo da alvorada da minha adolescência era um ovo tão minúsculo que era quase insignificante.

uma universidade federal brasileira é, na sua própria essência, uma zona de descoberta, de encontro, de partilha, de mistura. numa federal, o poder que as escolas particulares tinham de separar quem quer que seja de quem quer que fosse se esvai súbita e completamente.

os alunos da federal de goiás naquele 2014 em que comecei meus estudos vinham de toda parte: de bairros tão afastados dos meus que eu jamais havia colocado os pés lá, de cidadezinhas do interior de goiás cujo nome eu nunca tinha ouvido na vida, de estados brasileiros situados em todos os pontos cardeais e colaterais possíveis. as pessoas que conheci na universidade haviam crescido de maneira completamente diferente da minha, no seio de famílias muitíssimo distintas da minha, com referências musicais, cinematográficas e literárias que nada tinham a ver com as minhas, e frequentavam espaços de socialização aberrantemente discrepantes dos meus.

a experiência da federal é uma experiência de profunda e repentina desomogeneização. de súbito, nos encontramos integrando um grupo que muito dificilmente teria se reunido e se aproximado sob qualquer outra circunstância, e isso é fabuloso.

a tal linha identitária da minha adolescência, que era capaz de nos separar durante o ensino médio de maneira tão natural, encontrava-se completamente incapacitada de existir. como poderia, se as identidades agora não estavam mais centralizadas em dois grandes polos distintos? como seria possível delimitar uma cultura e uma contracultura claras num caldeirão borbulhante de culturas tão múltiplas e diversas? como seria uma única linha capaz de designar a fronteira entre dezenas de grupos fundamentalmente destoantes? a resposta óbvia é que o "como" é uma impossibilidade, está fora de questão. não podia mais existir separação de qualquer ordem que fosse.

 com isso, é claro que não quero dizer que na universidade federal somos um grande grupo de melhores amigos que se dão as mãos sorrindo e cantam kumbaya todos os dias durante o intervalo entre as aulas. como em qualquer outro lugar, você ainda vai simpatizar com algumas pessoas e não ter vontade de interagir com outras. a diferença é que agora era preciso encontrar outros critérios pra isso, porque estávamos todos misturados demais pra nos basear em questões puramente identitárias. também não quero dizer que essa transformação se dá de forma instantânea, pelo contrário. eu, por exemplo, tentei por muito tempo aplicar minha mentalidade polarizada àquele ambiente (sem sucesso), antes de começar a compreender, muito devagar e gradualmente, que não ia funcionar e que eu teria que operar uma reforma completa no meu sistema de pensamento se quisesse prosperar ali.

 por cima de tudo isso, num aceno mais específico à cultura goiana, adicionemos o fato de que a minha melhor amiga decidiu cursar medicina veterinária na mesma universidade. caso você não esteja a par da relação entre esses dois fatores, eu explico: os cursos de medicina veterinária, zootecnia e agronomia são muito conhecidos na federal de goiás por reunir num só lugar os indivíduos que têm um gosto particular por todos os aspectos estereotípicos da cultura do estado. os arredores da evz, escola de veterinária e zootecnia, são muito provavelmente a segunda zona com maior concentração de pessoas usando camisa xadrez, botina, chapéu e cinto de fivela em goiânia. a primeira, se você estiver se perguntando, é a pecuária, nossa tradicional feira anual de exposição agropecuária e festival de música sertaneja. mas pouco importa qual é a primeira ou a segunda, porque na época do início da faculdade eu não fazia distinção dentro do meu coraçãozinho: queria passar igualmente longe das duas.

quando minha amiga anunciou que cursaria medicina veterinária ainda estávamos no terceiro ano do ensino médio, eu ainda era uma adolescente intragável de dezesseis anos com aquele pueril complexo de superioridade, e nós duas éramos jovenzinhas cool e alternativas. é claro que não expressei nenhum descontentamento em voz alta, mas estaria mentindo se dissesse que não fiquei me perguntando como é que ela ia fazer pra lidar com o fato de ter que conviver com todos aqueles "caipiras" todos os dias. avançando alguns anos no futuro, lá estava eu, frequentando alegremente os churrascos que ela organizava com os tais caipiras do curso, cantando com eles – a plenos pulmões – todos os clássicos do sertanejo universitário que passei a conhecer de cor, e me divertindo horrores, diga-se de passagem. é como eu disse: crescer tem dessas coisas às vezes.

durante os seis anos que passei na universidade federal de goiás, conheci profundamente e convivi todos os dias com pessoas de quem jamais teria me aproximado em outra conjuntura, frequentei lugares onde jamais teria posto os pés alguns anos antes, dancei animadamente ao som de músicas que me teriam feito franzir o cenho, li livros que jamais me teriam interessado, aceitei convites para festas que teria certamente recusado, considerei pontos de vista que me teriam enfurecido, refleti sobre questões que teria continuado a ignorar. quando finalmente subi naquele palco com a minha beca preta de faixa roxa pra segurar meu diploma pela primeira vez e tirar foto com o reitor, a garota de vinte e três anos que jogou o chapéu de formatura pra cima era fundamentalmente diferente daquela que havia assistido sua primeira aula na universidade aos dezessete.

a despeito do grande progresso relativo à minha cosmovisão,

uma coisa permanecia inalterada em meu âmago: uma constante sensação de desassossego, de desconforto, de descontentamento com o ambiente que via ao meu redor. a essa altura eu já tinha consciência de que aquele pequeno mundinho havia me construído, que ele tinha sido em grande medida responsável por eu me tornar a pessoa que já era – e eu tinha muito orgulho da pessoa que era –, logo, ele não podia ser intrinsecamente ruim. no entanto, ao mesmo tempo, apesar dessa consciência, eu não era *feliz* ali; e poucas coisas são tão angustiantes nessa vida como a consciência da incapacidade de ser feliz.

, , ,

dois anos depois daquela noite da minha colação de grau, vinte e cinco anos recém-completados e uma mochila de quinze quilos nas costas, eu me despedia da minha família e das minhas amigas no aeroporto antes de pegar um voo com destino à minha nova casa na frança.

a história de como cheguei àquele aeroporto numa bela manhã de domingo é deveras curiosa. pra começo de conversa, apesar do que possa parecer, eu jamais quis me mudar para a frança. na verdade, esse pensamento me ocorreu pela primeira vez na vida três meses antes de eu, de fato, me mudar.

eu sei que o "sonho francês" não é nada incomum, e que muita gente nutre a vontade e a esperança de um dia morar pertinho da torre eiffel e viver uma vida de queijos, vinhos e baguetes. eu, no entanto, nunca achei essa ideia lá essas coisas. eu nem gostava tanto de vinho assim, se você quer saber. além disso, e mais importante, eu não falava uma única palavra de francês. a alternativa de escolher, por mim mesma, morar num país cuja língua me fosse completamente obscura sempre me pareceu insana, e continua parecendo, pra falar a verdade. o processo de se adaptar a uma nova terra tão diferente da sua já é repleto de espinhosos desafios por si só; adicionar mais espinhos de bom grado sob a forma de barreira linguística seria pura sandice masoquista.

ademais, tenho uma sorte que muitos imigrantes voluntários (chamo assim aqueles que decidem imigrar porque querem, não por necessidade) não têm: nunca tive fixação com país nenhum em particular. não gosto nem de imaginar a frustração de ter idealizado e sonhado a infância e adolescência inteiras com a vida em um país específico só pra depois descobrir em primeira mão, enquanto adulto, que a realidade não tem nada a ver com a sua fantasia pueril.

eu nutria havia um certo tempo uma grande vontade de deixar minha terra e ir explorar lugares distantes. como já mencionei, não me sentia feliz onde estava; queria ver o mundo, conhecer mais de perto as culturas sobre as quais lia tanto na adolescência. apesar dessa gana meio apressada, meus critérios de escolha para o novo país que chamaria de casa eram bem objetivos. o que eu desejava era finalmente encontrar as coisas das quais sentia falta na terra onde nasci.

eu queria, mais que tudo, experimentar a sensação de viver num lugar onde pudesse me sentir segura pra andar a pé na rua sozinha (o que, infelizmente, jamais foi o caso no brasil pra mim). sonhava também com a vida num país de clima temperado, onde fosse enfim possível testemunhar a mudança das estações, porque o clima em goiás – que só alterna entre muito quente e seco e muito quente e úmido o ano todo – sempre me fez sofrer horrivelmente. além disso, queria viver numa terra que tivesse educação de qualidade, bom acesso à saúde, distribuição de renda justa, abundância de associações comunitárias e terceiros espaços de socialização, uma cultura que não fosse fundamentalmente oposta à minha e ideais sociais e políticos nacionais que se alinhassem mais ou menos com os meus.

estou completamente pronta para admitir que a descrição dos meus desejos para o país ideal tem um ar bastante utópico, porque é utópica mesmo. no entanto, eu sempre tive muita consciência de que jamais encontraria esse país perfeito, que preenchesse de forma plena todas as minhas vontades, critérios e demandas. nesse aspecto, acho que posso me felicitar um pouquinho por sempre ter sido muito prática e realista. eu sabia muito bem o que queria, e sabia melhor ainda que jamais encontraria exatamente o que procurava.

além de todos esses critérios, eu só considerava como opção válida para essa mudança países lusófonos ou anglófonos, porque português é a minha língua materna e falo inglês desde pequena. sabia muito bem que não queria ter que aprender uma língua nova do zero. eu não sou doida nem nada, apesar do que possa parecer. com tudo isso em mente, fiz minha lista de nações possíveis no papel, tendo como primeiro critério de eliminação a língua oficial falada – se não fosse inglês ou português, eu nem me daria ao trabalho de escrever o nome do país na folha. depois de muito analisar minha listinha, passar meses pesquisando a respeito de cada um dos nomes escritos e meticulosamente riscando-os por uma razão ou outra, um último país sobreviveu ileso à minha impiedosa caneta: o canadá.

quanto mais eu pesquisava sobre o canadá, mais convencida ficava de que ele era mesmo a melhor opção possível dentro da minha lista. além de todos os pontos positivos que eu enxergava no que diz respeito aos desejos que mencionei anteriormente, ele tinha um programa oficial de imigração qualificada ao qual eu podia me submeter.

procurei tão logo uma agência de imigração e usei minhas economias pra abrir o processo o mais rápido que pude. não vou entediar você com os detalhes, mas, essencialmente, o programa funcionava baseado num sistema de pontos: quanto mais critérios você preenchia, mais pontos ganhava. o governo, então, frequentemente fazia rodadas de convites para um certo número de candidatos, e aqueles com a pontuação mais alta eram convidados a entrar no país. é um processo relativamente simples, mas, dada a imensa quantidade de candidatos, você precisa atingir uma pontuação muito alta se quiser ter uma chance real de ser chamado. a minha era boa, mas não excelente; eu precisava fazer alguma coisa pra aumentá-la.

havia duas opções que me conferiram muitos pontos, segundo os critérios do governo: fazer uma pós-graduação ou, o que daria mais pontos ainda, fazer uma prova pra obter um certificado de domínio do francês. o francês é uma das línguas oficiais do canadá, mas de maneira geral só é falada em uma única província do enorme território, e o número de falantes está em constante declínio já faz algum tempo. o governo canadense, então, está sempre meio desesperado pra aumentar o número de francófonos no país, e disposto a dar enormes vantagens aos imigrantes que dominem a língua de molière.

ponderei as alternativas por alguns dias e acabei decidindo que uma pós-graduação, além de não ser necessariamente útil pra mim, levava tempo demais pra ser concluída. assim, decidi que ia fazer a prova.

essas provas de certificação oficiais não acontecem com uma enorme frequência, então é preciso estar atento às datas se você não quiser perder uma sessão e ter que esperar meses pela seguinte. consultei o calendário naquela primeira semana de julho, e a próxima sessão disponível era no dia sete de outubro. com uma gana desmesurada e sem pensar muito a respeito, me inscrevi.

só depois de pagar a caríssima taxa de inscrição é que me dei de fato conta do que tinha feito. eu teria exatos três meses pra aprender francês se quisesse passar na prova. esse é provavelmente um bom momento pra lembrar a você que eu não falava uma única palavra de francês até então. eu disse que não sou doida nem nada, mas às vezes gosto de colocar essa ideia à prova só pra ter certeza. ainda assim, três meses depois, passei na prova com nível avançado, superior ao exigido pelo governo, e obtive meu certificado exatamente como era preciso.

 sempre que conto essa história faço questão de mencionar que meu sucesso se deveu em grande medida ao fato de que eu tinha vários elementos a meu favor. tinha a minha descomunal obstinação, é verdade, mas também uma série de outros privilégios. gosto de ressaltar isso porque é muito fácil que você leia este relato e se sinta um fracasso porque faz aula de francês há sei lá quantos anos e acha que ainda nem fala "bonjour" direito. veja bem, eu acredito que você talvez não tenha um prazo muito limitado pra fazer uma prova caríssima da qual depende um processo de imigração dez vezes mais caro para o qual você está juntando todo o seu dinheiro e canalizando toda a sua energia. deve ser por isso. é possível que esse fator tenha uma pequeninita influência, sabe.

 falando sério: eu passei três meses estudando no mínimo oito horas por dia de segunda a sexta e no mínimo doze horas por dia nos finais de semana, e o pior é que nem estou exagerando pelo efeito dramático da coisa. fazia em um único dia o equivalente a quase dois meses de um curso de francês clássico em escola de língua. eu sabia muito bem tudo que dependia dessa bendita prova, e não tinha dinheiro nem tempo suficiente pra deixar a oportunidade escapar.

 estudei à exaustão, é verdade, mas estudei porque *pude* estudar. a gente não pensa muito a respeito, mas o próprio fato de ter tempo e condições favoráveis pra estudar é um enorme privilégio. nessa época eu trabalhava como professora de inglês, mas não tinha aluguel pra pagar, roupa pra lavar, casa pra arrumar e nem almoço e janta pra fazer. morava com meus pais, que estavam cientes do processo e se encarregavam de tudo pra que o meu tempo livre fora do trabalho fosse inteiramente dedicado aos estudos e nada mais. eu fiz a minha parte, mas só fiz porque *pude* fazer. muita gente até *quer* estudar, mas não *pode*, e eu acho importante que a gente se lembre disso.

de uma maneira ou de outra, o fato é que agora eu tinha uma pontuação altíssima no processo de imigração e chances muito reais de receber um convite na próxima chamada. eu estava pronta pro canadá. o único pequeno problema é que percebi de maneira um pouco tardia que o canadá não estava nada pronto pra mim.

desde o início da pandemia de covid-19 todos os programas de imigração canadenses haviam tido sua velocidade de processamento reduzida ao extremo ou simplesmente haviam sido suspensos por tempo indefinido. fazia mais de um ano que a minha categoria não promovia uma rodada de envio de convites, e mesmo para as categorias que estavam fazendo chamadas o tempo de processamento havia mais que triplicado.

em outubro, quando recebi o resultado da prova de francês e me dei conta de que o canadá não ia abrir suas portas pra mim tão cedo, comecei a procurar outras maneiras de ir pra algum outro país fazer qualquer outra coisa enquanto esperava a situação se normalizar no ministério da imigração canadense. refiz minha lista de países como da primeira vez, com uma *ligeira* diferença: dessa vez incluí também todos os territórios francófonos, já que tinha aprendido a porcaria da língua pra porcaria da prova de qualquer maneira.

coincidentemente, descobri que a frança era a opção mais fácil e rápida de todas as nações da lista pra conseguir um visto na minha situação. três meses se passaram entre essa descoberta e aquela manhã de domingo no aeroporto, quando me despedi da minha família e das minhas amigas antes do meu voo de partida.

como você deve ter percebido, eu me mudei pra frança de maneira repentina e espontânea, sem planejar nem pensar em muita coisa. dizia a mim mesma que não *precisava* pensar, porque era uma estadia temporária, não era nada sério, era só um ano enquanto o processo canadense se encaminhava. no pior dos cenários eu poderia voltar pra casa a qualquer momento, e no melhor dos cenários eu aperfeiçoaria meu francês e conheceria um novo país, mesmo que não fosse um país que me empolgasse muito. eu não achava a frança lá essas coisas, e sem nenhuma justificativa concreta mesmo. sei lá. muita gente tem um fascínio grande pelo país por alguma razão, e se você já reparou algo sobre mim a partir desses escritos, provavelmente é o fato de que eu tenho uma pequenina tendência a ser meio do contra – um resquício da minha rebeldia adolescente que venho superando muito devagar desde o início da vida adulta.

admito que só vim pra terra natal de baudelaire mesmo porque era a opção mais fácil. eu não *decidi* vir pra cá de verdade, essa ideia nunca fez parte de qualquer plano que eu já tenha feito pra minha vida. foi o fluxo contínuo dos acontecimentos que acabou me empurrando quase a contragosto com a sua correnteza inescapável, e ainda bem. o fluxo contínuo dos acontecimentos sempre sabe o que faz, mesmo que às vezes a gente duvide.

quando contei pra minha psicóloga que me mudaria, ela passou várias sessões me perguntando como é que eu estava me sentindo, o que eu achava dessa história toda. e a minha resposta era sempre mais ou menos a mesma: eu não acho nada. e não achava mesmo. estava completamente incapacitada de achar qualquer coisa que fosse, imersa numa sensação de normalidade absoluta. mas como assim não acha nada?, ela rebatia exasperada. ah, sei lá, é só normal, eu respondia. não havia apreensão particular, nenhuma ânsia em especial, somente uma genuína calma estoica de fazer inveja a sêneca. coitada da minha psicóloga.

o fluxo contínuo dos acontecimentos sempre sabe o que faz, mesmo que às vezes a gente duvide.

larinha

todo mundo sabe que o segredo do encanto real é não criar expectativas. somente aqueles que não alimentam expectativa nenhuma sobre uma determinada situação podem se surpreender *de verdade*. mas todo mundo sabe também que, infelizmente, não criar expectativas é uma habilidade que nenhum ser humano possui, porque nem é uma habilidade que existe. a não criação de expectativas não pode ser deliberadamente produzida, ela simplesmente acontece. qualquer pessoa que disser a si mesma que não vai criar expectativa nenhuma já as criou há muito e está simplesmente em negação. a mágica só acontece pra valer nos raros casos em que uma pessoa *genuinamente* não cria expectativas; não porque tenta de maneira ativa não criá-las, mas porque as expectativas naturalmente decidem não se manifestar.

a ausência completa de expectativas não é algo que se possa escolher, são as próprias expectativas que decidem dar as costas pra você; e eu, modéstia à parte, tive a grande honra de ser completamente esquecida por elas na ocasião da minha mudança. cheguei à frança esperando um grande total de *nada*, de maneira profundamente genuína. e me surpreendi muitíssimo, de um jeito que eu tenho certeza de que jamais teria me surpreendido no canadá. eu tinha expectativas demais a respeito do canadá, e o pobre coitado jamais teria podido atendê-las.

o exercício de se ajustar a uma nova cultura, uma nova maneira de perceber e conviver com o mundo, pode ser muito difícil. não obstante, devo admitir que roubei um pouco no joguinho da adaptação, mas nem mesmo foi intencional. é só que, como disse antes, por algum motivo cheguei aqui embrulhada num cobertor de normalidade tão quentinho que tudo me parecia só... normal. e falo de tudo mesmo, das questões mais óbvias às mais intrincadas. ah, é isso que vocês comem aqui nessa tal hora do dia? ah, então tá. ué, é isso que vocês pensam sobre essa questão de grande importância ambiental? ah, beleza. hum, esse comportamento totalmente normal pra minha cultura não é bem-visto aqui? ok, entendi. ah, esse tipo de entonação específica nesse tipo de frase nesse tipo de contexto pode dar a entender uma coisa negativa? tá bem, anotado.

eu nem estava consciente do que vou dizer agora, porque o fiz de maneira muito intuitiva, mas acho que a chave para a adaptação bem-sucedida a uma nova cultura é de fato estar aberto a aceitar com uma aberrante naturalidade as coisas que você aprendeu a achar mais esdrúxulas e esquisitas. a título de exemplo, uma pequena anedota boba: cheguei à frança no meio do inverno, fazia um frio que eu jamais tinha sentido na vida e meu nariz não parava de escorrer o tempo todo. um belo dia, na mesa do jantar, um francês, cansado de me ouvir fungar, me deu um lenço e me disse pra assoar logo o nariz.

se você é brasileiro, sabe muito bem que, como regra geral, preferiríamos experienciar uma morte lenta e dolorosa a ter que assoar o nariz na frente de alguém, sobretudo na mesa do jantar. apesar disso, essa aura de aceitação me fez receber a situação com uma normalidade fora do comum. olhei pro francês, olhei pro lenço, olhei pro francês de novo, peguei o lenço, olhei pro lenço de novo, dei de ombros e soltei o meu já costumeiro "então tá bem". dei uma bela assoada no nariz. o francês assentiu, satisfeito, e continuamos comendo o jantar. desde então, ando sempre com meus pacotes de lenços na bolsa e assoo o nariz a qualquer hora, em qualquer lugar, como se tivesse feito isso a minha vida inteira e como se meus pais não fossem ficar horrorizados com tamanha falta de educação.

antes de chegar aqui, meus conhecimentos sobre o modo de vida francês eram limitados ao estereótipo do parisiense de bigode enrolado, camiseta listrada e boina, que toca acordeão às margens do rio sena com uma baguete debaixo de um braço e uma garrafa de vinho debaixo do outro. é claro que eu sempre soube que essa não era a realidade; eu também não sou tão obtusa assim, apesar do que possa parecer. é só que eu não sabia *qual* era a realidade, mas ia descobrir bem rapidinho. e quanto mais a descobria, mais gostava dela.

na semana seguinte à minha chegada eu já estava esbarrando com pessoas simpáticas que me convidavam pra cafés, bares e reuniões em casa. um dia, nas minhas primeiras semanas no país, uma conhecida de uma conhecida nos convidou pra uma raclette – basicamente, um jantar tradicional de inverno que consiste em derreter quantidades enormes de queijo pra colocar por cima de uma montanha de batatas cozidas e presunto. foi ali que topei com um francês absolutamente adorável que passou a noite toda me ensinando gírias e palavrões que eu não conhecia ainda na língua dele. rimos muito. nunca mais nos separamos e hoje ele dorme e acorda do meu lado todos os dias.

enfim, preciso me controlar e encerrar esse assunto imediatamente se não quiser desviar meu foco e transformar esse escrito em uma daquelas histórias bregas de "como eu conheci seu pai". acredite, eu seria capaz de fazê-lo num piscar de olhos.

o que quero dizer com tudo isso é que de fato me adaptei muitíssimo bem à frança; tão bem que esqueci completamente que algum dia havia existido um pedaço de terra nomeado "canadá" no globo terrestre. a inscrição no processo de imigração caríssimo que eu havia iniciado acabou expirando alguns meses depois da minha chegada e eu nunca movi um único dedo pra renová-la, porque levei um tempo muito curto pra entender que havia vindo acidentalmente parar no ponto exato desse mundo enorme que tinha uma vontade sincera de chamar de casa.

esqueci o canadá, é verdade. havia, no entanto, um outro

pedaço de terra no globo terrestre que era bem mais difícil de esquecer. a despeito do inegável bem-estar que eu experienciava, amplificado pela enxurrada de novidades entusiasmantes do meu primeiro ano nesse novo país e pela descoberta de um novo amor, eu sempre era acompanhada de uma sensação estranha e pesarosa, difícil de nomear e até de descrever, que me tomava de assalto por alguns milissegundos nos momentos mais despropositados e inexplicáveis.

,,,

estou sentada no banco de um bar, na cadeira de um restaurante, no sofá de uma festa. do brasil?, alguém me pergunta animado, pela centésima vez. eu adoro o brasil! você já foi ao carnaval do rio? digo que não, que venho de um lugar que fica muito longe do rio, que é quase a mesma distância de carro entre paris e roma. é o que respondo sempre. lá pela vigésima vez que alguém me perguntou quão longe a minha terra natal ficava do rio, aprendi que era preciso dar exemplos concretos em matéria de distância. me perguntam se eu assisto futebol. não, eu não sou muito fã de futebol, mas muita gente no brasil assiste mesmo, isso é verdade.

me interpelam sobre o samba, sobre as praias, sobre a amazônia, sobre o cristo redentor. eu não sei muita coisa a respeito, respondo no automático. nada disso tem muito a ver com o brasil de onde eu venho. o brasil tem dezessete vezes o tamanho da frança, sabia? conheço bem a continuação da conversa: não, não sabia; ninguém nunca sabe. caramba, é grande mesmo! desculpa, você deve estar me achando um estrangeiro ignorante, falando de todos esses estereótipos. digo que não estou, e muito honestamente não estou mesmo. sabe, sussurro baixinho em tom de confidência, antes de vir pro seu país eu também achava que vocês todos tinham bigode e tocavam acordeão ao lado da torre eiffel vestindo camiseta listrada. todo mundo ri. eu já sabia que eles ririam. eles riem sempre.

    como é lá, de onde você vem? tomo um gole da bebida que estiver na minha mão no momento. essa é uma parte da conversa que acontece mais raramente. em geral, paramos na piada sobre o acordeão antes de mudar de assunto. ao contrário das outras perguntas, a resposta pra essa não tem muito ensaio nem padrão. da primeira vez que a respondi, eu havia acabado de chegar à frança. dei de ombros e disse que era uma grande fazenda, cheia de vacas e pessoas usando chapéu de caubói. rimos. mudamos de assunto.

    mas isso foi antes.

, , ,

estou sentada no banco de um parque que fica a algumas centenas de metros da minha casa, de frente pra uma represa onde um pai e seu filho pescam juntos. curioso, eu penso, não sabia que era permitido pescar aqui. a luz dourada do belo sol de fim de tarde reflete sobre a água num ângulo que a envia diretamente na direção dos meus olhos e me cega por um breve instante.

    um pássaro passa rápido rasgando o céu. observo-o de relance com a visão ainda turva e algo dentro de mim grita com a certeza clara de que é uma arara azul. esfrego os olhos com as costas da mão. olho o pássaro de novo. não é uma arara. é claro que não é. não poderia ser. eu nem sei como esses pássaros daqui se chamam. em algum momento desenvolvi esse hábito tolo de enxergar no mundo concreto o mundo que conheço... mas esse diante de mim agora não é como aquele antigo que eu entendia tão bem. de nada adianta insistir em fantasiar a arara, digo a mim. não há araras aqui.

não é uma arara, nem uma maritaca verde, nem um pé de amora. até quando é de fato um pé de amora, as amoras não são as mesmas. aquela pessoa que se virou de súbito no restaurante não é minha melhor amiga, nem a atendente da padaria de costas é minha mãe. se eu olhar direitinho, essa árvore aqui nem lembra tanto assim aquela que ficava na rua atrás da minha casa, e a língua dessa música pode até me enganar por alguns segundos quando ela começa a tocar na festa, mas não é a minha língua. esse lugar não é a casa que conheci a vida toda, não tem cheiro de alho dourando, nem grito de bem-te-vi ao fim da tarde, nem barulho de novela no jantar, e eu sei disso muito bem. eu sempre soube disso muito bem. ainda assim, por alguma razão que me escapa, insisto a contragosto em enxergar no mundo o mundo que conheço; e ele se funde muito devagar com esse tão novo diante dos meus olhos.

,,,

estou sentada no banco do passageiro do carro. observo em silêncio a calma paisagem noturna enquanto o homem que eu amo dirige muito lentamente, aproveitando a falta de tráfego desse horário. estamos aqui porque ele quer me mostrar um pouco da cidade onde cresceu, uma cidade com mais de um milênio e meio de história. passamos diante das casas onde ele morou quando era pequeno, das escolas onde estudou, do supermercado onde costumava trabalhar nas férias de verão, dos bares onde vinha beber nas noites de quinta com seus amigos da faculdade. ele estaciona o carro e cruzamos o centro da cidade a pé.

ele aponta pra uma rua, uma casa, uma árvore, uma loja, uma placa, e conta histórias sem fim; histórias de travessuras infantis e descobertas adolescentes, histórias de dias de riso e de dias de muitas lágrimas, histórias que saltam pelas ruas, dançam sobre as casas, escondem-se sob as árvores, entram correndo nas lojas, perdem-se em todas as placas, explodem em fagulhas multicoloridas ao redor da cidade inteira. vislumbro diante de mim o grande desfile de memórias ardentes de uma vida que, apesar de pertencer a alguém que conheço tão bem, me parece muito difícil de imaginar.

essa cidade não se assemelha a absolutamente nada que eu tenha visto nos primeiros vinte e cinco anos que passei vendo coisas nesse planeta. todas essas ruas, essas casas, essas árvores, essas lojas e essas placas não me dizem nada. tudo é tão bonito, tão antigo, tão silencioso, tão outro. como será crescer numa cidade assim? como será acrescentar a história da sua vida a um lugar que já acolheu tantas outras, durante tanto, tanto, tanto tempo? como será dormir todas as noites numa terra que nina as almas sonolentas dos seus habitantes há quase dois mil anos? como será fazer esse caminho tão bonito de volta pra casa todos os dias depois da escola? como será passar o início da sua vida adulta bebendo nesses bares às quintas, como será atravessar um verão trabalhando nesse supermercado, como será entrar numa dessas lojas distraído porque você precisa comprar um casaco? eu não sei. eu não faço a menor ideia de como seja. sinto latejando fundo em algum lugar dentro de mim uma vontade dolorida e verdadeira de chamar essa terra de casa, mas não a reconheço. nada aqui é cognoscível, nada me faz sentir que eu também posso caber.

no meio da praça central, avisto uma enorme e imponente estátua. é uma mulher em cima do seu cavalo, iluminada por dezenas de luzes coloridas. quem é essa?, pergunto. ah, é a joana d'arc, ele me responde rápido e desatento, sem levantar o olhar, e emenda diretamente uma outra anedota pessoal envolvendo a praça.

joana d'arc... meu cérebro, sem que eu lhe peça, vai buscar a lembrança de todas as horas que passei sentada nas carteiras de tantas escolas aprendendo sobre a história de joana d'arc. foi aqui!, me dou conta de súbito. foi essa a cidade que joana d'arc liberou do domínio dos ingleses, eu escrevi sobre isso uma vez numa prova! fico paralisada por alguns instantes diante da estátua, olhos perdidos no vazio. penso na vida do homem ao meu lado. foi aqui que ele nasceu e cresceu? na cidade cujo nome eu memorizei na infância porque tinha que escrevê-lo numa prova? pessoas de verdade crescem e vivem sua vida aqui? essa cidade existe de verdade, fora da minha prova? enquanto eu estava sentada na carteira da escola escrevendo a minha resposta na prova, era aqui que ele estava? eu estava numa escola de goiânia e ele aqui, dormindo, estudando, brincando com os amigos, assistindo tevê, tomando um sorvete?

ele chama meu nome e percebo que não escutei o final da anedota. o que é que você tem?, ele pergunta um pouco inquieto. ergo o olhar mais uma vez pra observar a estátua, ele para do meu lado e faz o mesmo.

como foi crescer aqui?, digo em voz baixa. um breve silêncio. como assim, como foi crescer aqui? me viro na sua direção. como foi, tipo, a experiência de crescer num lugar assim? a confusão estampada no seu rosto me faz crer que ele não entende muito bem a pergunta. eu sei lá!, ele diz, não faço ideia, quer dizer, foi normal. sorrio aliviada, porque essa frase me traz de volta à realidade e me responde tudo.

é claro que foi só normal, digo a mim mesma, respirando mais calmamente.

é claro que foi.

, , ,

estou sentada na minha cama após um dia cansativo, sem força de vontade pra me levantar e ir tomar banho. quando finalmente consigo me convencer, abro a gaveta da cômoda, pego meu pijama, caminho vagarosamente até o banheiro. desbloqueio a tela do celular, digito "brasil" na página de busca do tocador de música, rolo um pouco e paro numa lista de reprodução chamada "brasil brasileiro". nunca escutei essa daqui, penso. abro a lista, coloco as canções pra tocar em modo aleatório, tiro a roupa, abro o chuveiro, espero a água esquentar. ela às vezes demora muito pra esquentar por aqui. começa um samba, seguido de um xote e depois de um reggae. meu deus, mas que lista de reprodução absurdamente eclética é essa? rio enquanto enxáguo o condicionador dos meus cabelos.

a canção seguinte começa a tocar e eu viro abruptamente a cabeça na direção do som, olhos bem abertos. eu conheço perfeitamente essa introdução, tenho certeza de que já a ouvi centenas de vezes. mas onde? franzo o cenho, numa tentativa inútil de forçar a lembrança a se manifestar na minha mente. o cantor enuncia devagar: "não há, ó gente, ó não / luar como esse do sertão." me arrepio. a lembrança se manifesta. fazia mais de uma década que eu não escutava essas palavras.

a música é "luar do sertão", de joão pernambuco e catulo da paixão cearense, na versão de chitãozinho e xororó. sei disso porque ela integra um álbum da dupla chamado "clássicos sertanejos", que meu pai adorava. durante a minha infância, ele colocava esse cd pra tocar em todas as ocasiões possíveis, especialmente no rádio do carro, quando o estacionava ao lado da fogueira que fazíamos à noite no sítio do meu tio. me lembro que eu achava a capa desse álbum muito engraçada, porque as duas letras "s" da palavra "clássicos" eram desenhadas como dois frangos. quem foi que teve essa ideia?, eu pensava, zombeteira. em retrospecto, acho mais provável que eles não sejam dois frangos, mas dois pássaros, presumivelmente representando o inhambu-chintã e o inhambu--chororó, aves que emprestam seus nomes à dupla de cantores;

mas a realidade pouco me importa. serão sempre dois frangos engraçados na minha memória, e sorrio disso.

ouvindo, me dou conta de que ainda conheço a letra da música, palavra por palavra. quase involuntariamente, começo a cantar baixinho: "ó, que saudade do luar da minha terra / lá na serra branquejando, folhas secas pelo chão / esse luar lá da cidade, tão escuro / não tem aquela saudade do luar lá do sertão." um arrepio enternecido desce as minhas costas. puxa, essa música é tão bonita, como é que eu nunca tinha reparado antes?, me pergunto, surpresa. as palavras se sucedem numa cadência comovente. escuto atenta, como se fosse a primeira vez.

sigo cantando. ao final, sem que me dê conta, minha voz já é alta e forte: "ai, quem me dera eu morresse lá na serra / abraçado à minha terra e dormindo de uma vez. / ser enterrado numa grota pequenina / onde, à tarde, a sururina chora sua viuvez." o pesar desse lamento humilde atravessa minha carne. sou tomada pela dor desse canto de orgulho, saudade e gratidão; pela ternura dessa ode à terra que nos criou e nos acalentou no seu seio maternal. um soluço eleva-se involuntário de um lugar muito íntimo no fundo da minha alma e corta a última frase ao meio. lágrimas grossas fluem dos meus olhos. lembro do riacho, do cavalo, do céu estrelado, da fogueira, dos vagalumes, dos pés de goiaba, do guacamole lanches, dos meus pais, dos meus avós. choro e soluço incontrolavelmente, como chora alguém que está de luto pela perda de um amigo muito, muito querido.

não há, ó gente, ó não, luar como esse do sertão.

,,,

estou sentada diante do meu computador há horas, fazendo e refazendo buscas sem fim em todos os sites e bancos de imagens que consigo imaginar. ao meu redor, uma sala quase sem mobília, paredes nuas, sacolas estufadas de roupas pelo chão, um sofá solitário diante de uma tevê no canto do enorme cômodo quase vazio. faz só três dias que chegamos ao nosso novo apartamento. estou aqui sentada tentando encontrar imagens, pôsteres ou quadros interessantes pra dar um pouco de vida às paredes ainda brancas. eu sei que quero que nosso lar conte a nossa história, que ele se pareça conosco, que nos reconheçamos aqui quando destrancarmos a porta de entrada depois de um dia de trabalho.

começo a entender que os termos de busca muito gerais como "brasil" ou "brasilidade" não vão me levar longe nos bancos de arte digital, porque os resultados que eles produzem são sempre os mesmos. em primeiro lugar, temos as gravuras que remetem à cultura específica da cidade do rio de janeiro: suas praias, seu biscoito globo com mate gelado, sua boemia, seus clubes de futebol, seu samba, o pão de açúcar, o cristo, o calçadão de copacabana. em segundo lugar, ilustrações que remetem à cultura de diferentes estados da região nordeste do país: o chapéu de cangaceiro, as xilogravuras, os cactos floridos, as sombrinhas do frevo, a baiana do acarajé com seu vestido branco. em terceiro lugar, está representada a cultura da região norte: a floresta amazônica, o artesanato e a pintura corporal indígena, as vitórias-régias, o folclore. em um quarto lugar muito tímido, há entre os resultados algumas escassas referências à cidade de são paulo, à praça da sé ou à estação da luz. aqui e lá também se nota uma ou outra gravura com uma frase célebre de um cantor de mpb, e é só.

nada disso é o que eu estou procurando. é claro que todas essas imagens diante dos meus olhos falam do brasil, mas não dizem nada sobre o brasil que *eu* conheço. se eu quiser encontrar arte interessante que remeta à minha terra, vou ter que ser bem mais específica com as palavras.

encaro a tela do computador em silêncio. mas o que é que eu poderia digitar aqui pra obter um resultado relevante pra mim, se nem eu mesma sei o que é que eu estou procurando exatamente? quais são os aspectos da minha terra que me interessam, quais são as imagens ligadas a ela que eu quero ver todos os dias nas paredes da minha casa? por que é que está me dando esse branco agora? vamo, só digita qualquer coisa! eu sei lá, pequi, pamonha, galinhada! não, horrível, por que é que eu só consigo pensar em comida? eu nem estou com fome, comi agorinha mesmo. espera, com certeza existe um termo de busca bem mais certeiro pra representar o lugar de onde eu vim. aliás, *de onde eu vim?*

    abro uma nova guia no navegador, digito "goiás" na barra de pesquisa. clico no primeiro resultado, começo a ler despretensiosamente. aprendo um fato geral ou dois sobre a economia do estado, sua geografia, sua história. tenho uma dúvida sobre um ponto específico do que li, faço uma nova busca. e outra. e uma seguinte que sucede a anterior. os primeiros resultados das pesquisas rapidamente tornam-se superficiais demais pra me fornecer as respostas que desejo. digito uma frase mais específica, vou até a terceira página de resultados, clico num artigo acadêmico. em algum momento o longo texto faz uma referência a uma tese de mestrado. refaço uma busca pra encontrá-la. leio e tenho ainda mais perguntas em mente. refaço uma busca e vou até a sétima página antes de abrir outro artigo. olho o relógio. meu deus, já é hora de fazer o jantar.

    os dias que seguem desenrolam-se exatamente da mesma maneira.

, , ,

estou sentada no banco ao lado da porta de entrada do nosso apartamento, tirando os sapatos. cheguei há alguns segundos e estou morrendo de fome. atrás de mim pende, orgulhosa, uma enorme ilustração da estação ferroviária de goiânia. logo à minha frente, na parede da cozinha, quatro quadros: em dois deles vemos representados vários pratos e queijos franceses e, nos dois outros, pratos, bebidas e sobremesas brasileiras.

calço minhas pantufas, vou até a cozinha, abro a geladeira, pego a manteiga e o pote de geleia de morango, passo os dois na baguete que comprei mais cedo, encho um copo de água, vou até o sofá e me sento. como e bebo em silêncio, observando todos os quadros que enfeitam a parede da nossa sala. há um mercado parisiense, a fachada de uma loja de vinhos e uma padaria francesa. penso na ocasião em que perguntei ao homem com quem divido a vida o que é que ele mais gostava no seu país. as padarias, ele respondeu sem nenhuma hesitação, com ares de desejo. rio sozinha. há também uma imagem da catedral da cidade francesa onde ele nasceu, além de um mapa do distrito português onde a sua mãe nasceu, e onde ele passava as férias quando era pequeno. num outro quadro, vê-se uma floresta na sua estação do ano favorita, o outono. são dezenas de arvorezinhas com suas folhas amarelas, rubras e alaranjadas.

dou mais uma mordida na baguete. meus olhos continuam a percorrer a parede. vejo uma gravura da praça do coreto, na cidade de goiás. lembro de quando estava no ensino fundamental e o dia mais esperado do ano era a excursão da escola até lá. visitávamos sempre o museu das bandeiras e a casa de cora coralina, poeta goiana que todos nós conhecemos desde a infância lá na terra de onde venho e que redescobri com um olhar muito diferente durante meus estudos em letras na federal de goiás. por falar nela, ali na parede está também o seu retrato, bem grande, logo ao lado da imagem de várias flores típicas do meu cerrado. há ainda uma bela ilustração de um ipê amarelo florido, exatamente como aqueles que enfeitam goiânia em agosto e setembro todo ano. diante de mim, acima da tevê, uma gravura do mapa da américa latina estilizado, pulsando em uma dezena de cores fortes e chamativas. logo abaixo, uma imagem de festa junina, com as suas alegres bandeirolas sob um céu estrelado.

    pego meu copo d'água, bebo um gole. sorrio.

    estou em casa.

,,,

estou sentada no banco de um bar, na cadeira de um restaurante, no sofá de uma festa. como é lá, de onde você vem?, alguém me pergunta com olhos cheios de curiosidade. tomo um gole da bebida que estiver na minha mão no momento. essa é uma parte da conversa que acontece mais raramente. concedo a mim mesma o direito de refletir por alguns segundos.

    bom, é bem diferente da ideia que você tem do brasil, declaro, ainda tentando formular a resposta dentro da minha cabeça. eu venho de um lugar que fica bem longe das praias do rio de janeiro e bem longe da floresta amazônica também, emendo com um olhar de reprovação fingido e um sorriso no rosto. ops, assumo a culpa do delito de estrangeiro ignorante, me respondem em um tom fingido de embaraço. rimos juntos. continuo tentando pensar no resto da resposta ao mesmo tempo.

    fica bem no centro do país. ou um pouquinho a oeste do centro, se você quiser ser mais preciso. é um lugar com uma vegetação bem peculiar. já viu uma foto da savana africana? me olham com um ultraje propositalmente exagerado: ei, que pergunta é essa! é claro que já vi uma foto da savana africana, eu também não sou um estrangeiro tão ignorante assim! ué, dou de ombros, vindo de vocês por aqui nunca se sabe. nos damos um sorriso mútuo. prossigo. pois então, o lugar de onde venho se parece visualmente com a savana africana, um pouquinho. tem umas árvores com troncos retorcidos em formas engraçadas, com raízes que vão buscar água quinze metros abaixo da terra. arregalam os olhos. quinze metros!? tipo um prédio de quatro andares enterrado embaixo de uma árvore? alguma coisa assim, eu acho, respondo sem tentar fazer as contas. também tem umas plantas diferentes, tipo essas aqui, olha. pego o celular e mostro as fotos de uma caliandra rubra bem aberta, um campo coberto de chuveirinhos do cerrado, um enorme ipê amarelo, uma flor de pequi.

    caramba, realmente não se parece muito com o que eu imaginava, me confessam pasmados. é? então espera só até você descobrir que essa última flor que eu te mostrei vira um fruto verde com um enorme caroço duro bem amarelo e cheio de espinhos por dentro, e que cozinhamos esse caroço e o comemos com arroz e frango. me olham com um ar de estranhamento que dessa vez não é fingido. vocês mastigam o caroço duro com espinhos!? sorrio. não exatamente... o fruto se chama pequi. você tem que pegar o caroço com a mão e roer a parte carnuda no exterior com cuidado pra não acabar com a gengiva e a língua cheias de espinhos. a expressão de incompreensão marcada no rosto diante de mim se aprofunda. vocês são malucos. quem foi a primeira pessoa que pensou em comer um caroço espinhento? solto uma risada alta. quem foi a primeira pessoa aqui no seu país que viu um caramujo gosmento passeando tranquilamente no jardim e pensou que ele parecia muito apetitoso? breve silêncio. tá bem... ponto pra você. o que mais vocês têm de esquisito por lá? reviro os olhos, sorrindo, e tomo mais um gole da minha bebida.

    falo das celebrações tradicionais, das cachoeiras geladas, da música sertaneja, das cidadezinhas do interior, da praça da igreja, da festa junina, da quadrilha, das fazendas, dos cajuzinhos do cerrado, das flores de maracujá, dos fogões a lenha, dos pratos típicos, da poesia de cora coralina, das ruas de pirenópolis, dos carros de boi, dos milharais, das casinhas simples habitadas por gente humilde e amável. quando me dou conta, já faz mais de trinta minutos que estou absorta num ardente solilóquio. sem perceber, parei de falar com alguém diante de mim e comecei a discursar apaixonadamente pra mim mesma. o gelo da bebida já derreteu há muito tempo, mas tomo um gole mesmo assim.

desculpa, acho que me empolguei um pouco, digo, meio acanhada. não tem problema. você parece amar muito esse lugar, me respondem, em tom afável. pareço?, me pergunto um pouco perplexa. pisco algumas vezes em silêncio e tomo outro gole da bebida aguada. é, acho que amo mesmo.

por que foi que você decidiu ir embora, então? mais um gole. engulo a bebida muito devagar. coloco o copo de volta sobre a mesa calmamente. respiro. dou de ombros. ah... suspiro com um pouco de pesar.

é que eu não era feliz lá.

, , ,

"às vezes se escolhe entre amor e alegria na vida." é isso que canta tim bernardes naquela canção sobre a qual eu falei no início deste escrito, e que nada tem a ver com a história de alguém que deixa sua terra por reconhecer sua incapacidade de ser feliz lá, mesmo amando-a profundamente. ainda assim, por alguma razão, foi sempre essa a história que escutei na música, desde a primeira vez que o álbum recém-lançado do tim chegou aos meus ouvidos. a capacidade do ser humano de dobrar o mundo ao seu gosto pra que ele fale de si é realmente impressionante.

o fato é que, apesar da grande tendência que tenho a romantizar todos os aspectos da minha vida pra mim mesma, a concretude das coisas não me escapa. é claro que é muito gostoso adicionar uma camada de sonho à própria realidade, afirmar pra si que o ordinário tem certamente algo de extraordinário, fazer um esforço consciente pra enxergar um brilho quase sobrenatural nas coisas mais opacas. me faz muito bem nutrir a ideia desse goiás romântico da minha infância, essa memória colorida e lépida de um lugar quase mágico, ocupado por uma natureza exuberante, tradições centenárias, pessoas simples e afáveis, cidadezinhas pacatas, festas luminosas. no entanto, apesar de encontrar aconchego e conforto nessa projeção infantil, eu conheço a face menos nobre e alentadora da realidade. eu a conheço muitíssimo bem.

goiás é a terra onde eu nasci, cresci e vivi por vinte e cinco anos, a terra aprazível que tanto me ensinou e me presenteou com um percurso cheio de aventuras memoráveis; e é também uma terra de muitos obstáculos, com uma mentalidade retrógrada e um baixíssimo nível de autoconsciência. goiás tem uma enorme dificuldade de olhar pro seu reflexo no espelho, de reconhecer seus tropeços e suas contradições. não tem a autoconfiança necessária pra rir de si mesmo, nem a maleabilidade de caráter essencial pra repensar suas crenças centenárias. goiás é uma terra habituada à violência de um cabresto tão apertado que dá enxaqueca, ou ao desamparo do completo abandono.

meu estado tem, ao mesmo tempo, uma memória muito curta e um apego ferrenho àquilo que parece familiar e conhecido, razão pela qual tende a repetir em círculos a sua própria trajetória, mesmo quando ela é malsã. no início deste escrito eu contei uma história sobre a família poderosa da antiga capital do estado, que comandou por tantas décadas uma oligarquia iniciada lá no século dezenove. se você se lembra dessa história, talvez fique chocado ao saber que agora, enquanto escrevo, em 2023, o governador do estado ainda carrega o sobrenome daquela mesma família. talvez você se choque ainda mais com a revelação de que ele é neto, sobrinho-neto, sobrinho e primo de tantos outros ex-senadores, deputados federais e deputados estaduais de goiás que tinham o referido sobrenome, e que ocupam cargos de poder há mais de cem anos. talvez seu choque aumente ao descobrir que, durante seus vários mandatos, nosso governador já deu uma penca de cargos públicos pra vários familiares que têm exatamente o mesmo sobrenome, e até pra gente que é simplesmente casada com quem tem o sobrenome. goiás, no entanto, não fica nem um pouco chocado com nada disso; apenas continua elegendo a família democraticamente, mandato após mandato. meu estado nutre uma espécie de síndrome de estocolmo bizarra com o coronelismo.

    ainda assim, goiás é uma terra que eu amo acaloradamente, porque é a minha terra, porque ela me criou, e porque eu sou adulta agora. pela enésima vez: crescer é um ato inevitável, por mais que muita gente sofra horrores tentando evitá-lo. eu cresci, já não sou mais aquela criança que acreditava viver num lugar mágico, nem aquela adolescente que acreditava viver num lugar detestável. hoje enxergo muito mais cinza onde antes só havia branco ou preto. desde que a capacidade de metacognição me foi conferida, venho trabalhando sem cessar pra desenvolvê-la. pensei muitíssimo sobre os meus próprios pensamentos e cheguei a conclusões bem diferentes daquelas que tinha alcançado uma dezena ou uma vintena de anos antes. isso, no entanto, não significa que tudo está completamente resolvido e cicatrizado nas profundezas do meu coraçãozinho.

    às vezes lembro da minha terra e fico muito nostálgica. de tempos em tempos uma lágrima ou duas rolam pelo meu rosto, e eu começo a enxergar por todo canto pequenos estilhaços desse mundo antigo que se despedaçou. agora, tão longe do lugar em que cresci, encho a boca com orgulho pra contar aos estrangeiros que encontro sobre as coisas encantadoras e únicas que o tornam especial. falo de goiás com tanta ternura e exprimo tanta saudade que às vezes me perguntam, sem maldade alguma, por que é que eu não volto pra lá então, se amo tanto aquele lugar. nesses momentos, eu sei que a resposta pode soar um pouco direta demais, mas escolho sempre a honestidade de afirmar sem medo: não volto porque não quero. e essa é a única verdade.

, , ,

existe algo que parece quase antinatural, algo de profundamente incômodo nas histórias em que o amor, apesar de estar vivo, é demasiado *incompetente*; vai contra tudo em que fomos treinados pra acreditar. estamos mais preparados pra lidar com histórias em que ele simplesmente morre. a morte do amor é uma razão que consideramos válida pra justificar uma separação. não deixa de ser triste, mas se justifica. agora, dizer que se pode amar sobremaneira e ainda assim ser infeliz? não, aí é demais pra digerir. afinal, como é possível que o amor só não *baste*? mas ele tem que bastar, não tem? não foi isso que nos disseram a vida toda? se não bastou, com certeza é porque não era amor *verdadeiro*. se fosse, teria durado. é essa a única explicação possível, não é?

você já leu esse parágrafo e essa pergunta no início deste ensaio. eis aqui, enfim, a minha resposta: não é.

crescer é, também, começar entender o fato de que os sentimentos, espelhos de todas as coisas que existem, têm infinitas nuances. o amor, a despeito do que dizem sobre ele no senso comum, está longe de se conformar à descrição utópica daqueles célebres versículos bíblicos. o amor, na verdade, nem tudo suporta; e ainda bem, porque existe um número limitado de coisas que alguém pode suportar antes de começar a comprometer sua própria felicidade, e "tudo" ultrapassa amplamente esse limite.

seria ótimo se fosse possível escolher amar apenas o que nos traz uma felicidade plena e inabalável, mas não é o caso. amamos muito frequentemente coisas que nos perturbam, nos ferem ou nos inquietam. assim, de uma forma meio paradoxal, às vezes se afastar é a única forma de manter esse sentimento vivo. de fato, é justamente nas relações em que se suporta tudo com o objetivo de não se separar que o amor acaba fatalmente morrendo. eu quero continuar amando a terra onde nasci, e é por isso que não quero voltar pra lá. porque eu a amo, mas sou objetivamente muito mais feliz longe dela. porque eu a amo, mas às vezes se escolhe entre amor e alegria na vida.

não há como vencer nesse tipo de situação. estar no lugar onde nasci me causava sofrimento, estar longe do lugar onde nasci me causa sofrimento. ao ir embora, encontrei uma maneira de findar o sofrimento que advém de estar junto, subsequentemente criando o sofrimento de estar separado. fazer o quê. é uma bela história pra um filme, se você pensar a respeito. a perspectiva prática pode até ser outra, mas essa é a premissa fundamental de uma grande parte deles.

de qualquer forma, eu estou em paz com a escolha que fiz, embora ela doa às vezes. abdicamos sempre de uma coisa a cada outra que escolhemos. é esse o jogo, e é muito difícil e aflitivo jogá-lo às vezes, mas isso não significa que devemos simplesmente passar a nossa vez a cada turno até o final da partida.

sabe, conforme os acontecimentos se sucedem nesse desvario cósmico que é a nossa existência nesse planeta, todos atravessamos experiências que nos permitem esbarrar em certos princípios que regem essa bagunça de uma maneira ou de outra. eis uma das minhas grandes descobertas pessoais dos últimos anos: um dos elos mais intensos e inabaláveis que podem existir é aquele que compartilhamos com a terra que nos viu nascer e crescer. quer esse fato nos agrade ou não, estamos irreparavelmente ligados a ela pelo resto da nossa breve existência humana. podemos tentar abandoná-la, fugir ou nos esquivar, mas nossa terra sempre nos encontrará, de novo e de novo, com uma persistência incomparável. quanto mais corremos, mais a terra chama, grita e sangra o nosso nome, nossa ausência.

    eu não quero mais fugir. assim, quando ela me reivindica, eu respondo.

, , ,

ainda estou sentada no mesmo banco de um parque que fica a algumas centenas de metros da minha casa, de frente pra uma represa onde um pai e seu filho pescam juntos. o pássaro passa novamente, e agora sei que ele não é azul nem tem o peito amarelo. apesar disso, me concedo o direito de acreditar por dois segundos que é mesmo uma arara, e esses instantes de fantasia consciente bastam por hoje.

    a luz dourada continua brilhando sobre a represa e a vida ganha subitamente ares de sonho. os dias aqui são sempre de encher os olhos e o coração... mas são também de cortar, porque são cheios de tudo que me falta. ainda assim, encontro espaço no meu peito pra ser profundamente feliz. como quem sorri mesmo sabendo que lhe falta um dente da frente.

    acredito na arara e abro meu sorriso banguela, porque imaginar o impossível me ajuda a crer um pouco mais no que é real, e o que é real nunca pode estar errado. o que é real existe; portanto, está sempre no lugar certo.

Homem nenhum é uma ilha,
Completamente isolado;
Todo homem é parte do continente,
Uma parte do todo.

Se um torrão de terra é levado pelo mar,
A Europa fica menor,
Como se fosse um promontório:
Como se fosse a casa do teu amigo
Ou a tua própria.

A morte de qualquer homem me diminui,
Porque estou envolvido na humanidade.

John Donne

em busca do orvalho das estrelas

você está sentado no centro de um cubículo cinza, dentro de um grande prédio comercial. uma divisória de pvc não muito alta separa você das outras dezenas de pessoas ao seu redor, sentadas no centro de seus próprios cubículos cinza, que se estendem como um labirinto desordenado pelos andares do edifício. diante de todos vocês, o brilho pálido de uma tela de computador incomoda os tantos pares de olhos extenuados. acima de suas cabeças, a luz fluorescente fria projeta longas sombras quase imóveis na superfície das mesas.

no escritório, segue a repetitiva sinfonia do tédio e da exaustão: o murmúrio dos teclados agredidos por dedos ansiosos, o zumbido mecânico das impressoras, o barulho estridente dos telefones que tocam sempre tempo demais antes de serem atendidos e o eco das conversas fastidiosas que se desenrolam quando eles finalmente são. o ar está impregnado com um cheiro sufocante de papel velho, café e desinfetante. seus olhos deslizam pelas intermináveis linhas de texto dos documentos sem sentido nem importância esparramados pela mesa. você suspira.

    imóvel, em silêncio e com os olhos fixos no vazio, sua mente se permite vaguear por pensamentos que contrastam de forma muito acentuada com a realidade opressiva ao seu redor. uma lembrança distante emerge sem aviso do porão da sua consciência e se torna cada vez mais vívida.

    sua memória transporta você para um quarto iluminado pelo suave fulgor de uma lareira, enquanto a noite lá fora encobre o mundo numa escuridão estrelada. seu avô repousa na cama logo ao lado, com a pele reluzindo sob o brilho do fogo que crepita. o rosto dele é sereno e seus olhos, apesar de visivelmente cansados, guardam a luz interior que você conhece. uma centelha de vida insiste em se preservar ao fundo deles, mesmo diante da iminência da morte.

    com a voz fraca, mas de tom sempre firme, ele pede que você se aproxime. estende, então, a mão trêmula, que segura um envelope selado com cera roxa. você se adianta para abri-lo de imediato, mas seu avô impede e balança delicadamente a cabeça de um lado para o outro, indicando que ainda não é a hora. "chegará o dia em que você se sentirá esmagado pelo fardo da vida moderna, e o seu espírito radiante se dissipará diante de um crescente vazio", ele profetiza. "quando esse dia chegar, você estará pronto para esse presente."

    essas palavras ressoam alto nos confins da sua mente, como um eco distante em meio aos desagradáveis sons do escritório. você se pergunta se esse dia finalmente chegou, se o peso dessa existência monótona se tornou enfim insuportável o suficiente para justificar a abertura do envelope. a ansiedade e a curiosidade ardem e se alastram no seu peito, como um incêndio numa floresta seca. com o calafrio que percorre sua espinha, uma sensação de urgência impele você a agir.

vacilante, você abre a gaveta da escrivaninha e tira de lá o presente do seu avô, amarelado pelo tempo, aguardando silenciosamente por esse momento há muitos anos. a sensação do papel enrugado sob seus dedos traz consigo uma onda de nostalgia. com um movimento lento, você rasga o selo de cera roxa e desdobra a folha envelhecida no interior do envelope.

nas curvas familiares da caligrafia do seu avô, você descobre que ele havia passado pelo mesmo descontentamento que você enfrenta agora, mas muitas décadas antes. quando se deu conta de que havia esquecido o que realmente importa na vida – as conexões reais com as pessoas e com a natureza –, ele decidiu abandonar tudo e se mudar para uma pequena fazenda no sudoeste do país. com uma dedicatória comovente, ele lega a você esse pedaço de terra, o lugar perfeito para um novo começo: "é esse o presente mais precioso de todos, e agora é seu."

uma grande parcela da população do nosso mundo sonharia em ser, de fato, protagonista dessa história. admita, foi prazeroso se colocar no lugar do neto abrindo a carta por um breve momento, mesmo que a trama soe um pouco piegas e clichê. se ao menos houvesse um velho envelope selado com cera roxa na gaveta de cada uma das escrivaninhas dos tantos deploráveis escritórios que temos nesse planeta...

infelizmente não é o caso. para a nossa tristeza, a maioria de nós não tem um avô querido de quem herdar uma pequena fazenda onde possa recomeçar a vida e fugir de todos os problemas da modernidade. essa parece ser a nossa temível sina e nosso maior pesadelo: sermos condenados a continuar trabalhando à exaustão em empregos totalmente desprovidos de sentido, dentro ou fora de escritórios, pra manter girando as engrenagens que movem e sustentam nossa sociedade como a conhecemos.

em um contexto como o nosso, não é de se admirar que o

anseio por uma vida mais vagarosa, conectada com o ambiente natural e plena de propósito tenha se tornado uma fantasia coletiva – e ela se alastra mais rápido que nunca, graças ao poder supersônico das redes sociais. fascinado, o público virtual acompanha, através de vídeos e postagens, a jornada das pessoas que decidiram abandonar o caos da cidade e ir plantar legumes, fazer queijo, cultivar cogumelos, criar abelhas, produzir lã, pescar, ou fazer qualquer outra coisa no campo – o importante é se distanciar o máximo possível do ambiente urbano. nesse momento, temos a impressão de que essa ideia parece, de um ponto de vista coletivo, muito menos insana e mais atraente que há algumas décadas.

sob essa perspectiva, é fácil entender o apelo da historinha que você acabou de ler, sobre o envelope selado com cera roxa – e o fato de que milhões de pessoas tenham sido fisgadas por ela. isso porque, na verdade, o que descrevi é nada menos que a cena de abertura de um jogo de videogame que figura orgulhosamente na lista de mais vendidos da história: *stardew valley* (ou, em bom português, "vale do orvalho das estrelas"), lançado em 2016.

a premissa do jogo, como você com certeza foi capaz de notar, conversa diretamente com essa nossa rejeição ao cotidiano citadino sem sentido e com a gana de reconexão a um estilo de vida mais natural. a antiga "fazenda do vovô" representa a salvação de todos os problemas modernos, aquilo que vai enfim nos libertar do dia a dia torturante sob a luz fluorescente do escritório. assim, enquanto protagonistas do jogo, não hesitamos: pedimos demissão da empresa sugadora de alma e entramos no primeiro ônibus em direção ao fictício vale do orvalho das estrelas, onde o tal pedaço de terra se situa.

, , ,

"abandonar a civilização" parece ser uma solução para um problema contemporâneo. afinal de contas, nunca antes a nossa sociedade foi tão tecnológica, avançada e interconectada. nos parece muito coerente a ideia de que agora, mais do que nunca, estejamos fartos de todo esse progresso que obtivemos.

a verdade, porém, é que nunca fomos, e acho que nunca seremos, capazes de evitar esse saudosismo (tão dolorosamente humano!) por "tempos mais simples". hoje romantizamos a vida em momentos anteriores ao nosso, sonhando com uma época passada em que as coisas eram com certeza mais frugais, mais naturais, mais genuínas, menos complicadas. de certa maneira, temos razão: elas eram mesmo tudo isso, pelo menos se comparadas ao nosso cotidiano atual. no entanto, esquecemos de considerar que as pessoas que viveram nas eras que idealizamos não poderiam ter imaginado nossa realidade e, portanto, não tinham a mesma sensação. sabe, não é possível se comparar com o futuro.

temos a impressão de que esse anseio profundo que às vezes sentimos, de deixar tudo para trás e nos retirar para viver num bosque, tem a ver exclusivamente com a bagunça que criamos aqui, nos anos vinte do século vinte e um; mas há evidências suficientes ao longo da história para nos sinalizar que não é bem assim. se começarmos a procurar, encontraremos, em todas as épocas, causos sobre as repetidas tentativas de nossos ancestrais de regressarem a um estágio anterior da civilização, quando havia mais conexão com a natureza e menos normas sociais artificiais – até quando a civilização em que eles viviam já nos parece estar num estágio suficientemente "anterior".

para citar um exemplo recente, há grandes chances de você conhecer a jornada de christopher mccandless, que foi transformada no famoso livro *na natureza selvagem*, de jon krakauer, e depois em um comovente filme de mesmo nome, dirigido por sean penn.

logo após terminar sua graduação em história e antropologia, mccandless, um jovem americano, doou todo o dinheiro que tinha e decidiu adotar um estilo de vida nômade. ele passou dois anos viajando pelos estados unidos antes de abandonar de vez a civilização e se embrenhar sozinho e com recursos insuficientes no interior do alasca, um lugar duro e impiedoso até para aventureiros bem-preparados. o seu objetivo era, literalmente, "viver das coisas que a natureza dá". ele acabou morrendo pouco mais de cem dias depois, mas continua sendo citado como inspiração para tanta gente que se identifica com seus ideais.

a vontade de mccandless de escapar do ambiente urbano, levando em consideração o fato de que ele colocou sua empreitada em prática no início dos anos noventa, pode parecer mais justificável aos nossos olhos do que seria se ele tivesse vivido em 1850, por exemplo. afinal, conhecemos a realidade dos anos noventa, e conseguimos enxergar do que ele estava tentando fugir. já nos longínquos anos 1850, tudo era com certeza muito mais simples do que hoje em dia. se mccandless estivesse vivo em 1850, não precisaria se inquietar com os tantos dilemas impostos pelo nosso tempo, e não teria do que fugir – é o que pensamos.

pois pensamos errado.

uma das fontes de inspiração para a aventura do jovem americano foi um compatriota seu, que também decidiu dar as costas para a sociedade e partir em busca de uma vida mais conectada com a natureza – precisamente nos anos 1850. henry david thoreau viveu por dois anos, dois meses e dois dias sozinho numa pequena cabana que ele mesmo construiu ao lado do lago walden, em massachussetts. em 1854 ele publicou um livro chamado *walden – ou a vida nos bosques* sobre a experiência. até hoje o livro é considerado uma referência para diferentes movimentos e áreas de estudo, indo da ecologia ao transcendentalismo, e já inspirou até um jogo de videogame.

e você aí achando que a fantasia de largar tudo pra se mudar pra uma casinha isolada no meio do mato era produto do século vinte e um.

talvez você ainda não esteja convencido. "1850 nem foi há tanto tempo assim. a revolução industrial já tinha tido início, e foi a partir dela que tudo começou a desandar de verdade", você pode argumentar. "é natural compartilharmos um pouco desse desagrado da civilização com os humanos daquela época." você é difícil de convencer, mas tudo bem, eu entendo. nesse caso, que tal voltarmos mais de dois milênios no tempo?

imagine a vida 2.400 anos atrás. o cotidiano naquele período não poderia ser mais "lento", se comparado ao nosso, certo? não havia automóveis, trens, aviões, grandes máquinas ou qualquer aparelho que dependesse de eletricidade. a prensa ainda não havia sido inventada, então todos os escritos precisavam ser recopiados à mão. a comunicação dependia de mensageiros que, por sua vez, dependiam de suas próprias pernas – ou de cavalos e barcos, quando a notícia era urgente. a vida seguia o ritmo natural das estações.

num momento tão rudimentar da história (ao menos do nosso ponto de vista), em que o ser humano estava a muitos e muitos séculos de ter acesso à tecnologia que começou a surgir a partir da revolução industrial, não deveria haver motivo para estar descontente com o ritmo frenético da sociedade, não é mesmo? afinal, é difícil imaginar que a vida antes mesmo do primeiro ano da era cristã já fosse caótica e fatigante o suficiente para nos fazer desejar ainda menos modernidade do que o "pouco" que já existia...

e ainda assim, houve diógenes.

acredite ou não, mas antes mesmo que a humanidade pudesse sonhar com uma parte infinitesimal do avanço tecnológico que temos hoje, já havia ao menos um homem que estava absolutamente farto dessa história de civilização: um filósofo grego chamado diógenes de sinope. ele rejeitava tanto a sociedade da época que literalmente morava dentro de uma jarra de cerâmica em sinal de protesto. não, você não leu errado, é isso mesmo. pode rir. hoje essa informação parece engraçada porque, do nosso ponto de vista, não existia muita coisa naquele momento que justificasse tamanha revolta, mas ela já se manifestava. e como.

aos olhos de diógenes (que, vale frisar, nasceu em 412 a.c.), o mundo em que ele vivia já era moderno demais e a vida dos seres humanos era artificial sobremaneira. ele propunha, então, que voltássemos a viver seguindo princípios mais naturais. diz-se que ele só tinha três pertences: um alforje, um cajado e uma tigela. dá-lhe minimalismo.

o filósofo era (e continua sendo) considerado uma figura bastante controversa, por agir de um jeito esquisito e defender ideias deveras peculiares. de qualquer forma, gosto de ler sobre ele, porque o considero um senhorzinho meio maluco, e acho que existe sempre algo de muito interessante e válido nos discursos acalorados de todos os senhorzinhos meio malucos que já se propuseram a discursar.

eu não sei o que você acha, mas, ao menos para mim, é muito alentador perceber que todas as questões existenciais, angústias, medos, dúvidas e inquietudes que nos perturbam e nos tiram o sono hoje também foram enfrentadas pelos nossos ancestrais, milhares de anos antes da nossa existência. pouco importa o quanto um dilema nos pareça "moderno"; se procurarmos bem, com certeza o encontraremos ilustrado sob diferentes formas em outras épocas. não somos únicos e nunca estamos sozinhos nas nossas dores internas. seres humanos são seres humanos – e têm problemas de seres humanos – em qualquer época. ufa.

,,,

podemos voltar a pensar, então, sobre a historinha do funcionário do escritório que herda a fazenda do vovô. em nome da relação de honestidade que construí com você, preciso avisar que estou prestes a dedicar algumas páginas deste livro a falar sobre *stardew valley*, o jogo do qual ela provém. "um jogo de videogame?" é, isso mesmo. você pode estar dizendo a si mesmo que essa é uma decisão estranha, infrutífera e injustificada, mas se me proponho a discorrer sobre o assunto é porque creio de verdade na sua relevância.

explico: podemos, é claro, decidir enxergar as coisas que existem no mundo de maneira pragmática. assim, um jogo de videogame é só um jogo de videogame, mais nada. dessa perspectiva, é claro que meu solilóquio não teria muito sentido. contudo, acredito que é sempre interessante fazer um esforço consciente para ver além do que é objetivo. um jogo de videogame famoso, quando encarado a partir dessa ótica, é na verdade uma obra criativa capaz de tocar um enorme número de pessoas em diferentes cantos do mundo. se tratamos a questão assim, de súbito torna-se muito mais interessante a tentativa de decifrar a razão escondida para que tanta gente goste do tal jogo.

creio que trabalhos artísticos que ressoam com muitos coraçõezinhos têm sempre algo a nos dizer sobre nossos camaradas seres humanos, pouco importa que estejamos falando de uma pintura, um poema, uma canção, uma fotografia, um filme, um livro ou... um jogo de videogame.

neste ponto, vou evitar entrar na longa e fatigante discussão a respeito da admissão ou não de jogos de videogame no campo da "arte". primeiro porque não é o meu propósito, e depois porque eu já dei motivos demais para teóricos e acadêmicos emplumados demais de áreas diferentes demais se zangarem comigo ao longo deste livro. direi apenas que o fruto bem-sucedido de um esforço criativo, qualquer que seja o seu suporte material, é importante – porque, além de falar conosco, fala sobre nós.

 o que eu quero dizer é que existe algo a respeito desse tal jogo que enternece dezenas de milhões de pessoas em lugares muito diferentes do mundo, e esse não é um fato que se possa ignorar. "tem coisa aí", como costumava dizer o meu avô. aliás, tem sempre "coisa aí" em qualquer canto se a gente se dispuser a investigar de perto; e *stardew valley* é a coisa que eu me dispus a investigar de perto aqui.

 o fato é que, como eu ia dizendo, *stardew valley* obteve um sucesso impressionante: dezenas de milhões de cópias foram vendidas em todo o globo. se pensarmos nos enormes estúdios, que possuem um orçamento colossal e empregam centenas de funcionários para a criação de um jogo, o número de vendas pode ser percebido como "dentro do esperado".

 o que chocou todo mundo, no entanto, é que *stardew valley* não é (nem de longe) fruto do esforço de uma equipe gigantesca, nem vem de um grande estúdio bem estabelecido, com acesso a todos os atalhos do mercado. na verdade, ele foi desenvolvido de maneira independente por um *único* jovem de vinte e poucos anos, que fez absolutamente tudo sozinho dentro da sua casa – dos gráficos à trilha sonora. assim, não é surpresa que o êxito titânico do jogo tenha dado o que falar e que uma manada de críticos da área tenha tentado dissecá-lo, buscando encontrar uma explicação plausível para um triunfo comercial dessas proporções.

 como é de se esperar, diversos aspectos técnicos estão envolvidos na análise especializada de um jogo. alguns dos pontos geralmente abordados pelos críticos são a fluidez e o bom desempenho das mecânicas utilizadas, a facilidade de aprendizagem dos controles, a qualidade dos gráficos e efeitos visuais, a variedade de tarefas e desafios propostos, a performance técnica, o sistema de recompensas e o *replay value* ("valor de rejogabilidade", que indica as chances de que o usuário volte a jogar no futuro).

stardew valley, como é de praxe, esteve sujeito a essa minuciosa avaliação de cunho bastante objetivo. no entanto, para cada coisa nesse mundo que pode ser medida, calculada, avaliada e desvendada de maneira prática, sempre vai existir uma outra para nos desconcertar por ser tão óbvia e tão difícil de explicar ao mesmo tempo. a esse respeito, se você ler algumas resenhas do jogo na internet, vai começar a reparar num padrão curioso: ele é frequentemente descrito pelos especialistas como um jogo que cativa porque tem "*alma*".

por baixo das camadas e camadas de aspectos técnicos comuns a qualquer obra criativa de sucesso está sempre ela, a coisa evidente e invisível, pulsante e incorpórea, manifesta e volátil; a coisa que todos nós compreendemos sem conseguir explicar, a coisa cuja existência somos capazes de notar e distinguir mesmo sem nos dar conta: a alma. e *stardew valley* definitivamente tem uma.

mas o que representa de verdade essa tão falada "alma" nesse contexto, e por que todos os jogadores e críticos são capazes de notar sua existência sem conseguir colocá-la em palavras? certamente o uso do termo tem que vir de uma sensação que todos nós compartilhamos de maneira inconsciente, não tem? de tanto refletir, eu acabei formulando uma resposta particular para a questão.

mas vamos por partes. antes de mais nada, é preciso compreender um pouco o jogo sobre o qual estamos discutindo. que diabos é *stardew valley*, afinal?

o conceito básico do jogo é muito simples. nele, você encarna um fazendeiro que possui uma série de responsabilidades ligadas à manutenção de uma fazenda, localizada ao lado de um pequeno vilarejo no vale do orvalho das estrelas. você deve comprar sementes para plantar diversos legumes, frutas e verduras diferentes a cada estação, depois regá-los todos os dias e colhê-los quando estiverem prontos para serem vendidos (ou usados em diversas receitas).

existe a possibilidade de criar galinhas, patos, coelhos, vacas, cabras, ovelhas – e, se você avançar o suficiente no jogo, até dinossauros e avestruzes. cada um dos animais requer cuidados específicos e fornece um produto bruto que pode ser usado de diferentes formas: o leite das vacas e cabras vira queijo, os ovos das galinhas e patos viram maionese, a lã das ovelhas e dos coelhos vira tecido, e assim por diante.

a partir dessa descrição muito breve e simplista, você pode estar pensando que conhece ao menos um jogo que soa exatamente como esse – e tem razão. a premissa superficial de *stardew valley* é ser o que chamo carinhosamente de "jogo de fazendinha", e não existe nada de muito inovador nem profundo nessa ideia.

você deve se lembrar, por exemplo, dos velhos dias em que os seus amigos no facebook eram viciados em *farmville*; ou, se tiver idade suficiente para isso, dos dias em que o falecido *colheita feliz* causava discórdia e brigas entre os seus amigos do falecido orkut, porque eles passavam o tempo roubando legumes e verduras nas fazendas uns dos outros. se essa segunda descrição parecer confusa e não suscitar lembrança alguma, meu conselho é que você aproveite sua juventude enquanto pode.

de fato, à primeira vista, *stardew valley* parece não ter nada de especial. ele parece ser apenas mais um simulador de agricultura, muito similar aos tantos outros que já tinham sido desenvolvidos e lançados antes. mas essa impressão muda completamente quando o observamos um pouco mais de perto.

para começo de conversa, *stardew valley* é muito mais extenso, profundo e complexo do que os outros jogos de fazendinha que conhecemos. no vale do orvalho das estrelas, o número de possibilidades de ação, lugares a explorar e coisas a descobrir é tão imenso que parece nunca ter fim. além de cuidar da fazenda, você pode pescar, explorar o interior das minas para procurar pedras e metais preciosos, lutar contra monstros, juntar recursos para construir dezenas de máquinas ou edificações, aprender um sem-número de receitas, participar de diversos festivais sazonais, interagir com os personagens não jogáveis para descobrir progressivamente suas histórias e segredos e muito, muito, muito, *muito* mais.

esse não era (nem de longe) o caso dos simuladores de agricultura populares nas redes sociais, que se baseavam numa repetição infinita dos mesmos limitados gestos.

farmville ou *colheita feliz* seguem o princípio de um caça-níquel: foram desenvolvidos propositalmente para criar um efeito viciante, apesar do número risível de ações disponíveis. se você pensar a respeito, só existe uma única forma de interagir com um caça-níquel – puxar uma alavanca –, e ainda assim as pessoas passam literalmente horas diante deles, repetindo a mesma operação sem graça e na maioria das vezes perdendo dinheiro, além de tempo.

o cérebro humano é mesmo fascinante... às vezes pela sua assustadora capacidade de criar e processar informações extremamente complexas, mas outras vezes pela sua assustadora capacidade de ser manipulado por mecanismos ridiculamente simples.

stardew valley, ao contrário dos dois exemplos anteriores, é um jogo que incorpora muitos elementos dos chamados *sandbox games* ("jogos de caixa de areia"). esse é um termo anglo-saxão usado para designar um jogo que dá aos usuários alto nível de liberdade e proporciona uma experiência criativa – como uma criança numa caixa de areia, com amplas possibilidades de projetar a própria brincadeira. nesse tipo de jogo é possível explorar, interagir e modificar o mundo de várias maneiras, muitas vezes sem seguir uma narrativa principal ou um conjunto específico de objetivos lineares – como em *minecraft* ou *the sims*, pra citar alguns exemplos famosos.

apesar de não ser um *sandbox game* clássico, *stardew valley* agrega o melhor de dois mundos – oferece objetivos a cumprir, mas com uma enorme liberdade em relação a *quando* e *como* cumpri-los. além disso, em seu universo é muito bem empregado um princípio conhecido pelos desenvolvedores de videogame como "motivação intrínseca": o impulso para continuar diante da tela, nesse cenário, não vem diretamente de recompensas tangíveis, mas de *dentro* do próprio usuário. o jogo oferece um fio condutor, mas permite também ao jogador o prazer de criar sua própria história e suas próprias metas, experimentar diferentes narrativas, explorar o mundo livremente, aprender e utilizar as habilidades propostas de diferentes formas.

esses elementos foram parcialmente responsáveis por tornar *stardew valley* um sucesso absoluto e colocá-lo no centro de atenção do mercado do videogame. é claro que quando um jogo ascende de forma tão meteórica à lista de mais vendidos da história, não são só os críticos que passam a analisá-lo – a concorrência também o observa de longe com seus olhinhos cobiçosos. nos anos que se seguiram a seu lançamento, o mundo assistiu a um aumento exponencial do número de jogos de fazendinha no mercado, desenvolvidos com o intuito de tentar pegar carona no triunfo do vale do orvalho das estrelas. entretanto, nenhum deles jamais chegou perto de obter o mesmo êxito.

os fatores que expliquei nos últimos parágrafos contribuem bastante para o sucesso que o jogo obteve, é claro. contudo, você também deve ter reparado que eles dizem respeito somente à sua *forma*. ela é fundamental para qualquer obra, com toda a certeza; mas, sem o conteúdo, não se sustenta.

    a meu ver, existe uma razão muito simples pela qual a glória de *stardew valley* nunca pôde ser reproduzida por seus concorrentes. sim, é perfeitamente possível criar um jogo com o objetivo de "copiar sem fazer igual" – o que, aliás, é muito comum no universo do videogame. o problema é que, por mais que não seja tão complicado desenvolver um novo título que implemente as mesmas mecânicas e todos os outros aspectos práticos relativos à sua forma, ainda assim ficará faltando uma parte crucial na receita do sucesso: a tal da alma. todo mundo sabe que alma não é coisa que se replique.

, , ,

joguei *stardew valley* pela primeira vez alguns meses após o seu lançamento, em 2016, e voltei a ele recentemente. foi nessa ocasião que li algumas resenhas e fiquei muito tempo ruminando a respeito do emprego da palavra "alma" nelas. mesmo que o termo seja inegavelmente vago, eu era capaz de compreender o que os críticos queriam dizer, e de concordar com eles. porém não sabia explicar por que é que compreendia e concordava, e isso me deixava incomodada sobremaneira.

    sou uma pessoa irremediavelmente curiosa e cabeça-dura. essa combinação de traços de personalidade, para bem ou para mal, me torna incapaz de deixar minha curiosidade de lado, por mínima e mais ridícula que seja. qualquer questão não respondida na minha mente é capaz de me atormentar sem piedade por um tempo dolorosamente longo. assim, naquela situação, fui obrigada a fazer a única coisa que podia para conseguir voltar a dormir bem à noite: abrir uma investigação pessoal sobre o assunto.

eu precisava descobrir o que tornava *stardew valley* tão fora do comum e notável em meio aos jogos do mesmo gênero. nesse caso, como você pode imaginar, era essencial conhecer ao menos algum outro jogo do gênero em questão. bem, para minha sorte, por acaso ele não era o primeiro jogo de fazendinha que eu havia experimentado.

no início dos anos 2000, quando eu tinha sete ou oito anos, adorava passar os finais de semana jogando videogame; o problema é só que eu não tinha um videogame. na verdade, quem possuía esse enorme privilégio era o meu primo. eu possuía apenas o enorme privilégio de morar perto o suficiente da casa dele para ir azucriná-lo nos finais de semana. na época ele devia ter uns treze anos e morava com os nossos avós, que ficavam muito felizes de obrigá-lo a me ceder o controle do velho playstation 1, já que ele passava a semana inteira apertando seus botões de maneira frenética.

para minha sorte, meu primo era um menino gentil e não costumava se zangar comigo quando eu salvava meus arquivos de jogo por cima dos dele sem querer. de quando em quando ele ia até a banca de camelô comprar uns jogos piratas e ficava horas me ensinando a jogá-los, ou passava na banca de revista para comprar um livrinho de macetes e códigos de trapaça, que só ele conseguia memorizar e executar.

uma lembrança muito vívida que guardo é a de pedir incessantemente pra ele "fazer a mochilinha" – uma mochila a jato que podia ser obtida através de um código de trapaça e permitia voar por entre os prédios em *grand theft auto: san andreas*. meu primo pegava o controle pela enésima vez com toda a paciência do mundo e apertava a mesma sequência de botões na velocidade da luz: l1, l2, r1, r2, pra cima, pra baixo, esquerda, direita, duas vezes. a "mochilinha" surgia na tela como mágica, ele me devolvia o controle em silêncio e eu voava feliz pela cidade.

o repertório de jogos que pude conhecer durante a infância graças ao meu primo é imenso: vai de *crash bandicoot* a *resident evil*, passando por *metal gear, need for speed, tomb raider, mortal kombat* e muitos outros clássicos. havia um jogo, porém, que era o meu favorito absoluto. eu passava – de longe – muito mais horas absorta no seu sereno e mágico universo que em qualquer outro. ele se chamava *harvest moon*, e era um jogo de fazendinha. aliás, *um*, não; *harvest moon* foi *o* jogo de fazendinha original que inspirou todos os outros, inclusive os de rede social, como *farmville* e *colheita feliz*.

harvest moon ("lua da colheita") foi lançado em 1996 e é considerado o "pai" e precursor dos simuladores de agricultura que passariam a existir nas décadas seguintes. algumas versões diferentes do jogo foram lançadas até chegar àquela que eu jogava no playstation 1 do meu primo no início dos anos 2000, e muitas outras vieram depois disso.

a franquia fez parte da infância e adolescência de milhares de pessoas e marcou a geração dos nascidos nos anos 80 e 90. como eu, muita gente guarda recordações calorosas e nostálgicas de tardes distantes jogando *harvest moon*. até hoje o jogo é citado com frequência ao redor do mundo como um "favorito da infância".

entre esses ávidos fãs está, além de mim, um homem chamado eric barone.

barone é um desenvolvedor e designer de jogos de videogame americano. ele amava tanto o universo de *harvest moon* que um dia decidiu criar uma réplica. seu objetivo não era de fato apresentar um jogo ao público e vendê-lo, mas simplesmente usar o projeto como um treino pessoal, com o simples intuito de melhorar suas habilidades enquanto desenvolvedor e ter uma referência legal para colocar no seu portfólio. no meio do percurso, no entanto, ele se deu conta de que estava produzindo algo único e especial, e decidiu perseguir a empreitada. quatro anos e meio de muito trabalho duro depois, em fevereiro de 2016, ele lançava um jogo chamado, adivinhe... *stardew valley*.

    é bastante irônico, mas o vale do orvalho das estrelas realmente nasceu da vontade de seu criador de desenvolver uma cópia de *harvest moon* – e dá pra notar, porque os jogos são muitíssimo similares em inúmeros aspectos. ainda assim, barone foi capaz de cruzar as fronteiras do original de maneira tão extraordinária que é impossível enxergar uma simples réplica. *stardew valley* é, com todas as honras, o seu próprio universo encantado à parte. pode-se atestar que uma tentativa de "copiar sem fazer igual" deu certo quando, em vez de ser taxado como "plágio", o novo jogo é descrito como "uma carta de amor" ao original – e é o caso.

    eu sempre adorei o jogo desenvolvido por barone mas, ao mesmo tempo, sou uma notória saudosista. desse modo, segundo minhas recordações, *harvest moon* continuava sendo um dos melhores jogos que já haviam sido criados na história. eu tinha a sensação de que ele era incrível demais para ser superado.

    quando decidi iniciar minha investigação pessoal sobre o sucesso de *stardew valley*, achei que seria de bom-tom jogar *harvest moon* de novo para poder comparar os dois. tudo em nome do jornalismo investigativo, é claro – nada a ver com um desejo nostálgico de reaver uma fração da magia que associamos a tudo que fez parte dos nossos primeiros anos de vida. assim, baixei um emulador de jogos de playstation no meu computador e me lancei à tarefa. a partir dessa experiência científica, fiz uma descoberta surpreendente. bom, tudo bem, na verdade ela era deveras óbvia, mas eu não gostava de admitir que bastaria ter pensado um pouco a respeito do assunto para chegar à conclusão que alcancei de maneira empírica.

    o mecanismo de funcionamento da memória humana é engraçado. nosso cérebro cobre com uma camada de verniz reluzente as lembranças que nos são mais caras, e nos tornamos incapazes de distinguir o ordinário do maravilhoso dentro delas. no meu caso, as recordações daqueles finais de semana diante do videogame do meu primo eram tão radiantes que seu brilho me ofuscava e me impedia de enxergar a realidade para além do viés da nostalgia. depois de adulta, no entanto, não tive muita dificuldade para perceber: *harvest moon* foi criado para agradar o público infantojuvenil. é exatamente por isso que todos nós o amávamos tanto quando éramos, adivinhe... *crianças*.

foi com muito pesar e decepção que notei que, de uma perspectiva adulta, meu jogo preferido da infância era bem menos impressionante do que eu havia pintado nas minhas memórias coloridas. por mais que me doesse reconhecer, a verdade é que ele me parecia um tanto bobo e superficial. um jogo "fofinho", mas nada muito além disso – porque ele não se propunha a ser nada além disso de qualquer forma. *harvest moon* nos maravilhava quando éramos pequenas criaturas inocentes porque era, à nossa imagem, profundamente idealista e inocente.

a comparação entre os dois jogos, apesar de ter causado uma amarga desilusão e manchado um pouco uma linda memória de infância, não foi de todo inútil. a partir dela, tornaram-se mais nítidos os fatores que fazem de *stardew valley* um jogo bem mais propenso a tocar fundo no coração de um adulto que o seu predecessor.

as diferenças no tom e na atmosfera dos dois jogos são claras desde a introdução. a primeira cena de *harvest moon* é um flashback em tons de sépia: ao som de uma canção doce e nostálgica, você se lembra de um verão da sua infância passado na fazenda do seu avô, quando fez amizade com uma garotinha do vilarejo. vocês foram inseparáveis durante a sua estadia. ao fim das férias ela fez você prometer que voltaria ao campo em breve para vê-la, mas a pro-

nosso cérebro cobre com uma camada de verniz reluzente as lembranças que nos são mais caras, e nos tornamos incapazes de distinguir o ordinário do maravilhoso dentro delas.

larinha

messa foi em vão. você só regressa já adulto, anos depois da morte do seu avô. seu objetivo, então, é restaurar a glória da fazenda (agora caindo aos pedaços) e, é claro, reencontrar a garotinha das suas memórias.

a premissa que coloca em movimento a trama de *harvest moon* é fofa, mas um pouco açucarada e ingênua demais para um público adulto. a motivação do protagonista para se mudar para o campo, expressa através dessa primeira cena – honrar a memória do vovô, mostrar-se digno perante a comunidade local e, de quebra, partir à procura do seu primeiro amor – é um pouco idealista demais quando comparada à introdução de *stardew valley*.

se você se lembra, em *stardew valley* o objetivo do êxodo urbano é fugir do caos monotônico e da falta de propósito que a sociedade moderna representa. o que você almeja enquanto protagonista do jogo ao se mudar para o vale do orvalho das estrelas é, de certa forma, o que almejava mccandless ao se embrenhar no interior do alasca, thoreau ao construir uma cabana ao lado do lago walden e diógenes ao decidir viver em uma jarra de cerâmica – um retorno a uma vida mais conectada com princípios naturais e um distanciamento da civilização. essa me parece, por razões óbvias, uma motivação bem mais plausível dentro da realidade do que a restauração da honra do vovô.

outro aspecto que pode parecer pequeno, mas que eu considero fundamental para estabelecer o tom da narrativa, é a diferença na reação dos protagonistas diante do estado deplorável das fazendas que herdaram. explico: no início dos dois jogos, ambos os pedaços de terra estão abandonados há muito tempo. há pedras e pedaços de madeira espalhados por todo lado e o terreno está coberto de mato que cresceu demais. claramente vai dar um enorme trabalho limpar tudo antes mesmo que seja possível começar a empreitada rural.

em *harvest moon*, ao perceber que deverá restaurar a fazenda, você salta de alegria com os olhos fechados e o punho em direção ao céu, contente com a oportunidade de provar o seu valor e trazer honra para a família, exatamente como uma criança imaginaria.

em *stardew valley* você salta também – mas dessa vez de susto, com uma expressão horrorizada no rosto e sem esconder o aborrecimento com a desordem do lugar. você não tinha se dado conta do real trabalho que a mudança acarretaria. o que você queria era uma simples rota de fuga em direção a uma vida tranquila e lenta, e o envelope selado com cera roxa parecia representar exatamente isso. você só tinha se esquecido de calcular o aspecto "desafio e trabalho duro" da equação.

acho que esse pequenino momento de surpresa, descontentamento e dúvida torna a atmosfera de *stardew valley* ainda mais autêntica. é fato que muitas pessoas são acometidas do mesmo tipo de choque quando se deparam com a face mais prática da "fantasia campestre" que idealizaram. este é um dos problemas que a romantização incitada pelos vídeos curtos, posados e editados que vemos nas redes sociais acaba criando: o dia a dia de verdade não é só caminhadas entre as árvores e cafés da manhã assistindo ao nascer do sol diante das serras.

aliás, não é de hoje que a vida no campo é quimerizada de forma platônica e um tanto ingênua por citadinos que não têm muita ideia da realidade, e os poetas árcades estão aí pra provar.

na segunda metade do século dezoito teve início uma escola literária chamada "arcadismo", cuja característica mais marcante era a exaltação da natureza e de uma vida bucólica. um dos principais lemas do movimento era o *fugere urbem*, expressão em latim que significa "fugir da cidade" – só uma vida conectada com a terra poderia ser plena. durante o período, foram escritos versos sem fim sobre montes, riachos, ovelhas, vacas, casinhas simples, ninfas, árvores frondosas e flores coloridas. e você quer saber quem eram os responsáveis por redigir esses comoventes poemas? um bando de burgueses que moravam em grandes centros urbanos, é claro. *fugere urbem* sim, mas nem tanto – se afastar da cidade só no plano das ideias era mais do que suficiente.

 os árcades levavam o fingimento poético muito a sério; por isso, usavam nomes de pastores gregos para assinar suas obras. os pseudônimos conferiam um ar muito mais verossímil e autêntico à coisa toda, ou pelo menos é o que eles pareciam crer. na itália, eles chegavam até mesmo a se vestir de pastores e se reunir em parques e jardins para passar a tarde incorporando os personagens. isso que é compromisso com a arte, não é mesmo?

 apesar de toda essa dedicação, a verdade é que se fantasiar de camponês e passear no parque não aproxima ninguém da realidade da vida campestre. eu me lembro de ficar rindo sozinha às vezes durante as aulas sobre o arcadismo na escola, porque achava alguns dos poemas tão horrivelmente piegas e irrealistas que chegavam a ser engraçados. "percebe-se que o autor nunca colocou os pés na zona rural na vida", pensava comigo ao ler a décima descrição melodramática do prazer de tirar leite de uma ovelha.

 só espero que ninguém no século dezoito tenha de fato sido motivado a *fugere* da *urbem* pela fantasia bucólica pintada pelos árcades em seus poemas. a frustração diante da concretude do cotidiano no campo seria terrível.

 é através desse choque de realidade que muita gente acaba retornando a um modo de vida mais "convencional" depois de perceber que o dia a dia nômade ou longe da cidade grande não é exatamente como o imaginado. bem, acontece. não existe nada de errado em experimentar algo novo, se arrepender e voltar atrás, pelo contrário: a bravura necessária ao simples ato de tentar é, em si, muito admirável.

sou uma dessas pessoas que tendem a acreditar que o eterno "e se" que nos atormenta por não ter colocado um sonho em prática é geralmente mais doloroso que o eventual fracasso da missão. o que estou tentando dizer é simplesmente que o "erro de cálculo" quando se trata dessa mudança radical de estilo de vida não é incomum – e que, mesmo quando tudo dá certo no fim, o susto inicial é humano e faz parte da jornada.

,,,

aproveito para abordar rapidamente outra consequência dessa fortíssima aura de romantização que paira sobre nossa fantasia coletiva de largar o caos da cidade para ir viver no campo. parecemos estar convencidos de que todos os problemas da nossa vida seriam resolvidos se pudéssemos dar as costas à civilização para ir criar galinhas. é curioso como os seres humanos são criaturinhas tão engenhosas quando se trata de fabricar soluções mágicas para qualquer coisa. só há um pequeno inconveniente: a magia delas só opera mesmo no plano das ideias.

a dura realidade é que nada poderia fazer desaparecer magicamente todos os problemas da nossa vida – nem mesmo uma cabana no meio do mato, porque parte dos problemas da nossa vida tem mais a ver conosco e menos com o ambiente que nos circunda. é claro que seria falso e desonesto afirmar que ele não impacta o nosso índice geral de contentamento – mas também não representa uma sentença. uma pessoa não está automaticamente condenada à infelicidade eterna por viver num ambiente desfavorável, do mesmo modo que viver num ambiente tido como "ideal" não garante de imediato alegria nem paz de espírito a quem quer que seja.

voltamos àquela antiga máxima que a humanidade conhece

há tantos séculos sob diferentes formas, e que foi difundida por jon kabat-zinn no título do seu célebre livro de 1994: "aonde quer que você vá, é você que está lá." podemos crer o quanto quisermos que seremos enfim salvos de nossos tormentos ao fugir da civilização; mas não há fuga possível da nossa própria alma. podemos mudar o cenário, mas a nossa presença sempre será a constante que o colore e determina se ele terá tons vibrantes ou desbotados.

nossa jornada mundo afora nada mais é que um espelho do percurso interno que trilhamos, mesmo quando estamos imóveis. não cabe exclusivamente à cor azul ou cinza do céu ditar o humor do dia, mas também à luz e à sombra que carregamos sempre conosco, pouco importa a previsão do tempo. no topo de uma montanha, num vasto deserto, numa cabana na floresta ou numa metrópole cheia de letreiros néon – aonde quer que formos, seremos nós que lá estaremos.

não, nos afastar da sociedade certamente não vai fazer desaparecer todas as nossas inquietudes e transtornos. porém, é preciso admitir que, se esse sonho cresce e se difunde de maneira tão acentuada a nível global na nossa era, deve existir uma razão. e a razão, do meu ponto de vista, é que esse afastamento pode até não ser capaz de resolver todos os nossos problemas, mas a ideia faz perfeito sentido diante da realidade do nosso tempo, sobretudo se pensarmos na vida nas grandes cidades.

ei, não faça essa cara, como se eu estivesse agora contradizendo minhas próprias palavras. o que eu havia dito é que "*parte* dos problemas da nossa vida tem mais a ver conosco e menos com o ambiente que nos circunda". e a outra parte, bem... a outra parte tem mais a ver com o ambiente mesmo. eu sei que gostaríamos muito de poder mexer em um único aspecto da nossa existência e ser felizes para sempre, mas a felicidade – infelizmente, e felizmente – é multifatorial.

podemos crer o quanto quisermos que seremos enfim salvos de nossos tormentos ao fugir da civilização; mas não há fuga possível da nossa própria alma.

larinha

como já discuti antes, essa vontade de se reconectar com um modo de vida mais natural pode ser encontrada em vários períodos diferentes da história. ainda assim, não se pode negar que o período da história que vivemos agora é deveras *peculiar*. ao longo dos séculos e milênios, todas as gerações tinham a impressão de viver numa sociedade muito avançada ao comparar a vida que levavam com a de seus antepassados, é verdade. no entanto, também é preciso considerar que o ritmo das mudanças tecnológicas na era contemporânea é acelerado como nunca.

se pensarmos nos últimos trinta anos, testemunhamos a ascensão da internet, a revolução dos smartphones, a proliferação das redes sociais, a popularização de veículos elétricos e autônomos, avanços significativos na biotecnologia e na inteligência artificial, entre muitas outras inovações. esses desdobramentos transformaram fundamentalmente a maneira como vivemos, trabalhamos e nos comunicamos. em trinta anos, houve muito mais mudanças profundas na sociedade do que aquelas observadas ao longo do século dezenove inteiro, por exemplo – e isso porque fui gentil e escolhi um século não tão distante assim do nosso.

no geral, todas as gerações de seres humanos experimentaram metamorfoses de uma maneira ou de outra, mas elas costumavam se concretizar num ritmo muito mais lento e incremental. assim, essa assombrosa sensação de que estamos vivendo numa era de desenvolvimento sem precedentes é mais justificada que nunca, porque o mundo de hoje é capaz de se transformar de maneira drástica em questão de uma década, algo que jamais aconteceu com tamanha intensidade em tempos passados.

talvez você se lembre de um filme chamado *ela*, lançado em 2013, em que o joaquin phoenix interpreta um homem que se apaixona por uma inteligência artificial com voz de mulher, que tem uma personalidade própria e é capaz de interagir como um ser humano. eu me lembro de tê-lo assistido na época e pensado em como aquela era uma ideia maluca e pavorosa, mas que eu talvez chegasse a vê-la concretizada durante a minha vida em algum momento. dali a cinquenta anos, quem sabe?

    gostaria de lembrar a você – porque esquecemos horrivelmente rápido das coisas – que em 2013 a forma mais avançada de inteligência artificial de interação disponível ao público eram assistentes virtuais básicos, na sua forma mais rudimentar. lembro de como minha mãe arregalou os olhos quando mostrei a ela pela primeira vez que eu podia perguntar em voz alta ao meu celular "qual é a previsão do tempo de amanhã" e ele era capaz de me responder – também em voz alta. na época aquilo parecia magia. hoje você provavelmente não seria capaz de impressionar nem mesmo uma criança de três anos com o mesmo truque.

    corta para 2024, e agora a inteligência artificial capaz de agir como aquela do filme já existe e está disponível ao grande público. ela tem voz de mulher, entonação e ritmo de fala natural, é capaz de sustentar uma conversa, compreender e utilizar a ironia, rir das suas piadas e até acessar a câmera do seu aparelho para enxergar o mundo ao seu redor. o que eu achava que *talvez* se concretizasse dali a cinquenta anos, baseando-me na tecnologia existente na época do lançamento do filme, levou só onze – e talvez as próximas descobertas avassaladoras levem ainda menos tempo para mudar o mundo.

    a vasta gama de possibilidades disponíveis na realidade contemporânea nos leva a definir nossa existência pela necessidade de realizar o maior número de atividades possível. junte esse fato ao poder das redes sociais, através das quais temos acesso constante às experiências "extraordinárias" dos outros, e não é difícil entender por que essa sensação de estar ficando para trás acaba sendo tão exacerbada. sentimos que estamos sempre atrasados, que há sempre mais a ser explorado.

são esses os nossos objetivos nos anos vinte do século vinte e um: queremos visitar todos os lugares, vivenciar todas as culturas, participar de todos os eventos, aprender todas as habilidades. todo momento de inatividade representa uma oportunidade perdida, e fazer uma escolha significa renunciar a infinitas outras possibilidades. a vida, de repente, passou a parecer dolorosamente curta.

nosso desejo incessante pela ideia de "eficiência" nos empurra a viver em um ritmo frenético, sempre tentando fazer mais em menos tempo. apressamos cada atividade ou fazemos duas (ou mais!) em simultâneo. afinal, não ouvir um podcast lavando a louça seria um desperdício de tempo, não seria? de que outra forma você poderia deixar seus talheres limpos enquanto aprende mais uma curiosidade aleatória sobre o centésimo assunto diferente essa semana?

o problema é que, nessa ânsia de otimizar literalmente *tudo*, acabamos sobrecarregando nosso cérebro, e nos tornamos incapazes de absorver o que quer que seja de maneira significativa. vivemos muito mais experiências que nossos antepassados, é fato, mas elas acabam se tornando irremediavelmente superficiais, fragmentadas, menos memoráveis e menos valiosas.

só há um resultado possível para todo esse imbróglio, e é justamente o que temos observado de maneira prática nos últimos anos: mais e mais pessoas estão ficando completamente saturadas de tanta superestimulação. dessa forma, não é surpresa que uma espécie de "resposta popular" emerja, e que o movimento contrário comece a ganhar espaço, força e adeptos. o resultado é que todos os dias cresce mais a parcela da população que reivindica *menos* experiências – e experiências mais lentas e significativas, sobretudo.

foi assim que acabamos com essa enorme comunidade virtual de pessoas desejosas de se afastar da vida nos grandes centros urbanos e do caos que ela representa; e eu acho que foi assim também que *stardew valley* acabou fisgando uma parte do seu público.

ao nos envolvermos com mundos imaginários através de livros, filmes ou jogos, somos transportados para um espaço onde existe a possibilidade de vivenciar, de forma vicária, a realização dos nossos próprios desejos e aspirações. assim, ser espectador da jornada de um herói superando desafios, do romance ardente de dois amantes ou do triunfo de um garoto sonhador contra tudo e contra todos pode ser profundamente satisfatório – porque nos permite experimentar sensações de plenitude e significado que muitas vezes buscamos em nossa própria vida. o contato com um universo fabulado, então, não apenas oferece entretenimento e escapismo, mas também é capaz de preencher pequenas lacunas em nosso âmago; anseios que, por uma razão ou outra, não podemos satisfazer de maneira empírica.

é claro que, na grande maioria das vezes, não procuramos suprir essas demandas de forma direta ou consciente. não estou afirmando que uma pessoa decide jogar *stardew valley* de propósito porque diz a si mesma de maneira clara: "estou infeliz com a minha vida e gostaria de uma grande mudança, mas isso é impossível na minha situação objetiva, então vou jogar um jogo onde essa fantasia se realiza." não é assim que as coisas funcionam. no entanto, é perfeitamente possível que, de maneira inconsciente, o jogo confira ao usuário ao menos uma pequena fração da satisfação que viria de realizar esse desejo.

é por isso que eu acho que a introdução de *stardew valley* é tão bem executada, principalmente quando comparada à de *harvest moon*. não somos mais crianças, e a premissa de "restaurar a glória da fazenda pela honra da família" já não tem tanto apelo. no entanto, para um jovem adulto da nossa geração, que vive no nosso tempo, existe algo de profundamente satisfatório na ideia de abrir o envelope selado com cera roxa no meio do caos do escritório, e enfim poder abandonar a falta de propósito da modernidade à procura de uma vida que faça mais sentido.

é a essa busca que o enredo de *stardew valley* induz, e de forma bastante explícita. não sei se você se lembra, mas, em sua carta, o vovô cita dois motivos para ter comprado a fazenda no vale do orvalho das estrelas, duas coisas que ele sentia que havia perdido e queria reencontrar através da empreitada: a conexão com a natureza e as *conexões reais com as pessoas*.

bingo. não dá pra ser mais atual e propenso a gerar identificação que isso. para além dessa vontade de se conectar com a natureza, o jogo alude também a uma das maiores feridas modernas: a horrível falta que nos faz o contato com outros seres humanos.

, , ,

o **vínculo com a natureza** é maravilhoso e poderosíssimo, e eu jamais ousaria afirmar o contrário. no entanto, sozinho, ele não é capaz de nos conferir a realização que tanto buscamos. christopher mccandless, por exemplo, decidiu se afastar de todo contato humano e se embrenhar no interior do alasca completamente só porque acreditava que assim encontraria o real propósito e a satisfação plena. depois de meses de isolamento, no entanto, ele parece ter mudado de ideia. algum tempo antes de sua morte, mccandless destacou um trecho sobre a felicidade no seu exemplar do livro *doutor jivago*, de boris pasternak, e abaixo dele escreveu uma frase que se tornaria emblemática: "a felicidade só é real quando compartilhada."

mesmo henry david thoreau, durante os dois anos, dois meses e dois dias em que viveu na cabana ao lado do lago walden, recebia sempre muitas visitas e ia várias vezes por semana ao vilarejo mais próximo. e se você estiver se perguntando, a jarra de cerâmica onde diógenes de sinope morava também ficava na cidade.

o contato humano é vital para nossa espécie porque somos,

por natureza, seres sociais – nossa vida foi estruturada em torno de grupos desde os primórdios da civilização. a cooperação e o apoio mútuo, nesse contexto, não eram meros valores utopistas, mas critérios fundamentais para a sobrevivência. trabalhando juntos, cada um na sua função, os seres humanos prosperavam; sozinhos, eles literalmente morriam. esse pertencimento a uma comunidade, portanto, nos conferia um senso de segurança, identidade e propósito, ajudando-nos a sentir que fazíamos parte de algo maior que nós mesmos e oferecendo também uma rede de suporte crucial em momentos de dificuldade.

a vida moderna, com seu ritmo maluco, nos afastou do senso de comunidade que outrora foi um pilar central da existência humana – não é segredo nem novidade que nossa sociedade está cada vez mais individualista. sobretudo nas grandes cidades, onde as pessoas vivem fechadas nos seus próprios núcleos familiares impenetráveis, as relações comunitárias não param de minguar. a verdade é que a maioria de nós não seria capaz de citar nem o primeiro nome da maior parte dos nossos vizinhos.

além disso, os grandes centros urbanos sofrem de uma avassaladora carência dos chamados "terceiros lugares". esse conceito se refere a espaços comunitários de socialização além do lar (o primeiro lugar) e do trabalho (o segundo lugar). é nesse tipo de local que uma comunidade normalmente se reúne para interagir de maneira informal e espontânea. alguns exemplos de terceiros lugares são praças, cafés, bibliotecas, parques, igrejas, templos e demais locais de culto, além de um ambiente importantíssimo que hoje está quase esquecido: o centro comunitário.

um centro comunitário é um espaço público destinado a servir como ponto de encontro para os membros de uma comunidade, onde são promovidas atividades culturais, educativas e recreativas. na maior parte das vezes esses centros operam por meio de um modelo colaborativo, frequentemente administrados por organizações sem fins lucrativos ou grupos locais, e geralmente sustentados por voluntários, doações e financiamento público. sua função principal é ser um local onde pessoas de todas as idades possam se reunir, compartilhar recursos, participar de atividades conjuntas e desenvolver um espírito de cooperação e solidariedade.

houve um tempo em que os centros comunitários eram lugares agitados e cheios de vida, mas as dinâmicas sociais e econômicas das últimas décadas acabaram fazendo com que eles perdessem pouco a pouco sua relevância e seu apoio. analisando a situação de maneira global, é possível apontar alguns fatores-chave responsáveis por esse declínio.

em primeiro lugar, a urbanização intensa e a expansão das cidades transformaram bairros antes coesos em conglomerados de pessoas que, apesar de estarem fisicamente próximas, vivem vidas separadas e desconectadas. dessa forma, as reuniões comunais obviamente começaram a perder o sentido. ninguém mais estava interessado em dedicar algumas horas do seu precioso tempo para socializar ou fazer uma atividade com um vizinho que não conhece (e nem quer conhecer, muito obrigada!).

além disso, a ascensão da internet mudou a forma como as pessoas se conectam. num tempo em que é possível interagir de maneira instantânea com qualquer um, em qualquer lugar do mundo e de maneira ilimitada, os espaços físicos de socialização tornam-se obsoletos pouco a pouco. essa mudança cultural enfraqueceu ainda mais o papel dos centros comunitários, que ficaram subutilizados.

como você pode imaginar, não é muito fácil atrair público para uma programação de atividades comunais numa época em que todo mundo prefere ficar fechado dentro do seu núcleo familiar assistindo filmes. se vestir, se preparar e se locomover a um espaço físico, todo esse esforço pra ter que *socializar*? com *pessoas* que eu nem conheço? *fora de casa*!? seria mais fácil convencer nossa geração a escalar o everest – pelo menos a trabalheira renderia fotos legais pra postar no instagram.

por fim, é óbvio que não é possível que um lugar sempre vazio se sustente financeiramente. no seu auge, os centros comunitários dependiam muito de voluntários e doações – e ambos diminuíram de maneira diretamente proporcional à frequentação. o poder público local, que também era responsável por investir nesses espaços, acabou não tendo opção que não fosse cortar as verbas. é compreensível: não dá pra justificar o gasto de dinheiro público com um ambiente que se tornou um aeroporto de moscas.

é assim que muitos desses antigos centros comunitários acabam sendo largados às traças. essa é uma visão muito desoladora, na verdade: uma pequena edificação que um dia já testemunhou tantas interações, atividades e celebrações, que um dia já esteve no centro da vida dos membros de uma comunidade, agora silenciosa, empoeirada e decadente, com telhas faltando, a pintura triste descolando das paredes e erva daninha crescendo por toda parte.

mas sabe quem pode salvar o dia e ajudar a restaurar esse símbolo da vida comunitária? você. quer dizer, se você jogar *stardew valley*, ao menos.

,,,

há um pequeno vilarejo logo ao lado da sua fazenda no vale do orvalho das estrelas, chamado vilarejo do pelicano. um dia, de passagem por lá, você avista o prefeito diante de uma antiga casa caindo aos pedaços, contemplando-a com ar de desolação. com seu bigode branco e boina combinando com os suspensórios, o senhorzinho explica que aquele é o antigo centro comunitário do vilarejo, e que no passado ele era um espaço animado e cheio de vida, mas agora está abandonado. "nos dias de hoje, os jovens preferem ficar sentados diante da tevê a interagir com a comunidade", ele suspira.

 a história do centro comunitário em *stardew valley* é mais um elemento que confere personalidade à narrativa – e ajuda a moldar esse vínculo sentimental com o jogo. o desapontamento do prefeito e o terrível estado do antigo local de comunhão suscitam no jogador essa compaixão e nostalgia por um período de relações mais genuínas que nossa geração nunca viveu.

 é evidente: enquanto protagonista do jogo, você poderá ajudar a restaurar esse espaço e trazer de volta seus dias de glória. mas a trama não é tão simples e direta assim. qual seria a graça se fosse?

 o que eu acho louvável em relação a *stardew valley* é a forma como o jogo é capaz de retratar dilemas e problemas sociais do nosso tempo com tanta clareza e simplicidade. o enredo entrelaça diferentes questões relativas às dificuldades da nossa sociedade de forma coesa e fluida. a restauração do centro comunitário, por exemplo, se relaciona diretamente com outro tópico pertinente na realidade atual: os desafios enfrentados pelos pequenos comércios locais face à concorrência com as grandes corporações.

 lembra daquele escritório que descrevi no início, onde você estava quando decidiu abrir a carta do vovô? ele pertence a uma grande rede de supermercados chamada "joja". foi exatamente dessa megaempresa que você pediu demissão antes de se mudar para o vale do orvalho das estrelas. você pensa ter enfim se livrado da joja, mas acaba sendo surpreendido.

 sua primeira visita ao pequeno mercadinho local do vilarejo é interrompida pelo gerente do novo supermercado da rede joja que abriu recentemente a alguns metros dali. ele irrompe no recinto pra oferecer cupons de cinquenta por cento de desconto a todos os clientes. diante dessa oferta irresistível, todos os fregueses abandonam o mercadinho e vão fazer suas compras na joja. o que se segue é o lamento e a angústia do proprietário do estabelecimento local, ao perder toda a sua clientela de uma só vez: "cinquenta por cento!? eu não consigo igualar esses preços! eu levaria prejuízo!"

essa, infelizmente, é a realidade de muitos pequenos comércios locais, que não possuem os contatos, a rede de distribuição, a logística, o número de funcionários, o poder de compra em grande escala, o orçamento nem o *tamanho* das megacorporações com as quais passam a concorrer – e, portanto, não são capazes de oferecer um preço final tão baixo. o cliente, por sua vez, de maneira muito lógica, passa a consumir no estabelecimento mais interessante do ponto de vista financeiro. e é assim que vários pequenos negócios – como mercadinhos, lojas de roupa, cafés, restaurantes ou farmácias – acabam fechando as portas com a chegada de grandes corporações na área, sobretudo em pequenas cidades e vilarejos.

você pode estar dizendo a si mesmo que essa não é uma catástrofe tão grande assim. claro, umas lojinhas vão fechar aqui e ali, mas no final das contas a presença da megaempresa deve ser boa para a economia local. afinal, ela gera muitos empregos e propõe preços mais baixos, não é? até é. de imediato, os preços reduzidos parecem uma grande vantagem, porque aumentam o poder de compra da população. mas a situação não é tão simples e direta assim, nem de longe.

com a chegada de uma grande corporação, a economia de uma pequena cidade ou vilarejo fica exposta a duras consequências de médio e longo prazo. isso porque os pequenos comércios tendem a reinvestir seus lucros na própria comunidade, comprando de produtores locais. quando um mercadinho local fecha, por exemplo, não é só o dono do estabelecimento que fica em dificuldade, mas toda uma rede de fornecedores locais com os quais ele mantinha relações. o fazendeiro da região perde um lugar para vender seu leite, seu queijo e seus ovos; o apicultor, seu mel; o agricultor, suas frutas e legumes, e assim por diante.

as grandes corporações, ao contrário dos pequenos negócios, abastecem suas prateleiras e depósitos comprando mercadoria em grande escala de fornecedores muito maiores – e mandando seus caminhões irem buscá-la em lugares distantes. ninguém na região sai ganhando. e piora: enquanto o dono de um pequeno comércio local vive e gasta seu dinheiro ali (e muito frequentemente patrocina eventos relevantes para a vida comunitária), boa parte do lucro gerado pela megacorporação volta para sua sede central, o que a faz contribuir ainda menos para a economia da comunidade.

além disso, o fechamento dos pequenos comércios impacta muito mais do que somente a economia de um vilarejo: a identidade local também é profundamente afetada. os pequenos estabelecimentos são frequentemente representativos da cultura e das necessidades daquela comunidade, oferecendo produtos únicos e um atendimento personalizado. quando essas lojas fecham, a cidade perde parte de sua essência, tornando-se mais homogênea e menos distinta.

a história do vilarejo que perdeu seu senso de comunidade – e começa progressivamente a perder também sua identidade ao ser invadido por uma grande corporação sem rosto – ilustra a situação de inúmeros lugares reais mundo afora nas últimas décadas. mas, ao menos em *stardew valley*, você pode fazer alguma coisa a respeito. isto é, *se quiser*.

durante aquela sua conversa com o prefeito diante do centro comunitário, ele revela a você que o gerente do novo supermercado joja o está pressionando para vender o terreno para a empresa – eles querem construir um depósito na área. "os cofres públicos da cidade precisam do dinheiro, mas há algo que me impede de vendê-lo", ele confessa. "acho que velhos como eu se apegam às relíquias do passado." de toda forma, ele pondera que se mais um membro da comunidade decidir assinar os serviços da joja, ele acabará cedendo.

    a escolha é sua: você comprará uma assinatura joja, fazendo com que o antigo centro comunitário seja vendido à megaempresa e se transforme em depósito, ou iniciará uma longa jornada para restaurar a glória do pilar comunitário do vilarejo?

    se você escolhe comprar a assinatura e apoiar a rede joja, a dinâmica de progresso do jogo passa a ser baseada em dinheiro: você deve pagar a empresa para realizar certas melhorias na infraestrutura do vilarejo – como construir uma ponte ou consertar o velho ônibus local. sua recompensa final, ao completar todas as melhorias, é um discurso cínico do gerente do supermercado joja, que anuncia ter ganhado uma promoção graças a todo o capital que você investiu na empresa. ah, e você também leva pra casa uma belíssima máquina de joja cola – um refrigerante produzido pela joja, que é literalmente considerado "lixo" segundo a descrição do próprio jogo.

    se, no entanto, você optar por restaurar o centro comunitário, o desenrolar da história será completamente diferente. nesse caso, você precisará da ajuda dos junimos, pequenos espíritos da floresta que se mudaram para o centro abandonado. em troca de pacotes de oferendas específicas, eles se dispõem a reformar o lugar e ainda realizar as tais melhorias na infraestrutura do vilarejo. dessa forma, será necessário coletar uma série de itens diferentes ao redor do vale do orvalho das estrelas – como peixes, minerais, frutas e legumes, cogumelos, produtos de origem animal e muito mais – para oferecer a essas pequenas criaturinhas.

    os junimos não aceitam dinheiro como pagamento, então o caminho da restauração do centro depende exclusivamente das suas habilidades e de muita paciência. será necessário cultivar, coletar, enfrentar monstros, minerar, pescar – e, sobretudo, esperar. alguns dos itens que fazem parte das oferendas exigidas pelos pequenos espíritos da floresta são raros e muitos outros são sazonais, o que significa que só estão disponíveis em uma estação específica do ano. se você falhar em obter algo numa estação, terá que esperar o ano seguinte para tentar de novo. se você estiver curioso, uma estação no jogo equivale a mais ou menos seis horas e meia em tempo real. um ano leva, então, um pouquinho mais de vinte e seis horas pra passar completamente.

coletar todos os artigos necessários de cada pacote de oferenda demanda tempo e esforço, é verdade. no entanto, ao contrário de quando você se alinha com a joja, o caminho é recheado de pequenos presentes deixados pelos junimos, e há uma recompensa que o gerente do supermercado não pode oferecer: o apreço da comunidade.

ao completar todos os pacotes de oferendas e terminar a restauração do centro comunitário, uma festa de reabertura é organizada e você recebe um troféu de "herói do orvalho das estrelas" diante de todos, diretamente das mãos do prefeito. os habitantes do vilarejo do pelicano se juntam e recordam velhas histórias de tempos passados, quando ainda eram uma comunidade unida e solidária. juntos, eles chegam à conclusão de que querem fazer um esforço para preservar sua identidade e seu estilo de vida, e resolvem iniciar um boicote à joja. o supermercado da grande corporação no vilarejo vai à falência e ninguém nunca mais ouve falar do seu gerente.

é difícil descrever a gratificação que invade o peito do jogador ao assistir a essa cena. é claro, existe o júbilo de ver o esforço feito para coletar todos os itens das oferendas enfim recompensado, mas não é só isso. acredito que há algo ainda mais profundo e tocante no episódio, algo que está programado no cérebro humano de maneira quase inconsciente graças aos tantos séculos que passamos trabalhando juntos e dependendo uns dos outros. para mim, essa sensação de triunfo vem de testemunhar uma comunidade reafirmando seu senso de partilha e se unindo de forma solidária em prol do benefício comum.

veja, os produtos na rede jojo eram bem mais baratos que no mercadinho local. para expulsar a grande empresa da cidade, foi necessário que várias pessoas concordassem em fazer um sacrifício individual – pagar mais caro pelas mesmas mercadorias – pelo bem coletivo. essa é uma situação cada vez mais rara nos tempos acentuadamente individualistas em que vivemos, e acho que é por isso que faz tão bem à nossa alma vê-la representada de alguma maneira.

claro, em *stardew valley* a situação é ilustrada de forma fantástica e alegórica, mas não deixa de ser um aviso: é urgente que voltemos nossa atenção ao enfraquecimento dos laços comunitários, porque as suas consequências podem ser graves – e já começamos a vê-las.

para começo de conversa, o sucesso na cultura do individualismo é, sem surpresa, medido de maneira individual (ou por núcleo familiar), em detrimento do bem-estar coletivo: pouco nos importa a situação das outras famílias lá fora, desde que a nossa própria esteja tranquila. esse foco no "eu" e no "meu" resulta num ambiente social no qual a empatia e a solidariedade diminuem drasticamente, porque as pessoas estão focadas somente nos seus próprios interesses. elas jamais admitiriam gastar mais na compra do mercado em prol do bem comum, por exemplo.

a perda do senso de comunidade contribui para a fragmentação social. isso importa porque grupos coesos são fundamentais para promover a confiança e a cooperação numa sociedade – sem eles, ela se torna cada vez mais polarizada, e a compreensão mútua diminui de modo geral. o resultado é um eterno estado de conflito entre as pessoas, o que dificulta enormemente a resolução de problemas coletivos.

outra consequência importante desse individualismo exacerbado é o aumento do isolamento social, que causa o fantasma da nossa era: a solidão crônica. sem a estrutura de apoio que as comunidades fortes oferecem, mais e mais pessoas têm dificuldade para encontrar e se inserir num grupo coeso, tornando-se solitárias. a ausência de interações sociais significativas, por sua vez, pode resultar em problemas de saúde mental, intensificados justamente pela falta de redes de apoio emocional e prático, num círculo vicioso.

de forma consciente ou não, somos capazes de notar esses problemas até certo ponto, bem como a falta que uma comunidade estruturada faz em nossas vidas – e eu considero *stardew valley* uma boa evidência nesse sentido. é por isso que acho tão interessante refletir sobre as questões expressas em jogos de videogame e sobre como o público se relaciona com elas.

pare pra pensar: além de tocar dezenas de milhões de pessoas ao redor do mundo, grande parte dos jogos mais recentes são interativos. não é possível ao espectador escolher o desfecho de um filme, mas o jogador tem o poder de escolher o desfecho do jogo. você pode, por exemplo, restaurar o centro comunitário ou transformá-lo num depósito.

de um ponto de vista objetivo, seria muito mais fácil e rápido pagar a joja para obter as melhorias de infraestrutura do vilarejo, em vez de procurar incessantemente os itens bastante específicos exigidos pelos junimos como oferenda. ainda assim, a imensa comunidade virtual de jogadores de *stardew valley* é praticamente unânime a respeito do assunto em fóruns e discussões na internet: financiar a joja é inimaginável.

essa recusa da esmagadora maioria dos jogadores de vender o centro comunitário parece contraintuitiva. afinal, tomar a decisão de restaurá-lo significa concordar com uma experiência de jogo mais lenta e menos eficiente. mas, espere um minuto... não era justamente do fantasma da rapidez e da eficiência que você estava tentando fugir quando decidiu ir para o vale do orvalho das estrelas? você não tinha mesmo resolvido mudar de vida para que ela fosse mais lenta e conectada com a natureza e com as pessoas?

olhando por esse lado, a restauração do centro é mesmo a única narrativa coerente dentro do contexto do jogo. mesmo tendo a liberdade de escolher uma rota mais rápida, o consenso dos jogadores é optar pelo que faz mais sentido de um ponto de vista narrativo – e *humano*.

mas nem tudo são estrelinhas e arco-íris. sim, é raro que alguém resolva de fato transformar o centro comunitário em depósito, mas existem outras formas de destoar dos princípios-base de *stardew valley*. uma análise do conteúdo compartilhado pela comunidade virtual de jogadores nos indica rapidinho outro comportamento um tanto contraditório dos usuários em relação à premissa do jogo.

você já deve ter ouvido aquela história de que "uma vez que uma obra é publicada, ela não pertence mais ao autor". a ideia é que cabe ao público decidir o que fazer com uma obra – como percebê-la, interpretá-la, utilizá-la, interagir com ela – e que muitas vezes essas ações se desenrolam de maneiras que o autor não planejou.

stardew valley, por exemplo, foi imaginado para proporcionar uma experiência tranquila e relaxante. por alguns minutos ou horas, o jogador poderia se desconectar da realidade opressiva do mundo real e mergulhar num universo sereno, onde o mais importante seriam as pequenas descobertas e o progresso lento e estável. a ideia era abrir o jogo calmamente, explorar o mundo virtual devagar e experimentar o prazer de progredir e encontrar soluções para os problemas sem pressa.

no entanto, como é de costume, a prática difere da teoria em muitos níveis.

stardew valley não escapa de um fenômeno muito comum aos jogos de grande sucesso: a criação de desafios de *speedrun*. o termo anglo-saxão, que significa "corrida de velocidade", caracteriza uma partida em que o jogador deve atingir um determinado objetivo o mais rápido possível. para isso, é preciso dominar as mecânicas do jogo, encontrar as rotas mais eficientes e utilizar várias estratégias para minimizar o tempo necessário para concluir o desafio. como eu disse, trata-se uma corrida. assim, vence o jogador que chegar ao final mais rápido.

é claro que essa não é uma mecânica nativa do jogo em si, mas uma competição realizada de forma paralela pela própria comunidade de jogadores na internet. apesar de estar inscrita em um nicho bastante específico, a prática tem muitos adeptos – e ainda mais espectadores. inúmeros *speedruns* de *stardew valley* são transmitidos ao vivo para milhares de pessoas e depois transformados em vídeos que angariam milhões de visualizações no youtube. já foram até mesmo organizados campeonatos de *speedrun* do vale do orvalho das estrelas, em que equipes competiam ao vivo por um prêmio real de dezenas de milhares de dólares.

visto que se trata de uma disputa organizada pelos próprios jogadores, o objetivo das corridas também é determinado por eles. assim, não é de se espantar que *stardew valley* tenha alguns *speedruns* bastante curiosos e completamente aleatórios, como "quem consegue plantar e colher a primeira pastinaca da primavera mais rápido" (o recorde enquanto escrevo é de trinta e seis segundos), "quem consegue fabricar e beber um pote de maionese mais rápido" (seis minutos e onze segundos) ou "quem consegue capturar um ouriço do mar num aquário e colocar um chapéu nele mais rápido" (dois minutos e trinta e oito segundos). eu sei, nada faz sentido, mas essa é a graça.

não há nada de intrinsecamente negativo na cultura do *speedrun* – trata-se apenas de uma forma diferente de interagir com o suporte, e cada um é livre para escolher jogar como lhe convém, claro. se está todo mundo se divertindo sem fazer mal a ninguém, que ótimo! ainda assim, não é possível ignorar a ironia do conceito quando aplicado a um jogo com a premissa serena de *stardew valley*.

ao longo dos anos, esse fenômeno de nicho acabou se popularizando e influenciando o público geral do jogo, que descobriu a existência de atalhos e estratégias astuciosas graças aos *speedruns*.

a partir dessa ótica de velocidade, o objetivo passa a ser criar sistemas para otimizar o máximo possível todos os processos dentro da fazenda e conseguir mais lucros e conquistas mais rápido. existe até mesmo uma enciclopédia do jogo – completíssima, por sinal – disponível online. você quer saber onde encontrar um item escondido, a que horas pescar um peixe específico, qual o presente favorito de um membro da comunidade ou simplesmente qual dos vegetais disponíveis em uma determinada estação proporciona uma colheita mais lucrativa? não se dê ao trabalho de jogar para descobrir, bobinho! é só abrir a enciclopédia!

a representação clássica desse comportamento é a pressa generalizada para restaurar o centro comunitário (um desafio de *speedrun* muito conhecido, cujo recorde enquanto escrevo é de duas horas e dezesseis minutos). juntar todos os itens necessários para terminar a reforma em tempo recorde é um dos objetivos mais comuns entre os jogadores – mas parece que a ideia de eric barone quando ele desenvolveu o jogo não era bem essa.

a julgar pela forma como os elementos foram distribuídos inicialmente, essa tarefa foi pensada para levar mais ou menos dois anos no mundo do jogo. um dos itens obrigatórios para a conclusão, por exemplo, é um repolho roxo, que só pode ser plantado na fazenda a partir do verão do segundo ano. os usuários, no entanto, desejosos de terminar tudo o mais rápido possível, não ficaram nada felizes com essa limitação. o clamor popular na internet a respeito do assunto foi tanto que o desenvolvedor acabou obrigado a implementar uma opção para garantir que o tal repolho pudesse ser comprado no mercado durante o primeiro ano de jogo. é preciso escutar a voz do povo, não é mesmo?

 ademais, não é nada incomum se deparar com vídeos de jogadores que dedicam horas de estratégia e planejamento para se transformarem em titãs do agronegócio. eles investem na monocultura, plantando só o que tem o preço de venda mais alto em campos imensos, o que torna a fazenda um lugar monocromático e entediante. além disso, coletam recursos de maneira frenética para construir um número chocante de máquinas capazes de produzir diversos itens refinados – que dão ainda mais lucro – a partir de produtos brutos.

 é inegável que uma grande parte do público exprime, através da sua forma de interagir com o jogo, o mesmo padrão de pensamento do qual o protagonista está tentando fugir ao pedir demissão da joja e sair da cidade grande – e do qual o usuário teoricamente deveria se desconectar ao jogar. e eu não vou mentir: não sou exceção.

 eu comecei encantada com o mundo de *stardew valley*, jogando sem ter ideia alguma do que estava fazendo. continuei assim por alguns meses, até que... descobri os vídeo-tutoriais do youtube, os *speedruns* e a existência da tal enciclopédia online. a partir desse momento, notei o terrível "atraso" na minha fazendinha: eu havia perdido prazos para a coleta e construção de itens e, apesar do longo tempo jogando, tudo continuava num estágio muito rudimentar.

quando entendi o que teria sido possível fazer se eu tivesse tido acesso a essas ferramentas e esse conhecimento desde o início, deletei minha fazenda simplória e decidi começar de novo – mas do jeito mais eficiente dessa vez.

me vi literalmente comprando um pequeno caderno para anotar meu planejamento e acompanhar o progresso da fazenda. quando dei por mim, já estava nervosa por ter esquecido um elemento importante da minha estratégia ou por não ter conseguido providenciar um item sazonal antes do fim de uma determinada estação, porque esse erro ia atrasar um outro objetivo futuro. de repente a experiência, que deveria ser relaxante e tranquila, passou a me deixar estressada e ansiosa. eu resetava constantemente o jogo para poder reviver o mesmo dia dezenas de vezes, porque o resultado inicial não tinha sido bom o bastante.

diante desse cenário, não pude deixar de pensar no *harvest moon* da minha infância, e em como a minha forma de encarar a premissa desse tipo de jogo havia mudado fundamentalmente. quando era criança, tudo que eu queria fazer era plantar uns legumes, colher flores nas montanhas e ir me banhar no poço de águas termais de vez em quando. meu primo até me alertava sobre a progressão de jogo, mas eu não estava nem aí. tenho uma lembrança muito distinta de ouvi-lo tentando me convencer a plantar pepinos em vez de morangos na fazenda, porque eles davam mais lucro. "e eu com isso?" eu era só uma garota, ora bolas. os morangos eram mais bonitinhos que os pepinos, e isso me bastava.

chame de viés nostálgico se você quiser, mas a verdade é que eu sinto uma falta enorme do padrão de pensamento que era capaz de ter quando criança, antes que a vida adulta na nossa sociedade me corrompesse e me motivasse a transformar um jogo sobre cuidar de galinhas e colher flores em uma estressante e caótica busca por lucro e conquistas rápidas.

é muito irônico que os próprios usuários sejam responsáveis por aplicar em larga escala uma lógica tão vertiginosa a um jogo que se propõe justamente a contrapor a aceleração dos nossos tempos. acho que essa é uma melancólica ilustração da mentalidade que aprendemos a ter. não podemos admitir fazer o que quer que seja se não for para obter sucesso, lucro e conquistas tangíveis – e pra já! salvamos o centro comunitário das garras da joja e a expulsamos da cidade, só para acabar mantendo na fazenda o mesmo ritmo frenético de trabalho que éramos obrigados a sustentar como empregados da grande corporação.

não me entenda mal, eu até gosto de jogos de estratégia e planejamento, porque pode ser muito divertido e recompensador colher os frutos do seu próprio esforço mental para desenvolver um método ou sistema que funcione naquele contexto. no entanto, tenho a impressão de que esse tipo de jogo às vezes é capaz de criar um certo aprisionamento numa interação negativa, quando em vez de sentir prazer e relaxamento começamos a passar raiva, mas ainda assim somos incapazes de sair da frente da tela.

foi mais ou menos isso que aconteceu comigo quando descobri a enciclopédia de *stardew valley* e os vídeos sobre o jogo no youtube: nenhum resultado era bom o suficiente e a experiência começou a me estressar muito mais do que me divertir. ainda assim, sentia que era impossível abandonar o jogo. eu precisava continuar, otimizar todos os minutos do dia, ou resetá-lo e refazer tudo uma dezena de vezes, até ficar perfeito.

em um determinado momento, porém, essa abordagem acabou fatalmente desgastando minha vontade de jogar, e desisti da empreitada em definitivo.

, , ,

passei muitos anos afastada do vale do orvalho das estrelas, até que há alguns meses o youtube me recomendou um vídeo sobre como o jogo foi desenvolvido e lançado, e ele reacendeu meu desejo de tentar de novo. no tempo em que eu fiquei fora, uma enorme quantidade de conteúdo novo foi adicionada a *stardew valley*, então havia inúmeros elementos inéditos para mim – além do mais, eu já tinha esquecido a maior parte das coisas de qualquer forma, então seria quase como jogar pela primeira vez. no entanto, criei duas regras para mim mesma: eu ia jogar sem pressa e, o mais importante de tudo, sem acesso constante aos vídeos e à enciclopédia online.

a experiência não poderia ter sido mais diferente da primeira. eu estaria mentindo se dissesse que, em determinados momentos, minha mão não coçou para fazer uma rápida pesquisa na enciclopédia (tudo avançaria tão mais rápido...), mas me contive. refiz um caderninho de acompanhamento – dessa vez tomando nota somente das coisas que descobria sozinha, de maneira empírica, ao jogar. fiz o compromisso de não me importar demais com o tempo que demoraria para obter um certo resultado. levei mais de cinquenta horas de jogo para restaurar o centro comunitário (um prazo absurdo de longo, segundo os padrões da internet), e sabe qual foi a consequência? eu me diverti como nunca.

puxa, quem teria imaginado que uma vivência pode ser mais satisfatória quando tomamos o tempo de nos imergir de verdade nela e aproveitá-la com calma em vez de correr como loucos sem olhar para os lados até a linha de chegada, não é mesmo? certamente essa é uma conclusão à qual ninguém jamais chegou antes. ainda bem que eu estou aqui para trazer essa iluminação a você. por nada.

ironias à parte, nós de certa forma sabemos que esse é o caso – mas entre saber e se dispor a executar existe uma distância considerável. depois de anos de condicionamento, o apelo da recompensa imediata nos parece irresistivelmente forte, mas o esforço para resistir a ele sempre acaba valendo a pena.

uma das coisas mais satisfatórias na minha experiência mais recente de jogo é que pude me conectar com paciência à história de cada um dos personagens. sabe, durante a progressão da trama você será presenteado com várias cenas de diálogo com os habitantes do vilarejo, em que descobrirá mais sobre eles, sua personalidade, seus segredos e trajetórias. na primeira vez que joguei, eu costumava consultar na enciclopédia como ativar essas cenas, para me certificar de não perder nenhuma. às vezes era preciso entrar no vilarejo por um caminho específico num dia chuvoso às nove da manhã, por exemplo. essas interações eram calculadas, e constavam como tarefas na minha lista de afazeres: "hoje está chovendo, então preciso entrar no vilarejo por esse caminho às nove da manhã."

quando decidi jogar de novo há alguns meses, sem acesso à enciclopédia, comecei a ser surpreendida por esses pequenos diálogos. num dia chuvoso, eu passaria por acaso pelo tal caminho para chegar até o vilarejo às nove da manhã, e uma cena se iniciaria sem que eu estivesse esperando. com espanto e alegria, eu assistiria ao desenrolar da história de mais um personagem, e passaria a conhecê-lo mais a fundo.

essas pequenas tramas individuais também são um elemento fundamental da tal "alma" de *stardew valley*, porque conferem ao jogador a sensação de, pouco a pouco, passar a *pertencer* à comunidade local. é justamente essa sensação de pertencimento comunitário que falta nos nossos dias e que desejamos até de forma inconsciente. além disso, as tramas dos habitantes do vale do orvalho das estrelas nos parecem genuínas, porque refletem problemas e dilemas reais que encontramos na nossa sociedade.

harvest moon, o jogo da minha infância, seguia o mesmo princípio de poder fazer amizade e conhecer melhor os habitantes do vilarejo – mas eles eram muito mais unidimensionais. nenhum deles tinha problemas muito complicados, ou pelo menos o jogo não se aprofundava neles, e tudo bem; era um jogo para crianças, afinal de contas. o objetivo era manter a atmosfera sempre positiva e edificante. *stardew valley*, por outro lado, não tem medo de encarar as sombras, e é isso que acaba fazendo dele um jogo tão genuíno.

no vale do orvalho das estrelas você descobre, por exemplo, a história de shane, um jovem rapaz que é alcoólatra e está geralmente mal-humorado. mediante um certo esforço de aproximação, no entanto, ele começa a se abrir: shane tem depressão. "eu sinto que não importa o quanto eu tente, não sou forte o suficiente para escapar desse buraco", ele confessa a você, numa madrugada diante do lago, enquanto toma uma cerveja. em outra ocasião, você o encontra quase inconsciente à beira de um penhasco, depois de ter bebido muito mais do que deveria. horrivelmente embriagado, ele admite que tem ido ali com frequência e pensado em pular. "mas eu tenho medo demais, fico ansioso demais, como sempre."

a sua amizade, contudo, ajuda a afastá-lo do precipício e do alcoolismo. se você continuar se aproximando dele, chega o momento em que shane decide começar a tomar água com gás em vez de cerveja e muda de estilo de vida. "às vezes eu esqueço que tenho amigos, pessoas que se importam comigo de verdade", ele confidencia à sua tia. "e que tudo bem se eu me apoiar neles de vez em quando. isso não me torna fraco."

o arco de personagem de shane é, na minha opinião, um dos mais tocantes do jogo, mas há muitas outras histórias a descobrir ao redor do vilarejo.

você também conhecerá kent, um militar que desenvolveu um transtorno de estresse pós-traumático depois de lutar numa guerra; linus, um ermitão que vive sozinho numa pequena tenda nas montanhas, em total comunhão com a natureza; harvey, um médico que gostaria de ter se tornado piloto de avião, mas não pôde por causa da sua forte miopia e do seu medo de altura; penny, uma jovem doce e reservada que sofre com o alcoolismo e os rompantes de cólera da mãe; abigail, uma pequena rebelde de cabelos tingidos de roxo que está sempre em conflito com os pais por causa de seus interesses um pouco "alternativos"; alex, um esportista que vive com os avós porque perdeu a mãe aos oito anos e nunca ouviu falar do pai; e muitos outros personagens interessantes.

    os críticos costumam dizer que *stardew valley* tem "alma". os jogadores costumam concordar. e eu, intrigada com o uso do termo, resolvi investigá-lo (e trazer você comigo durante essa investigação).

    partindo do princípio de que a alma é o elemento vital que anima o corpo, o que os especialistas estão sugerindo é que a obra em questão tem *vida*, que há algo de pulsante e vivo se escondendo atrás de todos os aspectos técnicos e estéticos que a compõem. uma obra com alma, do meu ponto de vista, é capaz de fazer com que o público se sinta compreendido e conectado com essa coisa que reconhecemos: a confusa e extraordinária experiência de ser humano. a alma é a matéria que reflete a humanidade que enxergamos em nós mesmos.

    stardew valley parece despretensioso, só um "jogo de fazendinha". o conceito é simples: plante legumes, crie galinhas, colha flores – e, enquanto faz isso, reflita sobre as relações humanas, o desejo de conexão com a natureza e com as outras pessoas, o valor do trabalho na sociedade em que vivemos, o papel da tecnologia em nossa vida, a importância dos laços comunitários e diversas outras questões de importância sociológica e filosófica.

    stardew valley tem alma porque é um jogo autêntico, que toca em temas universais e atemporais, como a amizade, o sofrimento, a frustração, o medo, a perda e a alegria de maneira sincera e honesta – e, assim, ressoa com o público num nível íntimo e visceral. conferir alma a um projeto não é uma simples questão de seguir tendências ou fórmulas estabelecidas, mas de comunicar uma emoção genuína; e eric barone faz isso com maestria. além de tudo, a obra reflete também sua dedicação e paixão pelo trabalho, porque é possível notar o esforço de barone em cada detalhe. o produto final é a prova da sua habilidade enquanto desenvolvedor e da sua sensibilidade enquanto artista.

é por esses motivos que insisto que esse singelo jogo de fazendinha chamado *stardew valley* importa. graças a ele, trinta milhões de pessoas acabaram assistindo, de forma descomplicada e lúdica, a uma representação de muitas questões sociológicas e filosóficas importantes mascaradas de entretenimento. claro, os teóricos ou acadêmicos emplumados podem ficar descontentes com essa tentativa de encontrar valor e significado numa obra da cultura popular de massa. "o jogo toca nos temas de forma terrivelmente básica, superficial e rudimentar", eu já os ouço dizer. bem, deve ser por isso que se chama "jogo de videogame", e não "tese de doutorado".

nem todos os teóricos e acadêmicos são emplumados, mas os que são valem por dez, porque infelizmente cacarejam dez vezes mais alto que o resto. a eles, eu gostaria de sugerir que fossem sacudir as penas do outro lado das portas da academia por dois minutos. faz bem a todo mundo encarar a realidade de tempos em tempos; e a realidade é que é preciso ser muito ingênuo para não enxergar o valor imensurável que boas obras de entretenimento com um enorme alcance possuem quando se trata de difundir ideias importantes.

sabe o que o público geral da minha geração não vai fazer, senhor teórico? simplesmente acordar um dia e decidir ler artigos

é preciso ser muito
ingênuo para não enxergar
o valor imensurável
que boas obras de
entretenimento com
um enorme alcance
possuem quando se
trata de difundir ideias
importantes.

larinha

acadêmicos de cunho sociológico e filosófico sobre temas importantes da atualidade. sabe o que o público geral da minha geração tem muito mais chances de fazer? jogar um jogo de videogame. goste ou não, é assim que é. a realidade é a realidade, e ela não depende do seu juízo de valor para ser real.

    o que queremos, afinal de contas? não é justamente motivar o maior número possível de pessoas a refletir sobre questões relevantes? ora, nesse caso, se alguém se pôs a ponderar sobre a condição humana porque leu a obra de um filósofo grego da antiguidade, que ótimo! se foi porque jogou um jogo de videogame, que ótimo! a reflexão "boa" não é só aquela incitada pelas fontes que os teóricos e acadêmicos consideram válidas do alto de sua plumagem.

, , ,

bom, tudo bem, já estabelecemos que estamos todos juntos nessa busca pelo orvalho das estrelas. mas, diante das questões abordadas pelo jogo, o que é que nós podemos fazer? será que deveríamos todos abandonar o emprego e a vida agitada da cidade e nos mudar para o campo?

    de maneira realista, é claro que não. não é assim que as coisas funcionam e, de forma objetiva, jamais poderíamos todos nos mudar para o campo de uma só vez, porque além de não resolver os problemas da sociedade, esse ato acabaria criando muitos outros. esse não é um dilema fácil de solucionar, e eu também não sei qual é a resposta certa, mas acho que uma parte significativa dela se encontra justamente na trama de *stardew valley*: a restauração do nosso senso de comunidade. essa tarefa titânica, no entanto, dependeria de uma estreita colaboração entre o poder público e cada indivíduo.

do lado do poder público, é essencial investir na criação de mais infraestruturas comunitárias que estimulem a convivência entre as pessoas. afinal, se queremos que elas sejam solidárias umas com as outras, é preciso antes de mais nada que se conheçam; e se queremos que elas se conheçam, é preciso oferecer-lhes oportunidades para tanto. é necessário implementar políticas públicas que financiem e promovam eventos culturais, esportivos, recreativos e educativos – espetáculos, feiras, festivais, competições esportivas, caminhadas comunitárias, clubes de leitura e debates, palestras, workshops e cursos diversos.

outro aspecto fundamental é a revitalização de terceiros lugares já existentes, mas degradados. estou falando daquelas praças caindo aos pedaços ou daqueles parques que não são frequentados há anos, porque também faz anos que o mato invadiu o local. necessitamos (urgente!) de um número maior de espaços públicos em bom estado de conservação, porque ninguém quer sair de casa para ir a um ambiente dilapidado – e muito menos a um ambiente perigoso.

a degradação material obviamente não é o único fator que afasta a população desses espaços: grande parte das vezes, eles também não são seguros. para além dos terceiros lugares abandonados, o ambiente público em geral costuma ser violento e hostil, principalmente nas grandes cidades. se temos medo até de sair na rua, não há motivação para ir à pracinha ou ao parque, mesmo quando eles estão em boas condições, porque a sensação de insegurança prevalece, não importa o estado do ambiente.

vou evitar enveredar pelo complexo tópico da violência urbana e da segurança pública, porque seriam necessárias dezenas de páginas para discuti-lo com a merecida profundidade e minúcia, e essa não é a intenção deste escrito. o que posso dizer é que esses são, é claro, elementos adjacentes que impactam fortemente nossa propensão a frequentar espaços comunitários, e que fazem parte da intrincada teia de fatores que precisariam ser corrigidos e adaptados, num mundo ideal, para que essa tentativa de retomada do ambiente público fosse bem-sucedida.

agora falando de um ponto de vista individual: também há várias pequenas ações simples que você pode adotar para contribuir com a restauração do senso de comunidade.

comece por conhecer seus vizinhos. cumprimente-os, apresente-se, converse com eles, esteja disponível para ajudar quando necessário. participe de associações de bairro ou grupos comunitários, se tiver a sorte e o privilégio de viver num lugar que os possui. voluntarie-se. encontre uma causa local que ressoa com você e ofereça seu tempo e habilidades a uma escola, um hospital, um abrigo de animais da região. eduque seus filhos para reconhecerem a importância de uma comunidade solidária. ensine-os a se importar com as pessoas e a compartilhar.

e olha, eu sei que já ouvimos tanto a frase "apoie o comércio local" na internet que ela virou até meme, mas, cá entre nós: apoie o comércio local. o impacto de decidir comprar da pequena empresa do seu bairro, em vez de gastar dinheiro nos produtos de uma grande corporação, é maior do que você imagina. acredite ou não, esse simples ato contribui diretamente para o crescimento econômico da sua região. o sucesso de pequenas e médias empresas não só reduz as taxas de desemprego, mas também melhora a qualidade de vida dos moradores da área, ao aumentar a renda e a segurança financeira das famílias ali presentes.

ademais, o dinheiro gasto em negócios locais tende a permanecer na comunidade por mais tempo, porque uma proporção bem maior de seus lucros é reinvestida na região, em comparação com grandes redes de lojas. esse reinvestimento ocorre por meio do pagamento de salários, da contratação de fornecedores locais e da utilização de serviços regionais, o que cria um círculo virtuoso econômico que beneficia todo mundo.

em termos culturais, o comércio local desempenha também um papel crucial na preservação e promoção da identidade da comunidade. pequenas lojas e restaurantes frequentemente oferecem produtos e serviços que refletem as tradições e a herança da região. ao escolher consumir nesses estabelecimentos, ajudamos a manter viva a cultura do lugar.

é claro, você pode perfeitamente ir além e decidir criar uma associação local do zero, mas não se deixe desencorajar se não tiver o tempo ou a energia para colocar em prática um projeto de grandes proporções. tudo que fazemos importa, e não existe ato "pequeno demais".

, , ,

puxa. não é incrível pensar que tivemos toda essa discussão por causa de um jogo de videogame?

stardew valley de fato é bonito e inspirador de muitas maneiras. uma enorme parte da comunidade de jogadores relata, por exemplo, que a trama do jogo despertou neles uma grande vontade de deixar o caos da cidade para trás e se mudar para o campo. veja bem, se você se sentir verdadeiramente compelido a implementar essa grande transformação no seu estilo de vida, não sou eu que vou tentar dizer o contrário. no entanto, acho que não faz mal lembrarmos que não é necessariamente no interior do alasca, numa cabana ao lado do lago walden, numa grande jarra de cerâmica e nem numa fazenda no vale do orvalho das estrelas que está a solução definitiva para todos os nossos problemas.

a lição mais significativa que o jogo nos deixa é a profunda importância dos laços que nutrimos com nossos semelhantes, mesmo quando eles não fazem parte do nosso núcleo familiar. *stardew valley* serve como um pequeno lembrete do poder da empatia e da solidariedade, e um lembrete de que nossas decisões individuais impactam o coletivo, pelo qual somos todos igualmente responsáveis.

se vamos ser verdadeiramente inspirados a reproduzir algum aspecto do jogo na vida real, que seja o discernimento para priorizar a comunidade em detrimento do nosso benefício pessoal quando necessário. lembre-se: a joja não teria saído do vilarejo se cada aldeão não tivesse concordado em pagar mais caro pelas suas compras em prol do bem comum.

há algumas páginas, eu disse que christopher mccandless, o aventureiro sonhador do alasca, havia destacado um trecho do seu exemplar do livro *doutor jivago* algum tempo antes da sua morte. ei-lo:

"e assim descobriu-se que apenas uma vida semelhante à vida daqueles que nos rodeiam, fundindo-se com ela sem qualquer agitação, é vida genuína, e que uma felicidade não partilhada não é felicidade."

que não nos esqueçamos.

agradecimentos

sou profundamente grata:

ao meu companheiro de vida, por sempre ter me encorajado a seguir enfileirando as palavras que compõem esta obra. se não fosse por todas as dezenas de vezes em que ele pousou as mãos sobre os meus ombros e sussurrou "você é valente, batatinha", *eu quero a árvore que existe* seria um triste rascunho inacabado até hoje;

à editora sextante e à equipe de excelentes profissionais que trabalhou com cuidado e atenção em cada aspecto da realização deste projeto – especialmente à nana, que acreditou no meu manuscrito o suficiente para se dispor a publicá-lo, e cujo bom humor e gentileza fizeram do processo de edição um verdadeiro deleite. se você está segurando este livro nas mãos agora, é graças a ela;

aos meus pais, as pessoas mais generosas e altruístas que eu conheço, por todos os sacrifícios que fizeram para que eu tivesse a oportunidade de viver as experiências que compartilho nestas páginas;

à cristina, minha sogra, porque as nossas longas conversas inspiraram muito mais a minha forma de ver o mundo do que ela imagina, e ao pascal, meu sogro, pelas muitas perguntas entusiasmadas que me fez sobre essa aventura literária à mesa do jantar desde o início;

e à mimilla, mandi e vanna, pelo apoio incondicional que sempre deram a este projeto e por me ensinarem, há tantos anos, o verdadeiro significado da palavra "amizade".

obras citadas

Bernardes, Tim. "Meus 26". In: *Mil coisas invisíveis*. São Paulo: Boa Música, 2022.

Bernardes, Tim. "Última vez". In: *Mil coisas invisíveis*. São Paulo: Boa Música, 2022.

Cearense, Catulo da Paixão; Pernambuco, João. "Luar do sertão". Rio de Janeiro: Casa Edison, 1914.

Donne, John. "Meditation". In: Devot*ions upon Emergent Occasions.* Michigan: Ann Arbor Paperback, 1959. Disponível em: https://www.gutenberg.org/files/23772/23772-h/23772-h.htm

Garcia, José Godoy. *Poesia*. Brasília: Thesaurus, 1999.

Hilst, Hilda. *A obscena senhora D*. Rio de Janeiro: Companhia das Letras, 2020.

Pessoa, Fernando (sob o heterônimo de Alberto Caeiro). "A espantosa realidade das coisas". In: *Poemas inconjuntos*. Coleção Poemas de Alberto Caeiro. Lisboa: Editora Ática, 1946. Disponível em: http://www.dominiopublico.gov.br/download/texto/pe000003.pdf

Plath, Sylvia. *The Journals of Sylvia Plath: 1950-1962*. Organizado por Karen V. Kukil. Londres: Faber and Faber, 2014.

Para saber mais sobre os títulos e autores da Editora Sextante,
visite o nosso site e siga as nossas redes sociais.
Além de informações sobre os próximos lançamentos,
você terá acesso a conteúdos exclusivos
e poderá participar de promoções e sorteios.

sextante.com.br